Practising German Grammar

Grammar
a Workbook for use with
Hammer's German Grammar and Usage

Martin Durrell
University of Manchester

Katrin Kohl
University of Oxford

and

Gudrun Loftus
University of Oxford

Edward Arnold
A division of Hodder & Stoughton
LONDON   NEW YORK   MELBOURNE   AUCKLAND

© 1993 Martin Durrell, Katrin Kohl, and Gudrun Loftus

First published in Great Britain 1993

Distributed in the USA by Routledge, Chapman and Hall Inc.
29 West 35th Street, New York, NY 10001

Cataloguing in Publication Data is available from the
British Library on request

ISBN: 0 340 55782 6

Typeset in 11/12 Palatino by Anneset, Weston-super-Mare, Avon.
Printed and bound in Great Britain for Edward Arnold, a division
of Hodder and Stoughton Limited, Mill Road, Dunton Green,
Sevenoaks, Kent TN13 2YA by Biddles Ltd, Guildford &
King's Lynn

Contents

Numbers in brackets refer to the relevant exercises.
A page reference in bold type is given for the first exercise on each topic.

Preface

Practising German Grammar is intended for students of German at school and university with a good basic command of the language. It is particularly aimed at students with good oral skills who wish to enhance their competence in the written language. The exercises will help them consolidate their knowledge of the key grammatical structures of German and develop confidence in applying them. The Workbook covers all the major aspects of German grammar, and is designed to accompany the second edition of *Hammer's German Grammar and Usage*, revised by Martin Durrell (Edward Arnold, London, 1991). The chapters are set out in parallel to the chapters in *Hammer*, and each exercise has a reference to the appropriate section.

At this level, individual learners have widely differing needs and learning strategies. Correspondingly, this Workbook offers a uniquely wide range of different exercise types. Exercises consisting of individual phrases and sentences practise essential grammatical structures. Text-based exercises enable the learner to see these structures in a fuller context, while working with advertisements, modern fiction, scientific explanations or managerial guidelines. Projects encourage students to discover grammatical regularities themselves. All these exercises have their place at different stages in the process of learning German, and individual teachers and students will select those which they find most appropriate, congenial and effective.

A key provides answers to all the exercises, with alternatives where appropriate and explanations where necessary. The key to projects and open-ended exercises offers a selection of probable findings or solutions together with hints on additional possibilities or further exploitation of the material. This makes the book suitable for use with or without a teacher, although some of the projects and text-based exercises will be most rewarding when undertaken in small groups. Advice on tackling the various kinds of exercise and on using the book with and without a teacher is given in the section *Points for the user*.

The book had its origin in material used with first-year undergraduates at the University of Oxford. Additional exercises were then designed to widen the range of competence for which the book would be suitable, and to cater for different learning styles. Most of the projects have been developed over a number of years and have been used at all levels of undergraduate teaching in Alberta, London and Manchester.

The authors would like to thank Dr Richard Sheppard for giving the original impetus for the project, and Dr Sonia Brough and Mr Tristam Carrington-Windo for their assistance and advice. Above all, thanks are due to the students who contributed to the development of this book.

Points for the user

Working with German in terms of 'rules' is a short cut to mastering the patterns of the language. When you read German newspapers, magazines or books, and learn to write in German, you need to understand aspects of the language which you may have paid little attention to so far, e.g. case endings or word order. While you can get across a practical message without knowing such details, you will need to master them if you want to communicate sophisticated ideas and be taken seriously by native speakers.

In order to learn effectively, it is important to remain alert, so set aside frequent short periods rather than occasional long stints. Learn creatively and vary the way you learn. In doing different types of exercise, look at language in a variety of ways: as a tool for practical communication, as an object of academic study, as a window onto a different culture, as appealing to your imagination or sense of humour.

General hints

- Use the exercises to work with the patterns you learn rather than to test what you do not know. Avoid doing them mechanically, and exploit the variety of exercise types to vary your learning.

- Go to and fro between grammar explanations and the exercises; references to *Hammer's German Grammar and Usage* are given at the top of each exercise. From the explanations, select main points to write on individual cards, using colour pens and diagrams to make them memorable. Write examples on the back. Check your cards regularly, putting each one aside once you are familiar with it. Then do an exercise relating to that section of *Hammer*. Write any further important points on new cards.

- You will gain maximum benefit from most exercises by splitting them up into two or more parts and doing them on different days.

- Check the *Answers* only after finishing the whole exercise, as a completely separate stage. If you can go over your results with a teacher, it may be best not to consult the *Answers* at all – follow the teacher's advice to get the most out of the exercises and discussion.

- Do the exercise again later on, after revising the explanations.

- All 'Projects' and some textbased exercises are marked ☺☺☺. They are best discussed in one or more groups and with teacher support, since answers may not be straightforward. You can do them profitably on your own, but should not allow yourself to become discouraged if you find them difficult, or if results are less neat than expected!

Individual words, phrases and sentences (e.g. Ch. 1, exercises 2, 7 and 8)

Such exercises are useful for practising a specific grammar point, though you will also need to work with other types of exercise in which the point occurs less predictably in a wider context.

- Vary the way you use such exercises. If you are familiar with the area of grammar covered, you could adopt the following procedure:

  1 Do the exercise with knowledge and guesswork over a few days.
  2 Study the relevant section in *Hammer*.
  3 Check what you have written against *Hammer* or, even better, do the exercise again independently and then check *Hammer*.
  4 Check the *Answers*, and look at *Hammer* to see if you can find explanations for any discrepancies that might remain.

- If the material is relatively new, prepare more thoroughly:

  1 Study the relevant section of *Hammer* over a few days and familiarise yourself with the explanations and examples, using cards and any other methods you find helpful.
  2 Do the exercise, preferably spread over a few days.
  3 Check what you have written against *Hammer*.
  4 Check the *Answers*, and look at *Hammer* to see if you can find explanations for any discrepancies that might remain.

- After checking *Answers*, write the words or sentences on cards, and read them out loud. Learning grammar through such examples will help you to communicate effectively, using what you have learnt.

- Make up your own gap-fill exercises using the example sentences given in *Hammer*, if possible working with a friend.

Textbased exercises   (e.g. Ch. 1, exercises 18, 25 and 26)

These show you how the patterns of the language work in context. The texts are from original sources, though some have been shortened, with occasional alterations. Because the German has not been specifically written to illustrate a grammatical point, these exercises often contain complex structures. Don't be put off – remember that language is not organised in pigeonholes, and use the diversity to develop an interest in how German works.

- Study the relevant section of *Hammer* before doing the exercise, and check your answers against *Hammer* afterwards. Then check *Answers*.

- You could then try to find a similar text to devise your own exercise. This is normally best done with the support of a teacher.

Projects   (e.g. Ch. 1, exercises 1 and 10)

These ask you to find out for yourself about the patterns of the language, on the basis of a text you select yourself. Thereby you will be familiarising yourself 'automatically' with the grammar point. Your findings will never be straightforward. Remember that grammatical 'rules' are simply a means of highlighting regularities in the language. In doing a project you will investigate the usefulness of certain classifications, and you may even come up with a better one!

For those times when you feel in need of moral support, quotations have been included from Mark Twain's *The Awful German Language*.

1

Nouns

In German, a young lady has no sex, while a turnip has. Think what over-wrought reverence that shows for the turnip, and what callous disrespect for the girl. (Mark Twain)

1 Gender (see *Hammer* 1.1) 😨😨😨

PROJECT: Because 'things' are always referred to by 'it' in English, English learners of German tend to guess the gender of an unfamiliar word as neuter. Take all the simple (i.e. non-compound) nouns beginning with the letter L in a dictionary or all the simple nouns in a 1000-word passage from a novel or newspaper.

- Work out the proportion of nouns belonging to each gender.
- From these findings, estimate what the chances are of getting a gender correct if you randomly guess that 'things' are neuter.

2 Gender (see *Hammer* 1.1.8c)

Most nouns with the prefix *Ge-* are neuter, although there are about a dozen common masculines and a dozen common feminines. Identify the gender of the following nouns by supplying the correct endings for the article and adjective given.

1. d__ deutsch__ Geschichte
2. ein__ künstlich__ Gebiß
3. d__ schwer__ Gepäck
4. d__ zehnt__ Gebot
5. d__ häufig__ Gebrauch
6. ein__ akut__ Gefahr
7. ein__ fürchterlich__ Gedränge
8. ein__ jung__ Geselle
9. ein__ streng__ Gesetz
10. d__ bitter__ Geschmack
11. ein__ politisch__ Gespräch
12. ein__ klug__ Gedanke
13. ein__ lyrisch__ Gedicht
14. ein__ fest__ Gebühr
15. ein__ zierlich__ Gestalt
16. ein__ leicht__ Geburt
17. ein__ prickelnd__ Gefühl
18. ein__ bescheiden__ Gewinn

3   Gender (see *Hammer* 1.1.8d)

Nouns with the suffix -*nis* may be feminine (30%) or neuter (70%). Identify the gender of the following nouns by supplying the correct endings for the article and adjective given.

1. ein__ historisch__ Ereignis
2. d__ offiziell__ Erlaubnis
3. ein__ wichtig__ Erkenntnis
4. ein__ offen__ Bekenntnis
5. ein__ schrecklich__ Erlebnis
6. ein__ öffentlich__ Ärgernis
7. d__ dringend__ Bedürfnis
8. ein__ feierlich__ Begräbnis
9. ein__ offen__ Geständnis
10. ein__ vollständig__ Verzeichnis
11. d__ nächtlich__ Finsternis
12. d__ eingehend__ Kenntnis
13. ein__ offen__ Geheimnis
14. ein__ neu__ Gefängnis
15. ein__ freundschaftlich__ Verhältnis
16. ein__ alt__ Zeugnis

4   Gender (see *Hammer* 1.1.5 – 1.1.7 and 1.1.8e)

Many suffixes of foreign (usually French or Latin) origin in German are associated with a particular gender, although there are often exceptions. Identify the gender of the following nouns by supplying the correct endings for the article and adjective given.

1. d__ Französisch__ Revolution
2. ein__ neu__ Roman
3. ein__ künstlich__ Organ
4. ein__ amtlich__ Formular
5. d__ jung__ Referendar
6. ein__ deutsch__ Adjektiv
7. d__ bayerisch__ Abitur
8. d__ schön__ Natur
9. d__ weit__ Atlantik
10. d__ allgemein__ Panik
11. d__ deutsch__ Drama
12. d__ teur__ Benzin
13. d__ gefährlich__ Kokain
14. ein__ englisch__ Universität
15. d__ preisgünstig__ Elektrizität
16. d__ modern__ Villa
17. ein__ bequem__ Sofa
18. ein__ gewiss__ Risiko
19. ein__ groß__ Büro
20. d__ alt__ Museum
21. ein__ amerikanisch__ Visum
22. d__ teur__ Apparat
23. d__ groß__ Sekretariat
24. ein__ irisch__ Kardinal
25. ein__ elektrisch__ Signal
26. d__ holländisch__ Kanal
27. d__ angelegt__ Kapital
28. d__ unerforscht__ Kontinent
29. d__ schnellbindend__ Zement
30. ein__ wertvoll__ Dokument
31. ein__ schön__ Appartement
32. d__ ungefähr__ Äquivalent
33. ein__ stark__ Kontingent
34. ein__ empfindlich__ Mikrofon
35. ein__ deutschsprachig__ Kanton
36. ein__ schnurlos__ Telefon
37. ein__ gelblich__ Papier
38. ein__ deutsch__ Bankier
39. ein__ neu__ Atelier
40. ein__ schön__ Klavier

5 Gender (see *Hammer* 1.1.1 – 1.1.10)

Indicate the gender of these nouns by adding *der, die* or *das.*

1. Regen   2. Student   3. Gewitter   4. Revolution   5. Gold   6. Liebling
7. Person   8. Richtung   9. Geburt   10. Eigentum   11. Reichtum   12. Gast
13. Stadium   14. Anglizismus   15. Eisessen   16. Arroganz   17. SPD
18. Labor   19. Foto   20. Streß   21. Gebäude   22. Make-up   23. Zentrum
24. Million   25. Schnaps   26. Türkei

6 Gender (see *Hammer* 1.1)

Give the correct endings for the articles or other determiners and the adjectives in the following sentences, indicating the gender of the noun by putting m (masc.), f (fem.) or n (neut.) in brackets.

1. Er zeigte ein__ stark__ Interesse [   ] dafür.
2. Das war doch ein__ albern__ Gedanke [   ].
3. D__ Geruch [   ] von Seetang drang bis in die Zimmer hinein.
4. D__ gut__ Wille [   ] allein reicht nicht aus.
5. D__ Wald [   ] war groß und d__ Waldrand [   ] weit entfernt.
6. D__ Jahr [   ] geht bald zu Ende.
7. Dein__ Hand [   ] ist so kalt.
8. D__ Stadt [   ] wurde im Jahre 1944 völlig zerstört.
9. Ich weiß nicht viel über d__ deutsch__ Geschichte [   ].
10. D__ Angebot [   ] war recht attraktiv.

7 Gender (see *Hammer* 1.1)

Der, die or *das?* Identify clues to the gender of the following words, either in the meaning or in the form, and sort them into columns according to their gender. You should end up with the same number of nouns in each column.

Auge	Humor	Schnee
Bedeutung	Kalb	Sommer
Bürgertum	Kommunismus	Sprung
Drama	Lehrling	Stand
Droge	Löwin	Student
Fall	Marktwirtschaft	Stufe
Gebirge	Messing	Treulosigkeit
Gelegenheit	Oder	Universität
Gemetzel	Panik	Ventil
Gymnasium	Pfund	Wurf
Hähnchen	Revolution	Zwilling

8   **Varying and double gender** (see *Hammer* 1.1.11 – 1.1.12)

Add a definite article in the correct case.

1. ____ andere Teil Deutschlands
2. ____ See zwischen Deutschland, Österreich und der Schweiz heißt Bodensee.
3. ____ Lohnsteuer in Deutschland mußte drastisch erhöht werden.
4. ____ Moment war gekommen, ihm ____ Messer aus der Hand zu reißen.
5. ____ Ersatzteil gibt es leider nur im Ausland.
6. ____ See ist für einen Matrosen wie ein zweites Zuhause.
7. ____ zweite Band wird Anfang nächsten Jahres erscheinen.
8. Ich trinke darauf, daß uns ____ Band der Freundschaft auch in Zukunft verbinden möge.
9. Er ist von ____ Leiter gefallen und hat sich ____ Kiefer gebrochen.
10. Die Arbeit macht mir zwar Spaß, aber leider ist ____ Verdienst nicht so gut. ____ Gehalt könnte besser sein.

9   **Double genders with different meanings**
(see *Hammer* 1.1.12)

A number of German nouns have two meanings differentiated only by gender. The following sentences contain the most common of these. Give in each case the correct endings for the determiners and adjectives, indicating the gender of the noun by putting m (masc.), f (fem.) or n (neut.) in brackets. What does each noun mean?

1a. D__ erst__ Band [   ] dieser Reihe ist leider schon vergriffen.
1b. Sie trug ein__ schwarz__ Samtband [   ] im Haar.
2a. Sie kaufte Kartoffeln und ein__ groß__ Bund [   ] gelbe Rüben.
2b. D__ Bund [   ] und die Länder haben je besondere Befugnisse.
3a. D__ einzig__ Erbe [   ] war ein Sohn aus ihrer ersten Ehe.
3b. D__ kulturell__ Erbe [   ] eines Volkes ist ihm sehr wichtig.
4a. D__ Vitamingehalt [   ] geht während des Kochens verloren.
4b. D__ ihm angeboten__ Monatsgehalt [   ] war verhältnismäßig gering.
5a. D__ Kiefer [   ] ist ein Nadelbaum.
5b. D__ Kiefer [   ] dieser Hunderasse ist außerordentlich stark.
6a. Um auf das Dach zu steigen, benutzte sie ein__ Leiter [   ].
6b. D__ Leiter [   ] des Instituts begrüßte uns an der Tür.

7a. In der Hand hielt sie ein__ scharf__ Küchenmesser [   ].
7b. D__ Geschwindigkeitsmesser [   ] zeigte schon 200 km/h.
8a. D__ größt__ See [   ] in Irland heißt Lough Neagh.
8b. Dann fuhren wir in d__ offen__ See [   ] hinaus.
9a. In deutschen Autos ist d__ Steuer [   ] links.
9b. Dies__ Steuer [   ] bringt dem Staat sehr viel ein.
10a. Sein__ größt__ Verdienst [   ] war die Erfindung des Verbrennungsmotors.
10b. D__ durchschnittlich__ Verdienst [   ] eines Postbeamten ist relativ niedrig.

10 Noun plurals (see *Hammer* 1.2) ☺☺☺

PROJECT: It has been claimed that there are simple rules for forming the plural of most German nouns, i.e.:

a. Feminine nouns add -*(e)n*
   (e.g.: *die Frau – die Frauen*)
b. Neuter nouns add -*e*
   (e.g.: *das Jahr – die Jahre*)
c. Masculine nouns add -*e*, with Umlaut if possible
   (e.g.: *der Stuhl – die Stühle*)
except that:
d. Masculine and neuter nouns in -*el*, -*en* and -*er* have no ending
   (e.g. *der Lehrer – die Lehrer, das Segel – die Segel*)

Test how valid these rules are

● **either** by checking against all the simple (i.e. non-compound) nouns given under the letter **L** in a dictionary
● **or** by checking how many of the simple nouns in a passage of 1000 words from a novel or a newspaper follow them.

11   Noun plurals   (see *Hammer* 1.2)

Group the following nouns according to their gender (you should end up with the same number of words in each column). Then subdivide the columns, forming groups according to the way the nouns form the plural.

Arm	Gedanke	Labor	Rock
Auto	Geist	Lamm	Schwäche
Axt	Gelegenheit	Landschaft	Staat
Bedeutung	Geschäft	Lehrerin	Stadt
Boden	Geschichte	Lineal	Stall
Computer	Hammer	Lokal	Stätte
Dach	Hand	Mädchen	Strahl
Diskette	Heft	Mal	Streik
Fenster	Hemd	Möhre	Stück
Frage	Hund	Onkel	Stuhl
Gans	Jahr	Punkt	Vitamin
Gebirge	Kenntnis	Revolution	Wald

12   Two plurals with different meanings   (see *Hammer* 1.2.7)

The words on the left below can form the plural in two different ways with two different meanings. Use each plural form to complete one of the sentences (a) – (r) on the right. Sometimes you have to use a definite article, sometimes it makes more sense to leave it out.

(das) Band   a. in diesem Satz sind völlig durcheinander geraten.

                 b. des Artikels müssen morgen fertig sein.

(die) Bank   c. seiner Finger waren auf dem Glas zu sehen.

                 d. im Park sind immer besetzt.

(die) Mutter   e. an diesem Blumenstand sind meistens verwelkt.

                 f. der Freundschaft können sehr stark sein.

(der) Abdruck   g. die ich über dich weiß, sind ziemlich peinlich.

                 h. in Hochhäusern sind durch einen Fahrstuhl verbunden.

(der) Stock   i. sind völlig veraltet.

                 j. im Gemeinderat waren sich einig.

(das) Wort   k. gibt es hauptsächlich in Afrika.

                 l. meiner Mutter sind zwar gut gemeint, aber überflüssig.

(das) Ding   m. aus porösem Holz zerbrechen sehr leicht.

                 n. im Haar sind altmodisch.

(der) Strauß   o. sind Frauen mit Kindern.

p. machen in Deutschland über Mittag zu.

(der) Rat   q. sind völlig verrostet.

r. des Präsidenten haben einen tiefen Eindruck hinterlassen.

13 Discrepancies in the use of singular and plural between German and English (see *Hammer* 1.2.8 – 1.2.12)

Complete the following sentences by adding appropriate endings where indicated, adding a personal pronoun where necessary and putting the verb in an appropriate form.

e.g. Mein__ Schere [sein] verschwunden. Hast du __ gesehen?
Meine Schere ist verschwunden. Hast du sie gesehen?

1. D__ Masern [sein] eine Kinderkrankheit. Unter Umständen [können] __ gefährlich werden.
2. Ihr__ Brille [sein] kaputt. Sie muß sich ein__ neu__ bestellen.
3. D__ Kosten der Produktion [liegen] viel zu hoch. __ [müssen] verringert werden.
4. D__ Wirren nach dem verlorenen Krieg [dauern] mehrere Jahre.
5. Auf diesem Gebiet [sein] umfangreich__ Kenntnisse sehr schwer zu erwerben.
6. Die Putzfrau macht gerade d__ Treppe sauber. __ [sein] auch sehr schmutzig.
7. Unser__ Urlaub [beginnen] nächste Woche. __ [dauern] vierzehn Tage.
8. Nach diesen Maßnahmen [werden] d__ Volk äußerst unzufrieden. __ [beginnen], dem Regime systematisch Widerstand zu leisten.
9. Was [kosten] zehn Pfund neue Kartoffeln?

14 Discrepancies in the use of singular and plural between German and English (see *Hammer* 1.2.8 – 1.2.12)

Translate into German.

1. My spectacles are new. My old ones broke last week.
2. I've got my black trousers dirty. I'll have to wear the grey ones.
3. I dropped my binoculars and broke them.
4. The police arrived too late as they had been held up in the traffic.
5. He bought three loaves of bread and five pounds of potatoes.
6. I would take out a loan but the interest will be very high.

7.   Easter is very late this year.
8.   His suspicions proved themselves to be justified.

15   Singular and plural nouns in English and German
(see *Hammer* 1.2.8 – 1.2.12)

Some nouns like *police* and *team* are often thought of as plural in English (especially in Britain). They may be used with a plural verb and referred to as 'they'. In German, nouns which are grammatically singular are always treated as singulars. Give German equivalents for the following sentences.

e.g. The police **are** searching for the culprit. **They are** on his trail.
      *Die Polizei sucht den Täter. **Sie ist** ihm auf der Spur.*

1.   My family are wonderful. They've done a lot for me.
2.   The Danish people have voted against the treaty.
3.   The team haven't played well for weeks. They lost to Munich last night.
4.   The government have stated that they will act now.
5.   The Social Democratic party have chosen a new leader.
6.   Class 9C are going to London over the Easter holidays.
7.   The youth of today are quite inconsiderate.
8.   Italy have beaten Germany in Milan.

16   Noun plurals   (see *Hammer* 1.2)

Fill in the gaps using the plural of the nouns in brackets. Underline the ending **-n** if it is only needed because the noun is in the dative plural.

1. [Vogel, Luft, Schar, Acker] Jedes Jahr im Herbst erheben sich die _____ in die _____ und verlassen in _____ die heimatlichen _____.

2. [Arbeiter, Bauer] In der ehemaligen DDR wurden _____ und _____ bevorzugt behandelt.

3. [Mutter, Tochter, Vater, Sohn] _____ und _____ haben meist ein anderes Verhältnis zueinander als _____ und _____.

4. [Scheck, Bank, Konto] Als mir im Urlaub meine _____ gestohlen wurden, ließ ich sofort bei allen _____ meine _____ sperren.

5. [Kontinent, Land, Stadt, Dorf] _____ , _____ , _____ und _____ sind im Deutschen mit wenigen Ausnahmen Neutrum.

6. [Autofahrer, PKW, Straße, Parkplatz] _____ werden gebeten, ihre _____ nicht auf den _____ zu parken, sondern auf den dafür vorgesehenen _____ .
7. [Regen, Berg, Tal, Schaden] Die anhaltenden _____ haben in _____ und _____ große _____ angerichtet.
8. [Wort, Zuhörer, Minister, Staatsoberhaupt, Land] Der Präsident richtete ein paar _____ an seine _____ , die aus _____ und _____ anderer _____ bestanden.
9. [Fotoalbum, Foto, Bild, Postkarte, Museum, Galerie] Meine _____ sind voller _____ , _____ und _____ , die ich in _____ und _____ gekauft habe.
10. [Bank, Fingerabdruck, Haar, Mörder, Stadtstreicher] Die Polizei fand auf zwei _____ _____ und _____ , die mit großer Sicherheit von den _____ der beiden _____ stammen.

17 Noun plurals (see *Hammer* 1.1 – 1.2)

Below is a selection of the consumer goods exhibited at the Frankfurt International Fair and listed in the index of the catalogue.

1. Identify the ten product groups listed in the catalogue as grammatically singular, assign each of these nouns the appropriate definite article, and check your answers in a dictionary.
2. Give the singular form for each of the other nouns and assign each the appropriate definite article, without looking at a reference work. Then check your answers in a dictionary.
3. Which noun has a plural ending not included in the table in Hammer, p. 11? And which other two nouns do not conform to the general rules listed in the table?

Abfalleimer	Grablaternen	Porzellan
Accessoires	Hobby- und Bastelbedarf	Poster
Alben	Juwelen	Regale
Antikschmuck	Kaffeemaschinen	Reinigungsmittel
Bänder	Keramik	Spiegel
Bekleidung	Kinderbücher	Spielzeug
Brillen	Kochgeschirr	Taschen
Decken	Kuckucksuhren	Teppiche
Dosenöffner	Küchengeräte	Thermometer
Duftwässer	Ladenorganisation	Toilettenpapier
Fachzeitschriften	Massage-Artikel	Verpackung
Fleischwölfe	Möbel	Waagen
Gemälde	Ordner	Wappen

Offizieller Katalog: Internationale Frankfurter Messe Herbst 27.-31.8.1988
(Messe Frankfurt GmbH, Frankfurt, 1988), S. 489-494

18   Noun plurals   (see *Hammer* 1.2)

Rewrite the following article making the italicised nouns plural and carrying out any other necessary changes.

Ohrenbeuteldachs soll *Osterhasen* ersetzen

Melbourne – In Australien soll der aus Europa importierte *Osterhase* durch das heimische *Bilby*, den langnasigen *Ohrenbeuteldachs*, ersetzt werden. Das hat der Vorsitzende der Demokratischen Partei, John Coulter, in einer Fernsehsendung verlangt. Nachdem sich die Führung der regierenden Laborpartei für eine neue Nationalflagge stark gemacht hatte, will sich die Demokratische Partei, die kleinste der vier Parlamentsfraktionen, gleichfalls national geben. Die australische Herkunft des *Bilby*, das wie das *Känguruh* sein *Junges* in einem *Beutel* trägt, ist nämlich nicht zu übersehen. Den *Osterhasen* hat die Partei indes zum *Ausländer* abgestempelt. Hinzu kommt, daß das *Bilby*, ein ausgesprochener *Wüstenbewohner*, vom Aussterben bedroht ist. Die mit den ökologischen Verbänden zusammenarbeitenden Demokraten hoffen, daß die australische Süßwarenindustrie vom *Osterhasen* auf das *Bilby* umschaltet und dadurch zur Erhaltung der Umwelt mahnt. Der *Hase* verdient demgegenüber nach Ansicht der Partei schon wegen seiner weiten Verbreitung kein Pardon.

Süddeutsche Zeitung, 15.4.1992

19   Weak and strong nouns   (see *Hammer* 1.3)

Add a correct ending to the noun where necessary.

1. Die Lebenserwartung eines Elefant__ ist höher als die eines Mensch__ , jedoch nicht so hoch wie die eines Wal__.
2. Im Name__ des Vater__ und des Sohn__ und des heiligen Geist__.
3. Am Morgen__ des zehnten Januar__ wurde die Leiche des Herr__ Braun__ an den Ufer__ des Nil__ gefunden.
4. Die Briten begrüßen die Vereinigung__ Deutschland__ , stehen aber dem Gedanke__ eines vereinten Europa__ eher skeptisch gegenüber.
5. Dem Wille__ eines Monarch__ oder eines Fürst__ hatte man sich zu unterwerfen.
6. Man muß den Friede__ von ganzem Herz__ wollen.

7. In Fragen des Glaube__ vertraue man der Stimme__ des Herr__.
8. Der Tod des Patient__ hatte unangenehme Folgen für den Chirurg__ , der von den Verwandt__ des Verstorben__ wegen fahrlässiger Tötung angezeigt wurde.
9. Die Rolle__ des Mephisto__ war meiner Ansicht nach der Höhepunkt in der Karriere__ Klaus__ Maria__ Brandauer__.
10. „Die Bucht des Franzose__" ist ein Roman von Daphne du Maurier.
11. Hör' doch in Gott__ Name__ auf, den Narr__ zu spielen!
12. Ein Schwabe__ ist einem Bayer__ ähnlicher als einem Preuße__.
13. Ich kann mich auf den Buchstabe__ genau an die Rede des damaligen Präsident__ John F. Kennedy erinnern.

20 Dative singular in -e (see *Hammer* 1.3.5)

Add the dative singular ending -e where it is still commonly used or even obligatory. Leave it out where it is obsolete.

1. Im Fall__ eines Falles klebt Uhu wirklich alles. (Werbeslogan)
2. Wenn man bedenkt, wie viele Verbrechen im Lauf__ eines Tages begangen werden, dürfte man sich im Grund__ genommen gar nicht mehr aus dem Haus__ trauen.
3. Bei Tisch__ finden oft die interessantesten Unterhaltungen statt.
4. Beim Anblick__ von so viel Elend blieb ihm das Lachen im Hals__ stecken.
5. Wenn Männer Kinder kriegen könnten, dann könnte man im wahrsten Sinn__ des Wortes vom Kind__ im Mann__ sprechen.
6. Vielleicht sollte ich doch mal einen Arzt zu Rat__ ziehen.
7. In gewissem Maß__ kann ich verstehen, daß meine Tante lieber zu Haus__ bleibt als mit dem Zug__ zu ihrer Schwester zu fahren.
8. Die deutsche Übersetzung des lateinischen *anno domini* lautet „im Jahr__ des Herrn".
9. Nachts ist es üblich, doch geht's auch bei Tag__. (Zuhälterballade, *Dreigroschenoper*)
10. Dieser Punkt sei nur am Rand__ erwähnt.

21 Declension of proper names and titles (see *Hammer* 1.3.8)

Form three phrases from each sequence of nouns with the necessary articles and endings:

a. a noun in the nominative followed by a noun in the genitive,
b. a noun in the nominative and a construction with *von*,
c. a noun in the genitive followed by a noun in the nominative.

Omit any incorrect forms and asterisk any form that would be unlikely to be used in normal speech.

e.g. der Tod / Friedrich der Große
   a. *der Tod Friedrichs des Großen*
   b. *der Tod von Friedrich dem Großen*
   c. *Friedrichs des Großen Tod* *

1. die Werke / Rainer Maria Rilke
2. das Gesetz / Fürst von Bismarck
3. die Niederlage / Hitler
4. das Zentrum / Koblenz
5. die Zeitschrift / der Allgemeine Deutsche Automobilclub
6. die Hauptstadt / die Bundesrepublik
7. die Aktentasche / der jüngere Herr Walter
8. die Geschichte / das geteilte Deutschland

22 Noun declension: genitive singular (see *Hammer* 1.3)

Form sentences from the following words, adding pronouns and articles or determiners where necessary. All of them require one noun to be in the genitive case.

e.g. verkaufen / Auto / Vater
   Sie hat das Auto ihres Vaters verkauft.

1. sich freuen über / Besuch / Freund
2. Kultusminister / dieses Bundesland / eröffnen / die neue Schule
3. Haut / Elefant / sein / sehr dick
4. man / aufführen / selten / Werke / dieser zeitgenössische Komponist
5. das / sein / Grundsatz / christlicher Glaube
6. Mündung / dieser Fluß / sein / sehr breit
7. Haus / mein Nachbar / sein / baufällig
8. Hof / dieser Bauer / sein / viel zu klein
9. das / sein / eben / Schwächen / Liberalismus
10. Mantel / dieser unbekannte Herr / sein / aus Lodenstoff

23 Noun declension: plural (see *Hammer* 1.2 – 1.3)

Complete the following sentences by supplying appropriate plural forms of the words given in brackets, adding articles where necessary.

1. Sie hat ihn seit [Jahr] nicht gesehen.
2. [Vogel] zwitscherten in [Apfelbaum].
3. Ich habe die ersten drei [Band] dieser Reihe gekauft.
4. Man meint immer, [Steuer] seien zu hoch.
5. In der Deutschstunde mußten wir viele neue [Wort] lernen.
6. Dank seiner [Sprachkenntnis] kamen sie doch durch.
7. In [Land] der EG ist die Vollbeschäftigung heute eher die Ausnahme.
8. Meine [Schwester] studieren beide in Tübingen.
9. Mit zwei [Auto] kommen wir schon alle hin.
10. [Jahr] lang hat er für sie gesorgt.

24 Gender, noun plurals and noun declension
(see *Hammer* 1.1 – 1.3)

Give the gender, the genitive and the plural of the following nouns.

e.g. Buch – *das Buch, des Buch(e)s, Bücher*

1. Philosoph   2. Party   3. Garten   4. Knie   5. Mädchen   6. Stuhl
7. Herz   8. Prinzip   9. Kissen   10. Monat   11. Wald   12. Charakter

25   **Noun declension** (see *Hammer* 1.3)

The nouns in the following extract from a magazine article are all in the singular, except for *Wissenschaftler* and *Historiker*, which are in the plural. Check any genders you are unsure of and then determine for each noun in turn (including the title) which clues you need in order to identify its case:

a.   Only the form of the noun.
b.   The form of the entire noun phrase (i.e. the noun with any associated article or other determiner and/or adjective).
c.   The form of the noun or noun phrase, together with the wider context.

Rache

Im Sommer 1936 fand ein Bauer beim Torfstechen im südschwedischen Bocksten-Moor den Leichnam eines Mannes. Zwar hatte der Tote dort schon seit einem halben Jahrtausend gelegen, doch waren Kleidung und Körper so gut erhalten, daß Wissenschaftler seinen Tod rekonstruieren konnten. Dem Mann war der Schädel eingeschlagen worden, und man hatte ihn dann im Moor versenkt. Und Schuld an diesem gräßlichen Ende war – das nehmen Historiker jedenfalls an – der Beruf des Mannes: Der Tote war ein Steuereintreiber gewesen.

Süddeutsche Zeitung Magazin, 28.6.1991, S. 8

26   **Noun declension** (see *Hammer* 1.3) ☺☺☺

This exercise will take time, and may be best done in more than one session. Start by checking the genders of the italicised nouns in this extract from a magazine article. Then:

1a.   Identify those italicised nouns whose form clearly indicates whether they are singular or plural.
1b.   You should be left with SIX nouns. Try working out whether these are singular or plural, by finding some clue in the text.
2a.   Identify the FOUR italicised nouns whose form unambiguously indicates their case.
2b.   Identify FIVE further nouns whose case is unambiguously indicated by an article or other determiner.

2c. Identify FIVE further nouns for which a preposition offers the vital clue.

2d. You are still left with EIGHT nouns where there is some doubt about their case, i.e. their function in the sentence. Work out what you think is the case of each, and how you could justify your opinion.

Abenteuer Rasur

Elefanten duschen mit Hilfe ihres *Rüssels*. *Krokodile* putzen sich die *Zähne* (um genau zu sein: Sie lassen putzen; Krokodilswächter aus der *Familie* der Brachschwalben schwirren von Zahn zu Zahn, damit die Echse auch im Alter noch kraftvoll zubeißen kann). *Schimpansen* achten darauf, nur an gefällte *Bäume* zu scheißen. An der *Reinlichkeit* von *Murmeltieren* könnte sich unsereins ein Beispiel nehmen. Doch wurde je ein anderes Lebewesen als der *Mensch* beim *Rasieren* beobachtet?

Angenommen, ich würde morgen früh mit dem Rasieren aufhören: Nach zwei *Jahren* hätte ich, bei einem durchschnittlichen *Tageswachstum* von 0,5 Millimeter, eine 30 Zentimeter lange Matte; nach weiteren zwei Jahren würde man mir ein *Halsband* umlegen; nach nochmals zwei Jahren fände ich vielleicht Asyl in einer *Putzkolonne* – als Mop ... Kurzum: Ich würde degenerieren. Im zivilisierten *Zustand*, sagte Schopenhauer, sei die *Rasur* dem *Menschen* angemessen. Als sich Rom die halbe *Welt* untertan machte, wurden die *Soldaten* angewiesen, sich glatt zu scheren, damit sie zu jeder *Zeit* von den bärtigen *Barbaren* zu unterscheiden waren.

Süddeutsche Zeitung Magazin, 28.6.1991, S. 29-30

2

Case

Mark Twain's suggestion for reforming the German case system: 'I would leave out the Dative case. It confuses the plurals; and, besides, nobody ever knows when he is in the Dative case, except he discover it by accident.'

1 The nominative (see *Hammer* 2.1.3)

Form sentences from the following words and add the appropriate endings.

1. ich / werden wollen / später / ein__ / berühmt__ / Fußballer.
2. Peter / sein / ein__ / unzuverlässig__ / Mensch.
3. du / sein und bleiben / ein__ / unverbesserlich__ / Optimist.
4. Friedrich II von Preußen / genannt werden / auch / d__ / Groß__.
5. dein__ / neu__ / Freundin / scheinen / mir / nicht / d__ / richtig__ / Umgang / für / dich.
6. sein__ / Verhalten / sein / mir / ein__ / absolut__ / Rätsel.
7. er / werden / bald / d__ / erst__ / männlich__ / Vorsitzend__ / des / Frauenverbandes.
8. das / scheinen / mir / ein__ / ausgezeichnet__ / Idee.
9. er / genannt werden / nicht umsonst / d__ / best__ / Pianist / aller Zeiten.
10. d__ / Vater / von / Karl / d__ / Groß__ / heißen / Pippin / d__ / Klein__ / oder / d__ / Jünger__.
11. sein__ / Tod / bleiben / ein__ / ewig__ / Geheimnis.

2 The accusative (see *Hammer* 2.2 and 20)

Identify which nouns or pronouns are in the accusative in the following sentences. Specify for each one how it is being used in terms of the uses given in *Hammer* 2.2, or, in the case of prepositional uses, in *Hammer* 20.

1. Ich legte meine Hand auf ihre Schulter.
2. Für zwanzig Mark kriegt man heutzutage kein gutes Hotelzimmer.
3. Diese Stadt kannten wir noch nicht.
4. Sie blieb nur eine Nacht in Erfurt.

5. Der Tisch ist anderthalb Meter breit.
6. Wir fahren jedes Jahr nach Limburg zu meinen Eltern.
7. Wir fuhren noch fünfzig Kilometer in Richtung Oldenburg.
8. Er hat mich Französisch gelehrt.
9. Wer wird uns helfen, diesen Antrag zu stellen?
10. Wir gehen jetzt ins Kino. – Also, viel Vergnügen!
11. Wen hast du gestern in Darmstadt gesehen?
12. Sie ist lange Reisen nicht gewohnt.

3 The accusative (see *Hammer* 2.2 and 6.1 – 6.2.1)

Make requests with *Ich möchte* ... and a direct object, using the words from the following list. Form two sentences, first one with a definite article, and then one with an indefinite article (or no article in the plural). If you are unsure of the gender or plural form of any of the nouns below, check these first in a dictionary.

e.g. klein / Mineralwasser   *Ich möchte das kleine Mineralwasser.*
Ich möchte ein kleines Mineralwasser.

1. süß / Wein
2. hell / Bier
3. klein / Cola
4. frisch / Orangensaft
5. billig / Disketten
6. grün / Brille
7. gestreift / Kleid
8. schwarz / Wintermantel
9. rot / Rosen
10. reif / Avocado
11. einfach / Schreibpapier
12. preisgünstig / Schreibblock
13. groß / Wörterbuch
14. blau / Filzstift
15. schnurlos / Telefon
16. neu / Roman
17. bequem / Lehnstühle
18. elektrisch / Rasierapparat
19. lang / Unterhosen
20. saftig / Orangen
21. groß / Diamant
22. grau / Plüschaffe

4 The accusative (see *Hammer* 2.2) ☺☺☺

The following passage is from a chapter on measurement from an introduction to electronics.

1. Including the title in your investigations, identify all the nouns which may be in the accusative case judging by the form of the noun or noun phrase (i.e. the noun and any article, other determiner or adjective that goes with the noun). Check *Hammer* 1.3, 2, 4.1, 5 and 6.1 if you are not sure about the forms.

2.   Now look at the context and overall sense with the help of a dictionary, and identify the nouns which are in fact in the accusative case.

3.   Identify each noun that is a direct object, and the verb governing it. It may be useful to refer to the chapter on valency (see *Hammer* 18).

Messen: eine zwingende Notwendigkeit

In unserem täglichen Leben messen wir immer irgendwelche Dinge:

- Zur Temperaturmessung ist ein Thermometer erforderlich.
- Für die Zeitmessung ist ein Chronometer notwendig (eher bekannt unter der Bezeichnung „Uhr").
- Das Gewicht bestimmt man mit einer Waage.
- Für kurze Strecken genügt ein Metermaß oder ein Lineal.
- Die Geschwindigkeit mißt ein Tachometer.
- Für die Luftdruckmessung benötigen wir ein Barometer.

Das sind einige Beispiele von zu messenden Größen und die dazu erforderlichen Meßgeräte. Aber in der Aufzählung ist keines dabei, das Spannung, Stromstärke und Widerstand mißt.
Doch auch dafür stehen Meßgeräte zur Verfügung:

- Die Spannung mißt ein Voltmeter.
- Die Stromstärke mißt ein Amperemeter.
- Der Widerstand wird von einem Ohmmeter gemessen.

Müssen wir also zur Messung der drei genannten Größen auch 3 verschiedene Geräte kaufen? Zum Glück nicht. Es gibt Meßgeräte, die in der Lage sind, alle 3 Größen zu messen.

Willi Priesterath, *Elektronik für Anfänger* (Buch und
Zeit Verlagsgesellschaft mbH, Köln, 1983), S. 21

Case 19

5 The genitive (see *Hammer* 2.3)

Complete this extract from an article on antidepressants with the following noun phrases (i.e. the noun and any article, other determiner or adjective that goes with the noun), putting them in the genitive case and inserting them so that the article makes sense:

der Allgemeinarzt, eine sogenannte Depressionsskala, die Epoche, die Fachzeitschrift, alle Frauen, die fünfziger Jahre, ihr Leben, ihre offenbaren Mängel, die Pharmaindustrie, die Pillenkuren, die Schwermütigen, akute Seelenkrisen.

„Jeder fünfte Patient, der im Wartezimmer _____ sitzt", leidet nach Schätzung _____ *Ärztliche Praxis* an depressiven Symptomen. „20 Prozent _____ und zehn Prozent aller Männer", so das Blatt, „machen im Laufe _____ zumindest eine depressive Episode durch."

Erst seit Mitte _____ wird die Depression – nach Ansicht von Experten die „Krankheit _____" – auch mit Medikamenten behandelt. Doch die Erfolge _____ lassen sich nur schwer ermitteln. Immer wieder haben die Psychiater, häufig im Auftrag _____, neue Varianten _____ entwickelt, mit deren Hilfe Änderungen im Befinden _____ ermittelt werden sollen.

Einige Psychiater verzichten strikt auf Antidepressiva; sie ziehen es vor, die labilen Patienten durch Verhaltenstraining für die Bewältigung _____ tauglich zu machen. Andere hingegen halten die chemischen Glücksbringer trotz _____ für brauchbar.

Der Spiegel, 16.4.1990, S. 261

6 The genitive (see *Hammer* 2.3)

Make phrases with the genitive from the sentences below.

e.g. Diese Frage wird beantwortet.
  die Beantwortung dieser Frage

1. Der Zug kommt an.
2. Ich erkenne ihre Leistungen an.
3. Ein neues Kraftwerk wird gebaut.
4. Die Geiseln werden erschossen.
5. Die Studenten werden mündlich geprüft.
6. Der Patient wurde gründlich untersucht.
7. Der Beamte bat um Verständnis.
8. Das Zimmer wurde stark beleuchtet.
9. Sie begrüßte den Fremden.
10. Der Vorschlag wurde angenommen.
11. Sie kennt die Gegend genau.
12. Der Fotograf entwickelt die Filme.
13. Die Abgeordneten nahmen an der Sitzung teil.

7 The genitive linking nouns or noun phrases
(see *Hammer* 2.3.1)

Below is an extract from an article in the sports magazine *kicker*.

1. Identify each noun phrase in the genitive (i.e. the noun and any article, other determiner or adjective that goes with the noun) and also the noun on which it depends. Include the title in your search.

Die unendlichen Leiden des Rudi V.

Die Hoffnung, nach dem Finale von Göteborg am Freitag dieser Woche als Kapitän der deutschen Nationalmannschaft den EM-Pokal entgegenzunehmen, blieb ein Traum. Am vergangenen Montag wurde Rudi Völler in Frankfurt operiert. Den Ort und den genauen Zeitpunkt der operativen Maßnahme hielt Nationalmannschaftsarzt Professor Dr. Heinrich Heß geheim. „Sonst hätte eine Völkerwanderung der Fans eingesetzt." Der „Doc" des Weltmeisters spielte damit auf die ungeheuere Beliebtheit des volkstümlichsten und populärsten deutschen Fußballspielers der vergangenen zehn Jahre an.

„Wir haben mit Rudi Völler das Symbol unserer Mannschaft

verloren", verwies Berti Vogts auf den Verlust der integrativen Kraft, des kämpferischen Vorbilds und des noch immer stürmischen Leistungsvermögens, das mit Völlers Ausfall einhergeht.

Rudi Völler, das Idealbild eines Kapitäns. Und ein Junge aus dem Leben, wenn er zum Beispiel das Blondieren seiner über Stirn und Schläfen schon leicht ergrauten Lockenpracht lachend so begründet: „Das gehört halt zum Showgeschäft!"

kicker sportmagazin, 22.6.1992, S. 6-7

2. **Optional extra** ☺☺☺: try labelling the function of each genitive with a, b, c, d, e or f, to see how easily the definition of the functions of the 'adnominal' genitive in *Hammer* 2.3.1 can be applied.

a. to express possession (e.g. *das Haus meines Bruders*)
b. as a partitive (e.g. *die Hälfte des Kuchens*)
c. for the subject of a verbal noun (e.g. *die Abfahrt des Zuges*)
d. for the object of a verbal noun (e.g. *der Umbau des Hauses*)
e. to qualify a noun (e.g. *ein Mann mittleren Alters*)
f. to define a noun (e.g. *das Laster der Trinksucht*)

If you are unable to decide between two or more functions, use two or more labels.

8 Genitive or *von*? (see *Hammer* 2.4)

Link the following nouns or noun phrases into a single phrase using the genitive case or a construction with *von* as appropriate, adding articles where necessary. Where both constructions would be idiomatic, give both.

e.g. Bau / Kraftwerke   Bau / unser Haus
      der Bau von Kraftwerken   *der Bau unseres Hauses*

1.	Effekt / etwas / Alkohol	10. etwas / ihr Guthaben
2.	Auto / mein Vater	11. Ende / nächste Woche
3.	viele / meine Freunde	12. drei / meine Bekannten
4.	Geruch / frisch gemahlener Kaffee	13. Geschmack / französischer Rotwein
5.	Geruch / Kaffee	14. Verbesserung / meine Englischkenntnisse
6.	Gipfel / Matterhorn	
7.	frühe Romane / Thomas Mann	15. nichts / mein Guthaben
8.	Meinung / viele Deutsche	16. manche / diese Schlangen
9.	Straßen / Nürnberg	17. wer / deine Lehrer

9   **The dative**   (see *Hammer* 2.5 and 20)

Identify which nouns or pronouns are in the dative in the following
sentences. Specify for each one how the dative is being used in
terms of the different uses given in *Hammer* 2.5, or, in the case of
prepositional uses, in *Hammer* 20.

1. Sie hat meiner Schwester zum Geburtstag gratuliert.
2. Beiden Mädchen stand der Mund offen.
3. Sie haben ihm das Haus angezündet.
4. Er strich ihr übers Gesicht.
5. Wem gehört dieser Hut da in der Ecke?
6. Meiner Tochter hat er auch ein sehr teures Parfüm geschenkt.
7. Red mir doch keinen solchen Unsinn!
8. Letztendlich war uns auch völlig klar, daß es so nicht weiterging.
9. Dieser Gedanke war mir zuwider.
10. Ihr war er doch zu oft verreist.
11. Uns hat sie gestern dauernd geschmeichelt.

10   **The dative**   (see *Hammer* 2.5)

Make the following up into complete sentences, using the verb
given in brackets in a correct form and adding personal pronouns,
prepositions, articles and other determiners as required. Each one
should have a noun or pronoun in the dative in one of the uses
explained in *Hammer* 2.5.

1. Manfred / [sehen] / sein Bruder / ähnlich
2. Junge / [sein] / auf dem Eis / sehr kalt
3. das rote Kleid / [passen] / die junge Frau / sehr gut
4. die Frau / [waschen] / Hände
5. du / [anziehen] / den grünen Pullover
6. Margot / Finger / [schneiden]
7. Herbert / Bein / [brechen]
8. Hund / [beißen] / der Junge / Arm
9. dieses Parfüm / [sein] / ihre Bekannte / viel zu teuer
10. ich / mein Onkel / Wein / [nachschenken]
11. der Hausschlüssel / [fallen] / mein Vater / dann / durchs Gitter
12. Rehe / [laufen] / die Wanderer / über den Weg
13. dieser Rock / [sein] / meine Schwester / nicht lang genug
14. Andreas / [mitbringen] / seine Freundin / diese schönen roten Rosen
15. die Kinder / [vergehen] / die Zeit / viel zu langsam

16. der Schlag / [wehtun] / die alte Frau / sehr
17. die Frau / [anziehen] / der Kleine / die Hose
18. der dicke Mann / [wischen] / der Schweiß / von der Stirn

11   The genitive and the dative (see *Hammer* 2.3 and 2.5) ☺☺☺

PROJECT: Take a passage of 1000 words from a modern novel.

- List all the occurrences of **either** (a) the genitive **or** (b) the dative, not forgetting to count **all** the pronouns as well as the nouns.
- Which of the uses given in *Hammer* (2.3 or 2.5) are the most frequent?
- Which ones did you fail to find? Can you think of a reason why this was so?

12   Apposition (see *Hammer* 2.6)

Add the missing article and endings where necessary.

1. Wir sprachen mit Richard Stücklen, d__ ehemalig__Bundestags-präsident__.
2. 1314 erhob die österreichische Partei Friedrich__ d__ Schön__ zum Gegenkönig Ludwig__ d__ Bayer__.
3. Die Särge Friedrich__ d__ Groß__ und seines Vaters Friedrich__ Wilhelm__ d__ Erst__, auch d__ Soldatenkönig__ genannt, wurden erst kürzlich wieder nach Potsdam gebracht.
4. An einem Tag wie d__ heutig__ möchte ich einem Mann ganz besonders danken, Herr__ Grotewohl, d__ Direktor unserer Firma.
5. Die Besprechung mußte auf den nächsten Tag, d__ fünf-und zwanzigst__ Oktober__ verschoben werden.
6. Der Autor wurde 1902 in Blaubeuren, ein__ klein__, unbedeutend__ Städtchen in der Nähe von Ulm, d__ Stadt mit dem höchsten Kirchturm der Welt, geboren.
7. Mit einem Mann wie dein__ möchte ich nicht verheiratet sein.
8. Anastasia, d__ angeblich letzt__ überlebend__ russisch__ Zaren-tochter, hatte zeit ihres Lebens Schwierigkeiten, ihre Identität zu beweisen.
9. Die Kaiser-Wilhelm-Gedächtniskirche in Berlin, d__ jetzig__ Haupt-stadt Deutschlands, ist Wilhelm d__ Zweit__, d__ letzt__ deutsch__ Kaiser, gewidmet.
10. Für dich als hiesig__ Bürgermeister muß es doch einfach sein, mit ihm als oberst__ Aufsichtsratmitglied zu sprechen. Für mich als normal__ Privatperson ist das sehr viel schwieriger.

13   **Apposition**   (see *Hammer* 2.6)

Translate these sentences into German.

1. In December 1989 Ronald Reagan met Michail Gorbachev, then president of the Soviet Union, for talks in Malta.
2. So far only one of the volumes has been translated from Portuguese, the author's mother tongue, into German, a language that is becoming increasingly important.
3. They gave Mr. Samuel, the chairman of the committee, the minutes.
4. My aunt, an eminent politician, lives in Regensburg, a beautiful medieval city.
5. Here you can see one of the snuff-boxes of Frederick the Great.

14   **Apposition**   (see *Hammer* 2.6)

An article on the controversies surrounding the East German secret police describes the public figures mentioned with the details listed below (in the order given). Insert these where appropriate in apposition (following the name), using the definite article unless indicated otherwise.

Fink	– Rektor der Berliner Humboldt-Universität; ein ausgewiesener Fellow-traveller des SED-Regimes
Anderson	– Literat; früherer ostdeutscher Untergrund-Poet
Grass	– westdeutscher Schriftsteller
Biermann	– DDR-Dissident
Heym	– früher regimekritischer ostdeutscher Literat

„Die DDR in uns"

Die Stasi-Verstrickungen ehemaliger DDR-Bürger entzweien die Deutschen. Eine Allianz aus Vertuschern und politischen Naivlingen verteidigt Stasi-Zuträger wie Heinrich Fink und Alexander Anderson.

Günter Grass, dem die ganze deutsche Richtung seit der Wende zuwider ist, nennt Wolf Biermann einen „Großinquisitor" und „Büttel des früheren Stasi-Systems", weil der Alexander („Sascha") Anderson öffentlich als Stasi-Zuträger angeprangert hat.

Und Stefan Heym wütet, mit Rufmordkampagnen versuche der Westen, den Ostdeutschen ihre Leitbilder und so ihre Identität und ihren Mut zum Widerstand zu nehmen — und solidarisiert sich mit Heinrich Fink, der obendrein der Stasi zugearbeitet hat.

Der Spiegel, 9.12.1991, S. 18

15 Measurement phrases (see *Hammer* 2.7)

Complete the following sentences by putting the measurement phrases in an idiomatic form. In how many instances are there acceptable alternatives?

e.g. Sie brachte mir eine Tasse / heiß / Tee
Sie brachte mir eine Tasse heißen Tee.

1. Sie brachte mir sechs Flaschen / deutsch / Wein.
2. Das Schiff war mit zwanzig Tonnen / russisch / Eisenerz geladen.
3. Sie stand in der Tür mit einem Haufen / alt / Zeitschriften.
4. Wir staunten über die wachsende Anzahl / Asylsuchende.
5. Uns steht eine Menge / ernsthaft / Probleme bevor.
6. Das ist der Preis / drei Kilo / französisch / Äpfel.
7. Das ist der Preis / ein Kilo / frisch / Erbsen.
8. Es handelte sich um eine Gruppe / japanisch / Touristen.
9. Der Wirt erschien mit einer Art / italienisch / Salat.
10. Wir kauften zwei Pfund / gut / Bohnenkaffee.
11. Ich brauche einen halben Liter / frisch / Milch.

16 Measurement phrases (see *Hammer* 2.7)

Translate into German and decide whether to use genitive, *von* or apposition with the measurement phrase

1. He was dismissed after 25 years of uninterrupted service.
2. You can always bribe him with a bottle of Irish whiskey.
3. The price of one pound of smoked ham has doubled over the past ten years.
4. From two kilos of apples you can make a nice dessert.
5. Thousands of enthusiastic fans watched the semi-final on television.

6. The interviewer asked the celebrity a series of questions.
7. There are still several million unemployed in Germany.
8. This film describes the habitat of various sorts of birds.
9. His new play is a sort of satire.
10. For half a dozen small eggs you had to pay at least six packets of cigarettes on the black market.
11. Can I tempt you to a cup of hot chocolate?

17   Case (see *Hammer* 2) ☺☺☺

Read this extract from an article about the expectations of young executives, relating it to the chart. Then identify the case of each noun (with its article, other determiner, or adjective) and each pronoun (including relative pronouns) in the following passage, searching for the cases in the following order and remembering to take account of the meaning. The total number of nouns/pronouns in each case is given in brackets. Include the title in your search!

1. Nominative (20)
2. Accusative (14)
3. Genitive (6)
4. Dative (5)

Was Nachwuchsmanager erwarten

Nicht möglichst viel Freizeit und Sicherheit sind für hochqualifizierte Nachwuchskräfte bei der Arbeitsplatzwahl ausschlaggebend, sondern eine vielseitige Tätigkeit und selbständiges Arbeiten.

Die hohen Erwartungen der Studenten an eine vielseitige und eigenständige Tätigkeit, an Freiräume für eigene Ideen und einen kooperativen Führungsstil sind keineswegs Träumereien aus dem universitären Elfenbeinturm. Wie die Grafik deutlich macht, urteilen sie erstaunlich realistisch: Nach den ersten Berufserfahrungen werden die jungen Ingenieure, Informatiker und Kaufleute sogar noch anspruchsvoller.

Für ihr starkes berufliches Engagement erwarten die Hochschüler und jungen Führungskräfte in den Unternehmen entsprechende Aufstiegsmöglichkeiten. Karriere und Aufstieg werden mit zunehmender Berufserfahrung immer wichtiger. Dagegen legen die Praktiker noch weniger Wert auf Freizeit und flexible Arbeitszeit als die Studenten.

Am wenigsten wichtig sind Gesichtspunkte der Sicherheit und der Solidität: Um die Finanzkraft des Unternehmens und die Krisensicherheit des Arbeitsplatzes scheren sich die Nachwuchsmanager ebenso wenig wie um das Renommee der Firma.

Capital. Das deutsche Wirtschaftsmagazin, Januar 1989, S. 134-136

Die Wünsche des Führungsnachwuchses.	
Herausfordernde Tätigkeit	86 / 89
Individuelles Arbeiten	85 / 91
Aus- und Weiterbildung	83 / 82
Führung durch Mitwirkung	82 / 87
Flexible Arbeitszeit	74 / 61
Karriere und Verantwortung	73 / 84
Attraktives Gehalt	73 / 80
Freizeit	66 / 53
Sicherheit des Arbeitsplatzes	66 / 66
Unternehmens-image	60 / 73
Wertigkeit in Prozent ○ Studenten ● Junge Praktiker	

Quelle: Unic.

18   Case (see *Hammer* 2)

Identify the case of each noun (with its article, other determiner, or adjective) and each pronoun (including relative pronouns) in the following passage, searching for the cases in the following order and remembering to take account of the meaning. The total number of nouns/pronouns in each case is given in brackets. Include the title in your search!

1. Nominative (17)
2. Accusative (18)
3. Genitive (2)
4. Dative (12)

Unberechenbare Gäste

Ich habe nichts gegen Tiere, im Gegenteil: ich mag sie, und ich liebe es, abends das Fell unseres Hundes zu kraulen, während die Katze auf meinem Schoß sitzt. Es macht mir Spaß, den Kindern zuzusehen, wenn sie in der Wohnzimmerecke die Schildkröte füttern. Sogar das kleine Nilpferd in unserer Badewanne ist mir ans Herz gewachsen, und die Kaninchen, die in unserer Wohnung frei herumlaufen, regen mich schon lange nicht mehr auf. Außerdem bin ich gewohnt, abends unerwarteten Besuch vorzufinden: ein piepsendes Küken oder einen herrenlosen Hund, dem meine Frau Unterkunft gewährt hat. Denn meine Frau ist eine gute Frau, sie weist niemanden von der Tür, weder Mensch noch Tier, und schon lange ist dem Abendgebet unserer Kinder die Floskel angehängt: Herr, schicke uns Bettler und Tiere.

Heinrich Böll, in *Erzählungen, Hörspiele, Aufsätze*
(Kiepenheuer & Witsch, Köln, 1965)

19   Case (see *Hammer* 2) ☺☺☺

PROJECT: Take a passage of 1000 words from any two of (a) a novel, (b) a newspaper, (c) a modern play.

*   Establish the relative frequency of the four cases in the two passages, remembering to count all the nouns and pronouns.
*   Can you give reasons why the distribution of the four cases should be so very different in different types of German?

3

Personal pronouns

After the student has learned the sex of a great number of nouns, he is still in a difficulty, because he finds it impossible to persuade his tongue to refer to things as "he" and "she", and "him" and "her", which it has been always accustomed to refer to as "it". (Mark Twain)

1 Personal pronouns (see *Hammer* 3.1)

Fill in the correct personal pronoun.

1. Kommst du morgen? Dann gebe ich ____ das Buch. ____ ist sehr interessant. Gib ____ ____ zurück, wenn du ____ gelesen hast.
2. Geh bitte zu den alten Leuten und gib ____ die Einladung. ____ freuen sich bestimmt, wenn ____ ____ bekommen.
3. Hier sind herrliche Äpfel aus Tirol, meine Dame. Ich gebe ____ ____ für drei Mark das Kilo. ____ sind sehr aromatisch.
4   „Kommst du morgen mit in die Disko?" – „____ weiß noch nicht. ____ rufe ____ heute abend an und sage ____ Bescheid."
5. Besuchst ____ deinen Bruder? Dann gib ____ bitte dieses Geschenk. ____ ist von meiner Schwester. Ich glaube, sie mag ____.
6. Ich mag deinen Bruder nicht besonders, und das beruht auf Gegenseitigkeit. ____ möchte mit ____ genauso wenig zu tun haben wie ____ mit ____.
7. Das Baby, Caroline Waters, schien sehr gern Verstecken zu spielen. ____ freute sich immer, wenn die Mutter ____ fand.
8. Ich kann meine Unterlagen nicht finden. Sind Sie sicher, daß ____ ____ ____ zurückgegeben haben?

2 Accusative and dative reflexive pronouns
(see *Hammer* 3.2.1 – 3.2.5)

Fill in the correct pronouns.

1. Ich hatte ____ eben die Zähne geputzt und wollte gerade anfangen, ____ zu waschen, als ____ die Seife aus der Hand rutschte.

2. Du mußt ____ immer einladen lassen, weil du nie Geld bei ____ hast.
3. Kann ich ____ darauf verlassen, daß du ____ kein Geld mehr von ihm leihst?
4. Ich war ____ bewußt, daß ich ____ da auf eine unangenehme Sache eingelassen hatte.
5. Mach die Tür hinter ____ zu und setz ____.
6. Ich habe ____ schon lange gewünscht, ____ mal in einem Filmstudio umsehen zu können.
7. Als ich wieder zu ____ kam, merkte ich, daß ich ____ alles nur eingebildet hatte.
8. Ich habe ____ die Geschichte nur ausgedacht, damit du ____ nicht so aufregst.
9. Es war ____ klar, daß ich ____ entschuldigen mußte.
10. Ich kann ____ beim besten Willen nicht vorstellen, daß du ____ zu solch einem Schritt entschließen könntest.
11. Ich glaube, ich habe ____ noch nicht vorgestellt. Mein Name ist Alexander von Hoppen.
12. Könnte ich ____ diese CD bitte vorher anhören?
13. Nachdem ich ____ auf den Weg gemacht hatte, fiel ____ bald auf, daß ich ____ in einer Gegend befand, in der ich ____ nicht auskannte.

3 Reflexive and reciprocal pronouns (see *Hammer* 3.2)

Supply the correct form of the reflexive pronoun or a reciprocal pronoun as appropriate, and join words up if necessary.

1. Habt ihr _____ vor dem großen Hund gefürchtet?
2. Ihr sollt doch nett zu _____ sein!
3. Der Arzt ließ den Patienten zu _____ kommen.
4. Wir haben _____ seit Jahren nicht mehr gesehen.
5. Bis dann hatten die Kinder doch ganz friedlich mit _____ gespielt.
6. Wollen Sie _____ schon heute entscheiden?
7. Ich schloß die Tür hinter _____.
8. Wieviel Geld hat sie bei _____ gehabt?
9. Weißt du, wieviel Geld ich bei _____ hatte?
10. Da haben sie _____ aber widersprochen.
11. Sie haben lange mit _____ darüber gestritten.
12. Die Frauen, die _____ schon kannten, nickten.
13. Wir können _____ doch auf _____ verlassen.

4 Forms of the third person pronoun (see *Hammer* 3.4)

Complete the following sentences by supplying an appropriate third person pronoun form.

1. Er hörte ihre Meinung und stimmte ____ zu.
2. Ich wartete lange auf meine Freundin, aber ____ kam nicht.
3. Ich suche meinen roten Kuli. Hast du ____ gesehen?
4. Die Partisanen hielten uns lange Zeit gefangen, aber schließlich ist es uns gelungen, ____ zu entkommen.
5. Das Mädchen saß an einem Tisch in der Ecke. ____ bemerkte uns aber nicht.
6. Die Jungen freuten sich, daß ihr Onkel ____ dabei helfen konnte.
7. Wir wohnen ja seit zehn Jahren in dieser Stadt. ____ ist zwar recht klein, aber keineswegs spießig.
8. Dort können die Kinder ohne Gefahr im Fluß schwimmen. An dieser Stelle ist ____ kaum einen Meter tief.
9. Regensburg liegt an der Donau. Von dort ist ____ schiffbar bis zum Schwarzen Meer.
10. Die Provinz trägt diesen Namen, weil man keinen anderen für ____ gefunden hat.
11. Sylvia hat sich einen neuen Mercedes gekauft. Weißt du, was ____ gekostet hat?
12. Matthias hat mich gebeten, es ____ möglichst bald mitzuteilen.

5 Third person pronoun or prepositional adverb?
(see *Hammer* 3.5)

Decide whether to use a prepositional adverb (**e.g.** *dafür*) or a third person pronoun (**e.g.** *für ihn*).

1. Ich habe jetzt keine Zeit, mir deine Vorschläge anzuhören; wir sprechen später ____über____.
2. Sabine ist ganz vernarrt in ihren kleinen Hund. Sie hat sich inzwischen jedoch ____an____ gewöhnt, daß sich in ihrer Familie ____außer____ niemand ____für____ interessiert.
3. Die Ferien beginnen am 23. Juni. Ich freue mich schon ____auf____.
4. Ich werde meine Ferien, ____auf____ ich mich dieses Jahr besonders freue, bei Freunden verbringen. ____mit____ zusammen zu sein, macht immer sehr viel Spaß.
5. Wenn man früher in der DDR ein neues Auto kaufen wollte, mußte man oft jahrelang ____auf____ warten.

6. Unsere Nachbarn sind zwar sehr nett, aber man kann sich leider nicht immer ____auf____ verlassen.
7. Ich muß mich ____auf____ verlassen können, daß du spätestens um 11 Uhr wieder hier bist.
8. Sie haben nun die Argumente gehört. Was meinen Sie nun ____zu____ ?
9. Ich habe mein Kätzchen so sehr ins Herz geschlossen, daß ich mir ein Leben ____ohne____ gar nicht mehr vorstellen kann.
10. Obwohl wir eher losgegangen waren als unsere Freunde, waren sie ____vor____ am Bahnhof.
11. Mein Bruder ist sehr unzuverlässig. Wer ____auf____ baut, baut meistens auf Sand.
12. Übers Wasser führt ein Steg, und ____über____ geht der Weg. (Wilhelm Busch, *Max und Moritz*)
13. Um sich auf einen Menschen zu verlassen, tut man gut ____an____, sich ____auf____ zu setzen. (Kurt Tucholsky, *Der Mensch*)

6 The use of *es* to anticipate a following clause
(see *Hammer* 3.6.8)

Combine the following elements into single sentences by means of a *daß*-clause or an infinitive clause as appropriate. An anticipatory *es* should be used where it is usual, and included in brackets where it is optional.

e.g. erleben – Riemann hat die beste Rede gehalten.
Ich habe es erlebt, daß Riemann die beste Rede gehalten hat.

kaum ertragen können – ihn so leiden sehen
Ich konnte es kaum ertragen, ihn so leiden zu sehen.

1. versäumen – meine Frau anrufen
2. ablehnen – mit ihr in die Schweiz fahren
3. bedauern – Sie sind umsonst gekommen
4. schon wissen – sie spricht fließend Spanisch
5. für unmöglich halten – Silke schafft das Abitur
6. meiner Mutter doch versprechen – morgen mit ihr einkaufen gehen
7. Anna nicht übelnehmen können – sie hat es mir deutlich gesagt
8. beschließen – einen neuen BMW kaufen
9. sehr bereuen – ich habe Germanistik studiert
10. lieben – im Sommer im Bikini im Garten sitzen
11. unterlassen – dem Bewerbungsbrief die notwendigen Unterlagen beifügen
12. nicht verhindern können – Helmut ist gegen den Baum gefahren

7 The pronoun *es* (see *Hammer* 3.6)

Decide in which cases the pronoun *es* is obligatory, where it is optional, and where it should be omitted.

1. Mir läuft ____ immer noch kalt den Rücken hinunter, wenn ich daran denke, wie ____ dazu gekommen ist, daß er jetzt im Gefängnis sitzt.
2. Auf jeden Fall steht ____ fest, daß ____ ihm an Geld nicht fehlt.
3. Ich hoffe, dir ist ____ nicht entgangen, daß Bonn eine Stadt ist, in der ____ sich gut lebt.
4. Du hast ____ gut. Du hast ____ wenigstens zu etwas gebracht. Ich bedaure ____ jetzt sehr, daß ich ____ damals nicht erwarten konnte, die Schule zu verlassen und Geld zu verdienen.
5. Als ich seine Stimme am Telefon hörte, ahnte ich ____ schon, daß etwas Schlimmes passiert war.
6. Manche Leute machen ____ sich viel zu leicht, und andere nehmen ____ mit allem viel zu genau.
7. ____ gefällt mir nicht, daß ____ hier ständig regnet.
8. Gestern stellte ____ sich heraus, daß er nichts mit der Sache zu tun hatte.
9. Ich kann ____ mir nicht leisten, meine Stelle zu verlieren. Deshalb bleibt mir nichts anderes übrig als zu tun, was der Chef von mir verlangt, auch wenn ____ dazu einiger Mühe bedarf.
10. Mir ist ____ klar, daß sie ____ nur gut meint, aber sie geht mir trotzdem auf die Nerven.
11. Ich meine ____ ernst mit meinem Angebot.

8 Third person pronoun (see *Hammer* 3.4 and 3.6)

Supply the appropriate form of the third person pronoun in the following sentences. You should bear in mind that *es* can be used as an indeterminate subject (see *Hammer* 3.6.1) and to refer back to a whole phrase (see *Hammer* 3.6.2) as well as to a preceding neuter singular noun (see *Hammer* 3.4.1). In which sentences are alternatives possible?

1. Euer Teppich gefällt mir. – ____ war auch sehr teuer!
2. Euer Teppich gefällt mir. – ____ ist wohl ein indisches Muster.
3. Franz hat die Angelika gehauen. – Ich habe ____ nicht gesehen.
4. Was sind das für Tiere da oben? – Ich glaube, ____ sind Gemsen.
5. Kennst du das Mädchen? – Ja, ich habe ____ gestern kennengelernt.
6. Wer kommt da die Treppe hinauf? – ____ ist wohl der Hausmeister.
7. Wer ist der blonde Junge da drüben? – ____ ist mein Neffe.

8. Hast du meine Uhr gesehen? – ____ liegt doch neben dem Telefon.
9. Deine Uhr geht doch falsch. – Ich habe ____ nicht gemerkt.
10. Er soll geizig sein. – Ich glaube, er ist ____ auch.
11. Woher weißt du, daß Christian erst morgen kommt? Angela hat ____ mir gesagt.
12. Dein Rock ist aber kurz! – Stört ____ dich so?
13. Dein Rock ist aber schön! – ____ war auch gar nicht teuer.
14. Wer ist gerade die Treppe heruntergekommen? – Ich war ____ doch!
15. Ist Helmut ein starker Raucher? – Ja, er ist ____.
16. Hat euch die Wanderung Spaß gemacht? – Ja, schon, ____ war nur ein bißchen anstrengend.

9   Special uses of the pronoun *es*   (see *Hammer* 3.6) 😀😀😀

PROJECT: Take a passage of 1000 words from a novel.

- Establish the relative frequency of the different uses of *es* detailed in *Hammer* 3.6.
- Were there any which you failed to find? Is there any reason why this might be so?

4

The articles

1 Contractions of the definite article (see *Hammer* 4.1.1b)

Decide whether to use the preposition in brackets with a full definite article or whether a contracted form is possible.

1. [Zu] _____ Zeit, als du anriefst, muß ich gerade im Bad gewesen sein.
2. [An] _____ besten wird es sein, wenn wir [auf] _____ Land fahren.
3. Ich habe es einfach nicht [über] _____ Herz gebracht, ihn [über] _____ Ohr zu hauen.
4. [Von] _____ Mann, den wir gestern getroffen haben, erzählst du [zu] _____ Zeit recht viel.
5. Als ich gestern [bei] _____ Einkaufen war, traf ich unseren neuen Nachbarn [in] _____ Supermarkt und [auf] _____ Post.
6. [Bei] _____ schönen Wetter könnten wir doch [in] _____ Freien frühstücken. [An] _____ besten, wir setzen uns [auf] _____ Balkon. Da sind wir [in] _____ Schatten und trotzdem [an] _____ frischen Luft.
7. Ein Freund von mir ist [bei] _____ Unfall gestern [um] _____ Leben gekommen.
8. Er kam [zu] _____ Überzeugung, daß er seine Eltern [in] _____ Vertrauen ziehen mußte.

2 Forms of the definite article (see *Hammer* 4.1.1)

Supply all the forms of the definite article in the following text.
Note that contractions of the definite article with prepositions are shown by lines after the full form of the preposition, e.g. *zu__* (= *zum* or *zur*), *in__* (= *ins* or *im*), etc.

Schweres Erdbeben in Nordwesteuropa

Ein schweres Erdbeben, das auf _____ Richter-Skala 5,8 Punkte erreichte, hat in _____ frühen Morgenstunden _____ Montags zehn Sekunden lang weite Teile West- und Südwestdeutschlands, _____ Benelux-Staaten und _____ Norden und Osten Frankreichs erschüttert.

_____ Epizentrum _____ Bebens lag in__ niederländischen Roermond, unmittelbar an _____ deutschen Grenze. Besonders in Mitleidenschaft gezogen wurden _____ Kreisstadt Heinsberg bei Aachen und _____ rheinischen Grossstädte Köln und Bonn.

Um 3.20 Uhr an__ Montag morgen sind Millionen von Menschen an__ Mittel- und Niederrhein aus _____ Schlaf gerissen worden. Einem kurzen, zunächst kaum wahrnehmbaren Beben folgte nach Angaben _____ Wissenschafter _____ Erdbebenwarte _____ Universität Köln ein zweites „*tektonisches Beben*", das in dieser Stärke in__ Rheinland seit 1756 nicht mehr wahrgenommen worden war. Schränke stürzten um, Decken fielen herab, und als viele Menschen in__ Freie liefen, wurden sie von herabstürzendem Gestein und Dachziegeln verletzt. Insgesamt 40 Personen erlitten nach offiziellen Angaben Verletzungen, unter ihnen vier Schwerverletzte, die sich ausser Lebensgefahr befinden. _____ Sachschaden beläuft sich auf Millionen. Autos wurden zertrümmert, viele Gebäude weisen tiefe Risse in _____ Aussenmauern auf.

In Roermond, wo _____ Fachleute _____ Epizentrum lokalisierten, brach Panik aus; es wurden 20 Personen leicht verletzt. 25 Verletzte wurden in Heinsberg bei Aachen registriert. In _____ niederrheinischen Kreisstadt wurden rund 60 Häuser so stark beschädigt, dass _____ Polizei _____ Bewohnern _____ Zugang sperrte. Einige Häuser können wohl nur noch abgerissen werden. Zu _____ an__ schwersten in Mitleidenschaft gezogenen Gebäuden gehört ein Kloster, in dem 72 pflegebedürftige Senioren lebten. In Bonn kam eine 79jährige Rentnerin um__ Leben; sie starb an einem Herzversagen.

Beachtliche Schäden richtete _____ Beben in _____ Grossstädten längs _____ Rheins an. In Köln war kurze Zeit _____ Wasserversorgung unterbrochen. _____ Kölner Dom blieb nicht verschont; fünf seiner rund 1,50 Meter grossen Kreuzblumen aus Naturstein stürzten von _____ Domspitzen nach unten, eine riss ein 4 Quadratmeter grosses Loch in _____ gerade erst reparierte Dach eines Seitenschiffes. In Bonn und Dortmund mussten Hochhäuser geräumt werden. Eine erste Bestandsaufnahme _____ deutschen Bundesbaudirektion ergab, dass alle öffentlichen Bauten an__ Regierungssitz in Bonn, _____ Villa Hammerschmidt, _____ Kanzleramt und _____ 29stöckige Abgeordnetenhochhaus, erhebliche Schäden erlitten. An__ noch in__ Bau begriffenen neuen Bonner Plenarsaal hat sich angeblich _____

Decke so weit verschoben, dass ____ für ____ Oktober geplante
Einzug ____ Bundestags in Frage gestellt ist. Ein Block ____
Kernkraftwerks Biblis in Südhessen wurde automatisch abgeschaltet.

Neue Zürcher Zeitung, 13.4.1992

3 Definite article or possessive? (see *Hammer* 4.7.1)

Rewrite the following sentences replacing the possessive pronoun
by a definite article and a dative pronoun.

1. Ich muß zuerst meine Hände waschen.
2. Sein Herz klopfte, als er über ihr Gesicht strich.
3. Die Mütze fiel von seinem Kopf.
4. Er zog seine Handschuhe an.
5. Hast du deine Zähne geputzt?
6. Seit Wochen zerbreche ich meinen Kopf, was ich zu seinem Geburtstag schenken könnte.
7. Seine Knie zitterten vor Aufregung.
8. Viele Leute brechen beim Skifahren ihre Beine.
9. Mein Hals tut weh, und ständig läuft meine Nase.
10. Ich muß noch meine Haare trocknen.

4 Definite article or possessive? (see *Hammer* 4.7)

Form sentences with the following sets of words, supplying definite
articles, possessives and personal pronouns as appropriate. A
possessive dative (see *Hammer* 2.5.7) will be needed in most of
the sentences.

e.g. Mutter / waschen / Füße [Kind]
Die Mutter wäscht dem Kind die Füße.
Heinrich / sehen / in / Augen [sie]
Heinrich sah ihr in die Augen.
Luise / nicht / sehen / können / Augen [er]
Luise konnte seine Augen nicht sehen.

1. Arzt / verbinden / Wunde [Patient]
2. ich / legen / Hand [ich] / auf / Schulter [sie]
3. Kindergärtnerin / putzen / Nase [Kinder]
4. sie / springen / an / Hals [er]
5. sie / anziehen / neue Bluse [sie]
6. er / schneiden / in / Finger [er]

7. Hut [er] / liegen / auf / Tisch
8. Langsam / sie alle / heben / rechte Hand [sie]
9. Vase / fallen / aus / Hände [ich]
10. sie / treten / auf / Füße [ich]
11. Schweiß / tropfen / von / Stirn [sie]
12. Monika / mitnehmen / aus Versehen / Mantel [ich]
13. Tränen / rollen / über / Wangen [mein Onkel]
14. sie / stoßen / mit / Schirm / in / Rippen [ich]

5   Uses of the articles (see *Hammer* 4.3 – 4.8)

Decide whether to use a definite article or whether to leave it out. Use contracted forms of a preposition and article where appropriate.

1. Seine Lieblingsrollen waren ____ Hamlet und ____ Richard III.
2a. Das ist nur eine Frage ____ Zeit.
2b. ____ Zeit ist ein Phänomen, das die wenigsten Leute richtig begreifen.
2c. ____ Zeit vergeht wie im Flug.
2d. Hast du heute ____ Zeit, ins Kino zu gehen?
3a. Ich hätte nicht ____ Mut dazu.
3b. Zu solch einer Aufgabe gehört ____ Mut.
3c. Nur ____ Mut! Bisher hat noch jeder ____ Schwimmen gelernt.
4a. ____ Rauchen ist eine unangenehme Angewohnheit.
4b. In meinem Haus verbiete ich dir ____ Rauchen.
5a. ____ Mensch ist ein Gewohnheitstier.
5b. ____ Mensch und ____ Tier sollten in ____ Eintracht miteinander leben.
6a. Es geht um ____ Leben oder ____ Tod.
6b. Er fürchtet weder ____ Leben noch ____ Tod.
6c. Nach einem Leben ohne ____ Freude ereilte ihn ____ Tod.
6d. ____ Hoffnung auf ____ Frieden erhielt ihn an ____ Leben.
7a. ____ Jugend von heute hat wenig Respekt vor ____ Alter.
7b. ____ Alter schützt vor ____ Torheit nicht.
8a. Was du da sprichst, kann man wirklich nicht als ____ Deutsch bezeichnen.
8b. In seiner Bibelübersetzung aus ____ Griechischen in ____ Deutsche benutzt Luther ____ Meißener Kanzleideutsch.
8c. Ich studiere ____ Deutsch und befasse mich in meiner Freizeit mit ____ Geschichte des Mittelalters.

9a. Ich erwarte von ____ Literatur mehr Anregung als von ____ Leben.

9b. ____ Literatur hat mich schon immer sehr interessiert, besonders ____ Expressionismus.

10. Nach ____ Sommerpause trat ____ Parlament heute erstmals wieder zusammen.

11. Am besten schläft es sich in ____ Schule oder in ____ Kirche.

12. Letzte Woche waren wir in ____ Kloster St. Gallen in ____ Schweiz.

13. In ____ Gegenwart eines namhaften Professors aus ____ Pfalz hielt er einen Vortrag über ____ Naturalismus.

14. Diese Kirche ist ____ heiligen Elisabeth gewidmet.

15. Er wurde in ____ Domstraße in ____ Stettin in ____ heutigen Polen geboren.

6 Miscellaneous uses of the zero article (see *Hammer* 4.9)

Decide whether to use an indefinite article or not.

1. Haben Sie ____ Suppe? – Ja, wir haben heute ____ Zwiebelsuppe. – Dann nehme ich ____ Zwiebelsuppe und ____ Glas Rotwein dazu.

2. Als ____ Junge wollte ich immer ____ Lokomotivführer werden.

3. Ich suche ____ Zimmer mit ____ Dusche und ____ WC und, wenn möglich, auch mit ____ Klimaanlage.

4. Ohne ____ Ausweis kann ich Ihnen leider kein Geld geben.

5. Er trägt gern ____ Anzug, aber meistens ohne ____ Weste.

6. Ich bin ____ Katholik, und ____ Katholik tut so etwas nicht.

7. Endlich habe ich ____ eigene Wohnung.

8. Natürlich bin ich ____ einflußreicher Politiker, aber hier spreche ich als ____ einfacher Bürger.

9. Es war ____ Sommer, und zwar ____ Sommer, den ich nie vergessen werde.

10. Ich bin vielleicht ____ Idiot!

11. ____ gewisse Frau Wagner möchte Sie sprechen.

12. Er ist ____ Schauspieler mit ____ außerordentlichem Talent.

13. Wir leben schließlich in ____ Demokratie.

14. Er hatte ____ Husten und ____ Schnupfen, und später kam noch ____ Lungenentzündung hinzu.

15. Er spricht ____ ausgezeichnetes Deutsch.

7 The articles (see *Hammer* 4)

Translate into German.

1. If there is life after death we can all meet up in heaven or in hell.
2. Tonight there is a film on with Garbo, in which she plays Queen Christine.
3. According to the regulations I am not allowed to let you into the country without a passport.
4. Under Article 1 of the German Constitution nobody may be discriminated against on the grounds of their religion, race, sex or political beliefs.
5. You'll find Ulm Minster near Neue Strasse next to the market square.
6. The negotiations were brought to a successful end.
7. The ideas of Christianity have had a great impact on mankind.
8. I haven't seen him since the end of the war.
9. Lake Constance is a lake between Germany, Austria and Switzerland.
10. Isn't it amazing how time flies?
11. Man is a strange animal.
12. You must comb your hair!
13. See you on Monday.
14. I regard communism as dead.
15. Finnish is related to Hungarian.
16. In Victorian England ladies never went out without a hat.
17. I'm speaking as a teacher.
18. He's a very good teacher.

8 Uses of the articles (see *Hammer* 4)

Make up sentences from the following words, inserting articles where necessary.

1. dänisch / Butter / kosten / sechs Mark / Pfund
2. norddeutsch / Bauern / anbauen / hier / Weizen
3. malerisch / Bern / sein / Hauptstadt / Schweiz
4. Andrea / fahren / in / Winter / mit / Auto / in / Schule
5. Vater / meine Freundin / gehen / erst / um / Mitternacht / in / Bett
6. in / Jahr / 1950 / Lothar Albrecht / in / Parlament / gewählt werden
7. Thomas / studieren / Spanisch / an / Freie Universität Berlin
8. nach / ihr letzter Besuch / Erika / sprechen / akzentfrei / Englisch

9. Uhr / gehen / nun / auf / Minute / genau
10. deine Mutter / sein / schon / mit / Kofferpacken / fertig
11. Herr Schuhmacher / sein / schon lange / in / Schweiz / Lehrer
12. Frau Nowak / sein / seit / fünf / Jahre / Mitglied / kommunistisch / Partei
13. Prüfung / stattfinden / an / kommend / Freitag
14. größte / Planet / in / unser / Sonnensystem / sein / Jupiter
15. meist / ihre Freunde / kommen / erst / an / Abend

9 Uses of the articles (see *Hammer* 4.2 – 4.10) ☺☺☺

PROJECT: Take a passage of at least 500 words from Günter Grass' *Die Blechtrommel* (or another postwar novel) and the English translation.

- Compare the use of the articles.
- Does this bear out the contention that article use is the same in English and German in 85% of cases?
- What are the most important differences in the use of the article between the original German text and the English translation?
- Are there many cases where you would disagree with the English translator's usage in respect of the articles?

5

Other determiners and pronouns

1 Demonstrative *der* (see *Hammer* 5.1.1)

Complete the following sentences by supplying an appropriate form of the demonstrative *der*.

1. Ist der Teller da kaputt? Ja, _____ hat Astrid fallen lassen.
2. Die Zahl _____ , die 1962 die DDR verließen, war verhältnismäßig groß.
3. Willst du diese Äpfel kaufen? Ja, _____ sind recht billig.
4. Möchtest du ein Stück von diesem Kuchen oder von _____ da?
5. Antje hat erst mit Sonja gesprochen, dann mit _____ Bruder.
6. Brauns wohnen in dem Haus. Ja, in _____ da drüben.
7. Sie konnten keine Möwen sehen. _____ waren wohl weiter draußen vor Cuxhaven.
8. Ich verstand nicht viel von _____ , was sie mir sagte.
9. Mein Auto steht hinter _____ von Klaus.
10. _____ waren meine ersten Eindrücke von der Türkei.
11. Bist du mit deinem eigenen Fahrrad gekommen oder mit _____ von deiner Schwester?
12. Mein schwarzer Koffer ist doch größer als _____ da drüben.

2 Demonstrative pronouns (see *Hammer* 5.1)

Fill in the endings.

1. Es herrscht wieder dies__ Novemberstimmung; d__ macht mich ganz krank. An ein__ solch__ Tag möchte ich am liebsten im Bett bleiben.
2. Niemand kennt die Namen d__, die hier begraben liegen.
3. Ich möchte mit d__jenig__ sprechen, der die Fensterscheibe eingeschlagen hat.
4. Wir sind beide in d__selb__ Ort geboren und auf d__selb__ Schule gegangen.
5. „Wo hast du eigentlich früher gewohnt?" -„Ach, mal in dies__ Stadt, mal in jen__."
6. Auf der Party wurde über dies__ und jen__ gesprochen.
7. Er trat bei dem Bewerbungsgespräch mit solch__ Selbstbewußtsein

auf, daß er auf d__jenig__, die im Auswahlgremium saßen, d__selb__ gut__ Eindruck machte wie auf seine Kollegen.

8. Macht doch nicht immer solch__ ein__ Krach. Bei ein__ derartig__ Lärm kann doch kein Mensch schlafen.

9. Ich hätte mir lieber einen besseren Wagen gekauft, aber bei ein__ derartig__ niedrig__ Gehalt kann ich mir so ein__ leider nicht leisten.

10. Wenn du dir ein__ von dies__ Kleidern kaufst, die wir gestern gesehen haben, bring mir bitte auch ein__ in d__selb__ Farbe mit.

3 Possessive determiners and pronouns (see *Hammer* 5.2)

Choose an appropriate possessive determiner or pronoun and add the correct endings.

1. Ich bin froh, wenn ich endlich wieder in _____ eigen__ Bett schlafen kann.

2. Entschuldigen Sie, ich habe meinen Kugelschreiber vergessen. Könnte ich vielleicht _____ borgen?

3. Da ich umgezogen bin, gebe ich Ihnen am besten _____ neu__ Adresse.

4. Mein Bruder und ich haben uns beide ein neues Auto gekauft. _____ war viel teurer als _____ , aber er verdient ja auch mehr.

5. Du darfst erst Fußball spielen gehen, wenn du _____ Zimmer aufgeräumt hast.

6. Wenn du morgen zu Elke und Uwe gehst, zeigen sie dir sicher _____ toll__ Swimmingpool.

7. Jetzt wo mein Mann tot ist, sollte ich vielleicht _____ alt__ Anzüge verkaufen.

8. Meine Mutter erzählt genauso gern Witze wie ich. Über _____ Witze lachen die Leute, über _____ nicht. Wahrscheinlich werden die Witze mit dem Alter schlechter.

9. Was habt ihr denn mit _____ alt__ Couch gemacht? Wir wußten nicht, wohin mit _____ und haben sie einfach auf den Sperrmüll gebracht.

10. Meine Tochter geht morgen zur Hochzeit einer _____ best__ Freundinnen.

4   Personal and possessive pronouns (see *Hammer* 3.1 and 5.2)

Can you complete this love poem by adding the appropriate personal and possessive pronouns? There is no third person involved!

Gedankenfreiheit

Wenn _____ an _____ Mund denke
wie _____ _____ etwas erzählst
dann denke _____
an _____ Worte
und an _____ Gedanken
und an den Ausdruck
_____ Augen
beim Sprechen

Aber wenn _____ an _____ Mund denke
wie er an _____ Mund liegt
dann denke _____
an _____ Mund
und an _____ Mund
und an _____ Mund
und an _____ Schoß
und an _____ Augen

Erich Fried, *Liebesgedichte* (Verlag
Klaus Wagenbach, Berlin, 1979), S. 10

5   Demonstrative and interrogative pronouns
(see *Hammer* 5.1.1, 5.1.2, 5.1.5 and 5.3.1)

Compose sentences according to the following patterns.

1. **e.g.** Käse / frisch
   Welchen Käse hätten Sie gern?
   Ich nehme diesen da; der sieht sehr frisch aus.

a. Bluse / modern
b. Handtücher / schön

c. Wagen / schnell
d. Buch / interessant

2. **e.g.** Honda / fahren
   Ich habe mir diese neue Honda gekauft.
   Die sieht aber toll aus. Mit der würde ich auch gern mal fahren.

a. Ball / spielen
b. Computer / arbeiten
c. Schreibmaschine / tippen
d. Skier / fahren

3. **e.g.** Schrank / neben / Bett / Bruder
   Wie gefällt Ihnen dieser Schrank hier neben dem Bett?
   Der gefällt mir sehr gut. Den gleichen hat mein Bruder.

a. Lampe / an / Wand / Eltern
b. Schuhe / in / Regal / Tante
c. Mantel / in / Schaufenster / Freund
d. Bild / neben / Spiegel / Schwester

6 Demonstrative and interrogative pronouns
(see *Hammer* 5.1 and 5.3)

Add endings where necessary.

1. Solch__ ein__ teur__ Auto kann ich mir nicht leisten.
2. In welch__ Farbe hast du dein Zimmer gestrichen? Ach, das ist ja d__selb__ Farbe, d__ ich genommen habe.
3. Was habt ihr denn alles im Urlaub gemacht? Ach, die__ und d__ , wahrscheinlich d__selb__ wie die meisten Touristen.
4. Mit welch__ Lehrer hast du gesprochen? Mit d__jenig__, d__ mir den Brief geschrieben hat.
5. Ein__ solch__ bodenlos__ Frechheit lasse ich mir nicht noch einmal bieten. So ein__ Unverschämtheit!
6. Er raste mit solch__ Geschwindigkeit gegen die Mauer, daß es einen solch__ Aufprall gab, daß der Fahrer dadurch getötet wurde.
7. Nachdem sie über dies__ und jen__ gesprochen hatten, merkten sie, daß sie zur selb__ Zeit an d__selb__ Freunde dachten.
8. Wenn zwei d__ gleich__ tun, ist es noch lange nicht d__selb__.
9. Wie man in ein__ solch__ fürchterlich__ Chaos leben kann, ist mir ein absolutes Rätsel.
10. Möchten Sie dies__ Wagen mieten oder lieber d__ da? Welch__ ist Ihnen lieber? Solch__ ein__ groß__ Unterschied zwischen den beiden gibt es eigentlich nicht. Sie bieten Ihnen beide d__selb__ Komfort und erreichen d__selb__ Höchstgeschwindigkeit.
11. Welch__ unglaublich__ Unsinn redest du denn da wieder? Weißt du denn nicht, in was für ein__ unangenehm__ Lage du mich damit bringst?
12. Ich möchte wissen, w__ es etwas angeht, in was für ein__ Auto ich mit welch__ Frau durch welch__ Gegend fahre.

7 **Relative pronouns** (see *Hammer* 5.4)

Decide whether to use *der* (in its correct form), *wer, was, wie* or a prepositional adverb as a relative pronoun. Sometimes you have to add a preposition.

1. _____ mich am meisten an ihm stört, ist seine Arroganz, _____ ich mich schon immer geärgert habe.
2. Die Frauen, _____ ich gern ausgehen würde, finden mich leider langweilig.
3. Hier ist die Adresse, _____ Sie sich im Notfall wenden können.
4. Endlich hat er seine Fahrprüfung bestanden, _____ ich mich sehr freue.
5. _____ es mir bei der Arbeit ankommt, ist Genauigkeit, ohne _____ es einfach nicht geht, wenn man konkurrenzfähig bleiben will.
6. _____ nicht hören will, muß fühlen. (Sprichwort)
7. Er schickte ihr den Ring zurück, _____ sie ihm damals geschenkt hatte, _____ sie natürlich sehr verletzte.
8. Dann tat sie etwas, _____ er nicht gerechnet hatte, etwas, _____ sie schon immer tun wollte: sie gab ihm eine Ohrfeige.
9. _____ zuletzt lacht, lacht am besten. (Sprichwort)
10. _____ es in den Wald hineinschallt, so schallt's auch wieder raus. (Sprichwort)
11. Wir machen alles wieder so, _____ wir es letztes Jahr gemacht haben, _____ natürlich bedeutet, daß der Kurs für Studenten, _____ letztes Jahr schon einmal teilgenommen haben, eigentlich überflüssig ist.
12. Das sind die beiden Jungen, _____ ich früher als Teenager sehr interessiert war, _____ mich allerdings weitaus weniger interessant fanden.
13. Darf ich dir meinen Nachhilfelehrer vorstellen, _____ sich damals so viel Mühe mit mir gegeben hat und ohne _____ Hilfe ich das Abitur niemals bestanden hätte.

8 Relative pronouns (see *Hammer* 5.4)

Complete the following sentences by supplying an appropriate relative pronoun.

e.g. Es gibt in ihrer Haltung etwas, _____ mich ärgert.
Es gibt in ihrer Haltung etwas, *was* mich ärgert.
Es gibt in ihrer Haltung etwas, _____ ich mich ärgere.
Es gibt in ihrer Haltung etwas, *worüber* ich mich ärgere.

1. Der Patient darf nichts lesen, _____ er sich aufregen könnte.
2. Es ist nicht immer das Teuerste, _____ Kinder am meisten freut.
3. Er erzählte vieles, _____ wir für unglaubwürdig hielten.
4. Die Temperatur ist das Wichtigste, _____ wir bei diesem Experiment beachten müssen.
5. Das Buch enthält nichts, _____ ein junges Mädchen interessieren könnte.
6. Das ist aber etwas, _____ ich lange gewartet habe.
7. Sie haben ihr alles erzählt, _____ ihnen auf dem Boot passiert war.
8. Sie begriffen nicht viel von dem, _____ er ihnen sagte.
9. Es ist ihm schließlich gelungen, ein großes Loch ins Eis zu schlagen, _____ alle erstaunt hat.
10. Es ist ihm schließlich gelungen, ein großes Loch ins Eis zu schlagen, _____ alle erstaunt waren.
11. Das ist das einzige, _____ wir für ihn tun können.
12. Haben wir jetzt alles, _____ wir brauchen?

9 Relative pronouns (see *Hammer* 5.4)

Translate into German.

1. The man I introduced to you last year is now my husband.
2. The woman you talked to yesterday has gone to lunch.
3. I would like to report an accident that has just happened on the B12.
4. This is for Gerry, without whose help I couldn't have written this book.
5. She married a foreigner, which displeased her family.
6. I'm satisfied with everything he does.
7. If I want to pass my exams, which I do, I cannot afford to take a day off.

10   Relative pronouns (see *Hammer* 5.4)

Make a single sentence from the following pairs of sentences, using a relative pronoun and changing the word order as appropriate.

e.g. Ich habe meiner Freundin geschrieben.
Meine Freundin wohnt jetzt in Rostock.
Ich habe meiner Freundin geschrieben, die jetzt in Rostock wohnt.

1.   Ich machte mit zwei Cousinen einen Ausflug.
Die Cousinen waren aus Berlin gekommen.
2.   Wir wollten den Mädchen etwas zeigen.
Wir kannten die Mädchen seit zwei Jahren.
3.   Wir wollten den Mädchen das Boot zeigen.
Wir hatten von dem Boot gesprochen.
4.   Das Boot steckte im Eis.
Das Boot gehörte der russischen Kriegsmarine.
5.   Den Tag hat Horst verpatzt.
Wir hatten uns so auf den Tag gefreut.
6.   Die Jungen sprachen nicht mehr über den Tag.
Sie konnten sich an den Tag kaum mehr erinnern.
7.   An heißen Tagen badeten wir in dem kleinen Bach.
Das Wasser im Bach war kalt und klar.
8.   Seine Eltern waren 1946 aus Ungarn geflohen.
In dem Haus der Eltern verbrachten die Mädchen ihre Ferien.
9.   Wir konnten nun das Ufer sehen.
Am Ufer standen die beiden Mädchen und winkten uns zu.

11   The uses of *der/die/das* (see *Hammer* 4.1, 5.1.1 and 5.4.1)

Der/die/das can fulfil various different functions in a sentence, which can be hard to recognise. Choose one of the following extracts and find all instances of *der/die/das* in all forms. Then see if you can work out the gender, number (i.e. singular or plural) and case of each, and define its function:

a.   definite article (find the noun it goes with)
b.   demonstrative pronoun (work out what it stands for)
c.   relative pronoun (work out which noun or pronoun it refers back to)

1. Jede Frau kennt das bedeutungsschwangere „Hmm", das er von sich gibt, wenn er wahlweise vor einer geöffneten Motorhaube steht, dem Filius den Dow-Jones-Index erklären soll oder auf dem Stehempfang zum Thema Golf fachmännisch nickt. In Wirklichkeit hat er von all dem nicht den Schimmer einer Ahnung. 84 Prozent der Männer tun aber so. *(Petra*, Juni 1992, S. 146)

2. ☺☺☺ Halt! Das hat man davon. Von dem neuen Wella Design. Halt, soviel man braucht. Da gibt's den Styling Haarlack superstrong. Der hält alles. Wer sein Haar lieber mit Gel in Topform hält, kriegt auch das. Create and Hold verspricht das Styling Gel und hält den Weltrekord in jeder Strähnchennummer. Für stürmische Tage (oder Nächte) gibt's allerdings nix stärkeres als den Styling Schaum-Lack, der hält sogar die widerspenstigste Locke an ihrem Platz. Was braucht man mehr? Jeder, der sich eine starke Stylingfrisur in den Kopf gesetzt hat, kann sie jetzt auch auf den Kopf setzen. Mit Wella Design. (Anzeige, Wella AG, in: *Freundin*, 3.6.1992, S. 52)

3. Die Atmosphäre ist der Schauplatz aller Wetterveranstaltungen, die das Jahr begleiten. Der Planet Erde besitzt eine verhältnismäßig dichte Atmosphäre, die auch eine Voraussetzung für die Entstehung des Lebens auf dem Planeten gewesen ist. Menschen, Tiere und Pflanzen benötigen den in der Atmosphäre vorhandenen Sauerstoff zur Atmung. Und aus dem ebenfalls in der Atmosphäre vorhandenen Kohlendioxid bauen die Pflanzen mit Hilfe der Sonnenenergie in der Assimilation ihre Substanz auf. Für das Wettergeschehen bestimmend ist schließlich der unterschiedlich große Gehalt der Luft an Wasserdampf, maximal sind 4% möglich. (Günter Roth, *Wetterkunde für alle* (BLV, München, Bern, Wien, 1977), S. 11)

4. ☺☺☺ Der Idealzustand, die vollständige Verbrennung des Kraftstoffs zu Kohlendioxid (CO_2) und Wasser (H_2O), läßt sich weder im Otto- noch im Dieselmotor verwirklichen. Unvollständige Gemischbildung, ungleichmäßige Gemischverteilung auf die einzelnen Zylinder, die niedrigen Temperaturen der die Brennräume umgebenden Bauteile, die kurzen für die Verbrennung zur Verfügung

stehenden Zeiten und die hohen Verbrennungsendtemperaturen sind die wichtigsten Gründe für die bei der motorischen Verbrennung entstehenden unerwünschten Schadstoffe. (*Kraftstoff – die treibende Kraft* (Deutsche BP Aktiengesellschaft), S. 36)

12   *all-*   (see *Hammer* 5.5.1)

Complete the following sentences with the appropriate form of *all* or *aller/alle/alles*.

1. Du meinst immer, du weißt ____ besser.
2. Ich kann mit ____ dem Geld nichts anfangen.
3. Ab sofort sollen ____ neuen Wagen einen eingebauten Katalysator haben.
4. Die Hamanns haben ein Haus mit ____ modernen Komfort.
5. Nach ____ , was ich gehört habe, ist Rom eine herrliche Stadt.
6. Trotz ____ Mühe ist das Päckchen doch nicht rechtzeitig angekommen.
7. Bei ____ der Arbeit, die ich hineingesteckt habe, möchte ich jetzt auch ein Resultat sehen.
8. Schade – die Bonbons sind jetzt ____ !
9. Er ist ____ andere als freundlich.
10. Er hat ____ seine Freunde verloren.
11. Dein Ton ist unmöglich. Das muß man mal mit ____ Deutlichkeit sagen.
12. ____ guten Dinge sind drei. (Redensart)
13. Ich habe es mit ____ denkbaren Mitteln versucht, aber ohne Erfolg.
14. ____ Wahrscheinlichkeit nach sind sie umgezogen.
15. Die Blumen sind schon ____ verblüht.
16. Alles in ____ geht es uns doch eigentlich nicht schlecht.
17. Ich liebe Marmelade, vor ____ Himbeermarmelade.
18. Das ist ____ , was ich weiß.

13   The pronoun *einer*   (see *Hammer* 5.5.5)

Complete the following sentences by supplying the correct form of
the pronoun *einer*.

1. Sie kaufte ____ der wenigen modernen Häuser im Zentrum von
   Bern.
2. Nur ____ dieser Äpfel war verfault.
3. Ich kenne nur ____ dieser Städte.
4. ____ seiner Schwestern hat doch in Gießen Medizin studiert.
5. Gehört ____ von diesen Mänteln dir?
6. Nur ____ von unseren Koffern ist unbeschädigt geblieben.
7. ____ von den Verbrechern konnte die Polizei am gleichen Abend
   erwischen.
8. ____ der Mädchen ist schon in Pasing ausgestiegen.
9. ____ dieser Jungen muß er doch gesehen haben.
10. Sie muß in ____ dieser kleinen Straßen hinter dem Bahnhof wohnen.

14   *kein*   (see *Hammer* 5.5.16)

Answer the following questions in the negative, using *kein* or *nicht*
as appropriate. Give full answers, as in the example.

e.g.   Gibt es in diesem Flugzeug ein Telefon?
   Nein, in diesem Flugzeug gibt es (leider) kein Telefon.

1. Haben Sie vielleicht einen Schraubenzieher?
2. Hast du meinen Morgenmantel gesehen?
3. Kannst du mir Geld leihen?
4. Mach den Fernseher aus!
5. Befand sich der Täter noch am Tatort?
6. Hatten Sie denn im Urlaub schönes Wetter?
7. Willst du denn etwa heute schon wieder Golf spielen gehen?
8. Haben Sie noch große Tomaten?
9. Hat Herr Kempinski Ihrer Meinung nach recht?
10. Glaubst du, die Karin hat Lust, ins Kino zu gehen?
11. Möchte er mit uns Kaffee trinken?
12. Hast du Hunger?
13. Hat sie dabei Freude empfunden?

15　The declension of the possessives, *einer* and *keiner*
(see *Hammer* 5.2, 5.5.5 and 5.5.16)

Complete the following sentences by supplying the appropriate endings.

1. Wem gehört der schwarze Koffer da? Ist es wirklich Ihr__?
2. Bist du mit dein__ Fahrrad gekommen oder mit sein__?
3. Müllers haben ein__ neues Auto. Weißt du, was für ein__ es ist?
4. Das ist ein__ der neuesten Modelle.
5. Kannst du mir bitte ein__ Bleistift leihen? Ja, natürlich, auf mein__ Schreibtisch oben liegt wohl ein__.
6. Der blaue Wagen da drüben mit dem Schiebedach ist unser__.
7. Ich brauche dringend ein__ Installateur. Hier in der Gegend ist kein__ , fürchte ich.
8. Ist das euer__ Hund oder unser__ , der gerade aus dem Wasser gekommen ist?
9. Ich suche ein__ Buch über Edelsteine. Haben Sie ein__?
10. Sie haben viele Gäste erwartet. Es kam aber kein__.

16　German equivalents for English *some* and *any*
(see *Hammer* 4.9.7, 5.5.8 – 12, 5.5.16, 5.5.19 and 5.5.26)

Translate into German.

1. I didn't buy any coffee yesterday.
2. We had to buy some coffee yesterday.
3. Some of these novels are really quite long.
4. Have you read *any* of these novels?
5. He hardly had any money on him.
6. We took some American money with us.
7. Some time ago she left for Egypt.
8. Come and see me if you have any problems.
9. I need some coffee. Have you got any?
10. The boys wanted cheese, so I went out and bought some.
11. *Some* days she didn't go to school at all.
12. Did he give you any answer at all?
13. Some small boys ran past.
14. He asked for some matches, but I didn't have any on me.
15. *Any* educated person ought to understand that.

17 **Pronouns** (see *Hammer* 3 and 5) ☺☺☺

This computer advertisement parodies a well-known fairy tale about the naive young man *Hans im Glück* (hence some archaic language, e.g. *frommen*). Find all the pronouns and work out for each whether it is

a. a personal pronoun (except reflexive) (18)
b. a reflexive pronoun (4)
c. a demonstrative pronoun (3)
d. a relative pronoun (3)
e. another type of pronoun (2).

The number of instances of each type of pronoun is given in brackets. Additionally, identify the case of each pronoun.

HANS IM PECH

Es war einmal ein junger Bursch mit Namen Hans, der wollte eines schönen Tages den Weg zum Erfolg einschlagen. Drum besorgte er sich von seinem sauer Ersparten einen glänzenden Personal Computer in einem glänzenden Geschäft. Doch wie er sich erwartungsfroh an seiner Neu-Erwerbung zu schaffen machte, da merkte er alsbald, daß diese ihm nicht sonderlich frommen wollte, so bedienungsschwer, wie sie war. Zum Pech kam gerade ein fröhlicher Besserwisser daher, der sprach: „Ei Hans, Du brauchst die rechte Software, dann geht alles wie von selbst." Da tauschten beide geschwind, und ehe Hans sich's versah, hielt er eine wunderschöne Diskette mit einem wunderschönen Programm in der Hand. Doch der Erfolg begegnete ihm noch immer nicht. Da kam der Klugschwätzer des Wegs und lachte: „Aber Hans, Dir fehlt doch nur die rechte Verbindung", sprach's und gab ihm ein Anschlußkabel im Tausch für die Software … Und wenn Hans nicht gestorben ist, dann sucht er den Erfolg noch heute.

HANS IM GLÜCK

Es war einmal ein junger Manager, der ebenfalls Hans hieß, aber keinesfalls an Märchen glaubte. So ging er ohne Umwege zum autorisierten Apple Vertriebspartner: Dort ließ er sich umfassend beraten, bekam einen fairen Preis und dazu einen Service, der ihn von der Sekunde des Kaufes an nie alleine ließ. Hier die Adressen, bei denen Sie wie Hans im Glück sind. …

Anzeige, Apple Computer GmbH, München, in: *Capital. Das deutsche Wirtschaftsmagazin*, Januar 1989, S. 138-139

6

Adjectives

I heard a California student in Heidelberg say, in one of his calmest moods, that he would rather decline two drinks than one German adjective. (Mark Twain)

1 The use of the strong and weak declensions
(see *Hammer* 6.1 – 6.2)

Fill in the correct endings where necessary.

In unser__ letzt__ Urlaub hatten wir meistens herrlich__ Wetter. Wir waren in d__ sonnig__ Süden gefahren, was schon lange unser__ sehnlichst__ Wunsch gewesen war. D__ ganz__ Tag taten wir nichts ander__ als in d__ glühend__ Sonne zu liegen, um so braun__ wie möglich__ zu werden. Das war für uns d__ Wichtigst__.
Bei schlecht__ Wetter besuchten wir zahlreich__ und zum Teil sehr interessant__ Sehenswürdigkeiten. Wir haben auch viel__ nett__ Leute kennengelernt, mit denen wir besonders d__ wunderschön__, mild__ Abende verbrachten. Mit einig__ wenig__ Ausnahmen waren wir auch mit d__ ausländisch__ Essen sehr zufrieden__. All__ in all__ war es wohl ein__ d__ schönst__ Urlaube, die ich je erlebt habe.

2 The use of the strong and weak declensions
(see *Hammer* 6.1 – 6.2)

Fill in the correct endings where necessary.

1. Frisch__ Obst und Gemüse haben viel__ Vitamine und sollten für jed__ vernünftig__ Menschen Bestandteil d__ täglich__ Kost sein.
2. Edel__ sei der Mensch, hilfreich__ und gut__.
3. Mit was für ein__ fürchterlich__ Egoisten ist denn dein__ jünger__ Schwester verheiratet?
4. Bei so ein__ herrlich__ Wetter gibt es kein__ schöner__ Beschäftigung als mit lauter__ gut__ Freunden in ein__ klein__ Café zu sitzen und die vorbeilaufend__ Leute zu beobachten.
5. Ein__ alt__ und zudem noch unheilbar__ krank__ Frau wie mir braucht ihr kein__ alljährlich__ Geschenke mehr zu machen.
6. Welch__ d__ beid__ Kleider hast du gekauft? – D__ rosa__. D__ lila__

hat mir zwar besser gefallen, aber ich glaube, rosa__ paßt besser zu mein__ ungewöhnlich__ Haarfarbe.

7. So manch__ praktizierend__ Arzt mußte zu sein__ eigen__ Erstaunen feststellen, daß sich sämtlich__ medizinisch__ Bücher in dies__ ein__ Punkt geirrt hatten.

8. Waschen Sie die Wunde mit viel__ kalt__ Wasser, und vermeiden Sie auf all__ Fälle zu viel__ grell__ Licht.

9. Es wäre doch ein__ gut__ Idee, ein__ lang__ Spaziergang um ein__ der viel__ schön__ Seen zu machen.

10. Zu dies__ ausgezeichnet__ Wein ißt man am besten zart__ Rindfleisch.

11. Ich hätte gern ein__ Glas schwarz__ Tee mit frisch__ Milch und ein Stück frisch__ Brot mit Käse.

12. Sein__ best__ weiß__ Hemd hat lauter schwarz__ Flecken.

13. Als einzig__ möglich__ Ausweg möchte ich folgend__ vielleicht herzlos__ jedoch unvermeidlich__ Vorschlag machen: wir müssen uns sofort all__ überflüssig__ Angestellt__ entledigen.

14. Mein__ beid__ groß__ Brüder verfolgen jed__ wichtig__ und unwichtig__ Fußballspiel ihrer Lieblingsmannschaft.

15. Viel__ ansonsten interessant__ Reden manch__ ein__ deutsch__ Politikers sind mit einige__ wenig__ Ausnahmen viel__ zu lang.

3 The use of the strong and weak declensions
(see *Hammer* 6.2.3) ☺☺☺

PROJECT: According to *Hammer* 6.2.3b there is uncertainty and variation in the combination of certain determiners and adjective endings in the plural:

Nom./Acc. Plural (i.e.: *alle schöne Häuser* or *alle schönen Häuser?*)

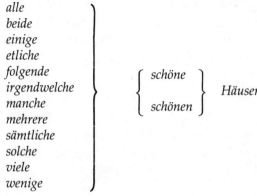

alle
beide
einige
etliche
folgende
irgendwelche → { *schöne* / *schönen* } *Häuser*
manche
mehrere
sämtliche
solche
viele
wenige

Gen. Plural (i.e.: *aller schöner Häuser* **or** *aller schönen Häuser?*)

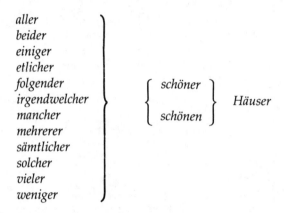

- Check with two, or preferably three native speakers of German which of these possible combinations of determiner and adjective endings in the plural they accept.
- Compare the results with the information given in *Hammer* 6.2.3b and in Duden, vol. 9, *Richtiges und gutes Deutsch*, 3rd ed. (Dudenverlag, Mannheim, 1985) under the separate words.
- What is the reason for the variation with these words?

4   Adjective declension   (see *Hammer* 6.1 – 6.2)

Complete the adjective endings in the following text.

Im Ruhrgebiet

Doch die Züge fahren im Ruhrgebiet nicht langsamer; fast scheint es, als eilten sie, weil sie sich schämen, daß sie dem Fremd__ den Weg durch diese Provinz nicht ersparen können; die Züge eilen dem Rhein zu oder dem schmal__ norddeutsch__ Horizont, der sich tief in die Seele des Fremd__ schneiden wird . . .

Unter gewaltig__ Rohrleitungen fährt der Zug hindurch, an giftig__ gelb__ Flammen, rot__ Feuern vorbei; die Industrie schiebt ihre pathetisch__ Kulisse nahe an die Bahn heran; dunkl__ Siedlungen ducken sich im Schatten von Fördertürmen, Kokereien; weniger häßlich__ Siedlungen werden sichtbar, aber sie haben kein Gewicht angesichts der Dunkelheit der Kulisse.

Und doch leben nirgendwo in Deutschland so viele Menschen

auf so eng__ Raum, sind die Menschen nirgendwo unpathetischer, einfacher und herzlicher. Fabriken und Industrieanlagen strömen eine saur__ Sentimentalität aus, es scheint, daß sie ihrem Wesen nach zum Pathos neigen, und dieses gewaltig__ Pathos, diese giftig__ Sentimentalität zieht sich aus Gründen nackt__ Nützlichkeit nahe der Eisenbahn hin. Es mag dem Fremd__ so vorkommen, als diene hier die Industrie der Eisenbahn, gäbe ihr sozusagen Brot; tatsächlich ist es umgekehrt: Die Eisenbahn dient der Industrie, ist durch uralt__ Tarifverträge mit ihr verheiratet, und mit puritanisch__ Strenge wird hier die ehelich__ Treue bewacht. Die beid__ Partner wohnen nah zusammen, weil die Eisenbahn den Stahl und die Kohle so billig transportiert; so bleibt auch die Eisenbahnfahrt mythisch . . .; hinter gewaltig__ Kulissen werden die Menschen versteckt. Kein Bauwerk, kein Haus, kein Landschaftsbild wird sichtbar, das dem Fremd__ einer Reise oder wenigstens eines Aufenthaltes wert erschiene; die Züge eilen, der Rhein lockt oder die norddeutsch__ Ebene, die schön__ niedersächsisch__ Bauernhöfe, rot-schwarz, von behäbig__ Eleganz, souverän eine groß__ Fläche beherrschend, einsam und stolz.

> Heinrich Böll, in *Aufsätze – Kritiken – Reden*, Bd. 1,
> (Deutscher Taschenbuch Verlag, München, 1969), S. 10-11

5 Declension of adjectives after plural determiners
(see *Hammer* 6.2.3)

Supply the endings of the determiners and adjectives in the following sentences.

1. Sie hat all__ mein__ Bücher gelesen.
2. Wir glauben nicht an die Existenz andere__ bewohnt__ Himmelskörper.
3. Viel__ ausländisch__ Firmen haben hier eine Niederlassung.
4. Einig__ deutsch__ Touristen waren schon gekommen.
5. Der Preis beid__ angeboten__ Gemälde war ihm zu hoch.
6. Sie appellierte an all__ deutsch__ Staatsbürger.
7. Sie sprach mit mehrer__ ausländisch__ Diplomaten.
8. Es waren wenig__ Jugendlich__ gekommen.
9. Solch__ unbestätigt__ Berichten kann man keinen Glauben schenken.

10. Manch__ älter__ Elsässer sprachen immer noch wenig Französisch.
11. Gibt es dazu irgendwelch__ ander__ Äußerungen?
12. Solch__ schnell__ Züge gibt es in Spanien nicht.
13. Das ist die Meinung viel__ Gelehrt__.
14. Das ist die Meinung all__ Gelehrt__.
15. Sämtlich__ alt__ Gebetbücher wurden dann verbrannt.
16. Sie kam in Begleitung einig__ deutsch__ Verwandt__.
17. Beid__ bekannt__ Politiker wollten daran teilnehmen.
18. Es gibt sehr viel__ solch__ angeblich unlösbar__ Probleme.

6   Adjective declension   (see *Hammer* 6.1 – 6.2)

Add adjective endings where appropriate to complete the extract from a report on driving safety in the magazine *Test* (the German equivalent of *Which?*).

TEST FAHRSICHERHEIT (MITTELKLASSE): STÄRKEN UND SCHWÄCHEN DER MODELLE

BMW 318i

Stärken: Sehr gut__ Übertragung der Zugkräfte auf Eis und Schnee, besonders bei zulässig__ Gesamtgewicht und maximal__ belastet__ Hinterachse. Sehr gut__ Beschleunigungsvermögen auf glatt__ Straßen. Problemlos__ Handling auf trocken__ und nass__ Fahrbahn. Kurz__, beschleunigungsstark__ Getriebeabstufung.

Schwächen: Lastwechselreaktionen bei plötzlich__ Gaswegnehmen in schnell__ gefahren__ Kurven. Auf Fahrbahnen mit gering__ Griffigkeit etwas abrupt__ Ändern des Verhaltens. Mit Winterreifen unruhig__, nervös__ Geradeauslauf bei höher__ Geschwindigkeiten. Im Vergleich zu den Mitbewerbern hoh__ Seitenwindempfindlichkeit.

Fiat Tempra, 2,0i.e. SX

Stärken: Sehr gut__ ABS-Bremsen mit den kürzest__ Bremswegen aller Testkandidaten. Gut__ Handling auf schnee- und eisglatt__ Fahrbahnen. Moderat__, beherrschbar__ Fahrzeugreaktionen auf Seitenwindstörungen. Kurz__, beschleunigungsstark__ Getriebeabstufung.

Schwächen: Mäßig__, nur zufriedenstellend__ Handlingeigenschaften auf trocken__ und nass__ Straße. Stark__ untersteuernd__, relativ__ träg__ Kurvenverhalten. Deutlich__, beladungsabhängig__

Änderung des Fahrverhaltens von unter- zu übersteuernd. Unruhig___, nervös___ Geradeauslauf bei hoh___ Geschwindigkeit. Unpräzis___, schwammig___ Lenkung.

Honda Accord 2,0i

Stärken: Gut___ Geradeauslauf bei hoh___ Tempo. Gering___ Seitenwindempfindlichkeit.

Schwächen: Gewöhnungsbedürftig___, nicht überzeugend___ Bremssystem (ALB) mit den längst___ Bremswegen aller geprüft___ Mittelklassewagen.

Peugeot 405 GRi

Stärken: Gut___ Geradeauslauf bei hoh___ Geschwindigkeiten. Gering___ Seitenwindempfindlichkeit.

Schwächen: Bei zulässig___ Beladung auf winterglatt___ Fahrbahnen war der Gesamteindruck über die Handlingeigenschaften nur zufriedenstellend. Lang___ Bremswege auf Fahrbahnen mit gering___ Griffigkeit, besonders auf Schnee und Eis. Auf winterlich___ glatt___ Fahrbahnen relativ___ gering___ Zugkräfte.

Test. Zeitschrift der Stiftung Warentest, Juni 1992, S. 39

7 Adjectives and the noun phrase (see *Hammer* 6.1 – 6.2) ☺☺☺

PROJECT: It has often been maintained that case, gender and number is shown clearly at **one** point only in each noun phrase in German (consisting of any two of a determiner, an adjective and a noun), e.g. *mein neu**er** Wagen, guten Wein**es**, dies**em** neuen Haus*. As these examples show, the clear indication may sometimes be on the adjective, sometimes on the noun and sometimes on the determiner. Make up as full a list as possible of all the types of noun phrase, with different determiners, adjectives and nouns of different genders and declensions.

- What proportion of them do not follow this principle?
- In how many instances are case, number or gender marked clearly more than once?
- Are there any instances where they are not unambiguous from the endings?

8   **Adjectives used as nouns** (see *Hammer* 6.4)

Make sentences with nouns formed from the adjectives in brackets.

1. Der [abgeordnet] sprach mit seinem [gesandt].
2. Ich sprach mit einem [geistlich], der mir jedoch nicht viel [neu] zu sagen hatte.
3. Die [gefangen] mußten mit dem [schlimmst] rechnen.
4. [vorgesetzt] behandeln ihre [angestellt] manchmal wie Sklaven.
5. Für einen [erwachsen] ist das leichter zu verstehen als für einen [jugendlich].
6. Ich spiele mit meinen [bekannt] und [verwandt], die alle wie ich [verbeamtet] sind, am liebsten das Beamtenspiel: wer zuerst anfängt zu arbeiten, hat verloren.
7. Darf ich Ihnen meinen [verlobt] vorstellen?
8. Die [reisend] werden gebeten aufzurücken, um auch den neu [hinzugestiegen] die Möglichkeit zu geben, einen Sitzplatz zu finden.
9. Wir könnten versuchen, das [angenehm] mit dem [nützlich] zu verbinden.
10. Für den [vorsitzend] der Industrie- und Handelskammer war es nicht einfach, die [industriell] für seinen Vorschlag zu begeistern.
11. Ich habe gestern in einer [illustriert] gelesen, daß das [finnisch] mit dem [ungarisch] verwandt ist.
12. Zu dem bisher [erreicht] gratuliere ich dir ganz herzlich und wünsche dir auch weiterhin alles [lieb] und [gut].
13. Nachdem die extreme [linke] weitgehend ihre Bedeutung verloren hat, geht von der extremen [rechte] sehr viel mehr Gefahr aus.
14. Im [schwäbisch] gelten viele grammatikalische Konstruktionen als korrekt, die das [hochdeutsch] als falsch ansieht.
15. Der Reiz des [unbekannt] und [verboten] übt auf manche Leute eine magische Anziehungskraft aus.

9   **Adjectives used as nouns** (see *Hammer* 6.4)

Complete the following sentences with nouns formed from these adjectives:

angestellt, interessant, abgeordnet, vorgesetzt, fremd, bekannt, abgeordnet, illustriert.

1. Ein _____ stimmte gegen den Gesetzentwurf, und eine _____ enthielt sich der Stimme.

2. Der _____ meines Bruders liest grundsätzlich keine _____.
3. Der _____ wurde von seinem _____ fristlos entlassen.
4. Der _____ hat viel _____ von seinem Heimatland erzählt.

10 Adjectives used as nouns, weak masculine nouns
(see Hammer 6.4 and 1.3.2)

Complete the following sentences using the nouns given in brackets. Be careful to distinguish between adjectives used as nouns and weak masculine nouns.

1. Der [Fremd] spielte mit dem Sohn des [Franzose].
2. Ein [Beamte] muß nicht immer zu einem [Bürokrat] werden.
3. Unser [Abgeordnete] hat von nichts [Neue] gesprochen.
4. Er ist ein [Nachkomme] Friedrichs des Großen.
5. Der [Vorsitzende] bat die [Anwesende] um Ruhe.
6. Ein [Jugendliche] sprach mit dem [Polizist].
7. Alles [Gute] haben wir diesem [Fremde] zu verdanken.
8. Wir mußten zwei Groschen in den [Automat] stecken.
9. Ein [Deutsch] hat das Amt des [Präsident] übernommen.
10. Der [Astronom] hat einen neuen [Planet] entdeckt.
11. Meine [Kollege] sind heute alle ins [Grüne] gefahren.
12. Einige [Mitreisende] waren ums Leben gekommen.
13. Alle [Mitreisende] waren ums Leben gekommen.
14. Mein [Vorgesetzte] hat mir dabei geholfen.
15. Mein [Neffe] hat mir dabei geholfen.
16. Das Heer bestand weitgehend aus [Freiwillige].
17. Das war die Meinung einiger [Experte].

11 Adjectives used as nouns (see *Hammer* 6.4)

Complete the following sentences, giving more than one possible ending where appropriate. Remember that the stranger may be of either sex, and there may be more than one.

1. D__ Fremd__ trat herein.
2. Sie hat d__ Fremd__ gesehen.
3. Die Tasche gehörte d__ Fremd__.
4. Es war die Tasche d__ Fremd__.
5. Ein__ Fremd__ trat herein.
6. Hier war kein__ Fremd__ zu sehen.
7. Sie hat kein__ Fremd__ gesehen.

8. Fremd__ sind hier leicht zu erkennen.
9. D__ Fremd__ kommen nur im Sommer.
10. Es war die Stimme ein__ Fremd__.
11. Sie wollte es doch nicht ein__ Fremd__ geben.
12. Dies__ Fremd__ kann man doch nie glauben!

12 Names of languages (see *Hammer* 6.4.7a)

State what language people of different countries or regions speak.

e.g. Deutschland – *Die Deutschen sprechen Deutsch.*

1. Spanien	2. England	3. Sachsen	4. Türkei	5. Frankreich
6. Japan	7. Portugal	8. Franken	9. Rußland	10. Hessen
11. China	12. Holland	13. USA	14. Italien	15. Bayern
16. Griechenland				

13 Cases with adjectives (see *Hammer* 6.5)

Use the correct case for the nouns or pronouns in brackets.

1. Ich war mir [mein Fehler] bewußt.
2. Ich war mir [es] bewußt.
3. Meine Schwester ist [ich und mein Bruder] sehr ähnlich.
4. Er ist [die deutsche Sprache] nicht mächtig.
5. Technisch sind die Japaner [die westliche Welt] überlegen.
6. Mein Bruder ist [der Alkohol] sehr zugetan, aber Drogen sind [er] zuwider.
7. Ich glaube, du bist [ich] [eine Erklärung] schuldig.
8. Der Angeklagte wurde [der Hochverrat] für schuldig befunden.
9. Mein Mann war [ich] immer irgendwie fremd, und obwohl ich [er] nie untreu war, bin ich doch froh, daß ich [er] jetzt los bin.
10. Er ist [ich] genauso verhaßt wie [Sie]. Deshalb können Sie sich [meine Hilfe] gewiß sein.
11. Ich bin [mein Chef] zwar dankbar für diese einmalige Chance, aber [seine Anforderungen] kann ich leider nicht gerecht werden.
12. Sei [ich] nicht böse.
13. Da er [das feuchte Klima] nicht gewohnt war, das [seine Gesundheit] nicht sehr zuträglich war, mußte er das Land bald wieder verlassen.

14. Ich habe [dein übertriebener Ehrgeiz] endgültig satt. Da ich [deine Karriere] nicht hinderlich sein möchte, ist es wohl besser, wenn wir uns trennen.
15. Ich wäre [du] sehr dankbar, wenn du diesmal bei dem Empfang nicht wieder in der Nase bohren würdest. Das war [ich] nämlich das letzte Mal äußerst peinlich.
16. Es ist [ich] unbegreiflich, wie [jemand] sein Mittagsschlaf so heilig sein kann wie [mein Vater].

14 Adjectives with prepositions (see *Hammer* 6.6)

Add the correct preposition and use the correct case for the expression in brackets, with contractions (e.g. *vom*) where appropriate. In some instances you will need to insert a prepositional adverb.

1. Meine Reaktion hängt immer ____ [das Benehmen meines Gesprächspartners] ab.
2. Dieses Verhalten ist typisch ____ [alle], die ____ [nichts anderes] fähig sind.
3. Ich bin ganz begeistert ____ [mein neues Auto].
4. ____ [diese Angelegenheit] ist mein Kollege zuständig.
5. Er wird immer grün ____ [Neid], wenn er ____ [irgend jemand] eifersüchtig ist.
6. Obwohl ich ____ [deine Unschuld] überzeugt bin, war ich ____ [deine Vorgehensweise] in diesem Fall gar nicht einverstanden.
7. Die Person, die ____ [diese Stelle] geeignet ist, muß vor allem ____ [selbständiges Arbeiten] fähig sein.
8. Das ist nichts, ____ man stolz sein könnte.
9. Da ich ____ [solch eine unverschämte Reaktion] nicht vorbereitet war, war ich ziemlich wütend ____ [er].
10. Ich bin schon sehr neugierig ____ [dein neuer Mann].
11. ____ [sein Lebenslauf] ist klar ersichtlich, daß er ____ [unsere Stelle] nicht geeignet ist.
12. Die Eltern waren sehr besorgt ____ [ihr Sohn]. Doch als er die Schule gewechselt hatte und sicher war ____ [die Angriffe] seiner ehemaligen Klassenkameraden, war er ____ [viel bessere Leistungen] fähig.
13. Solch ein Verhalten ist typisch ____ [Kinder] in diesem Alter.
14. Es ist bezeichnend ____ [die heutige Jugend], daß sie nicht in demselben Maße ____ [ihre Eltern] angewiesen ist wie früher. Die meisten Eltern sind inzwischen ____ gewöhnt.

7

Adverbs

1   The use of adjectives as adverbs (see *Hammer* 7.1.2)

Read the following extract from a set of guidelines for management.

1. Find all adjectives and participles that are used as adjectives, and identify any inflectional endings.
2. Identify all adjectives and participles that are used as adverbs.

> Zu den wichtigsten Qualitäten eines Managers zählt zweifelsohne seine Führungsstärke. Er muß seine Mitarbeiter konsequent motivieren und sie veranlassen, sich voll mit den vom Unternehmen gesetzten Zielen zu identifizieren. Dieses erreicht der Manager am besten, indem er deutlich und überzeugend ein eigenes starkes Engagement erkennen läßt. Dieses Engagement sollte nicht nur den Beschäftigten, sondern auch der Allgemeinheit gegenüber klar erkennbar werden. Manager können häufig einen bedeutenden Einfluß auf das Wohlergehen der Menschen in der ganzen Gesellschaft ausüben.

3. Now rephrase the following guidelines as sentences, beginning '*Der Manager muß/soll/sollte . . .*', and using a verb in place of each italicised noun (you may find it helpful to refer to the sections on noun formation in *Hammer* 13.4.1, 22.1.1a and 22.2.1k).

e.g.   Konsequente *Einhaltung* der Vorschriften
Der Manager muß die Vorschriften konsequent einhalten.

a. Klare *Erteilung* von Informationen
b. Präzises *Festlegen* von Leistungsnormen
c. Entschlossene *Anwendung* erarbeiteter Richtlinien
d. Regelmäßige *Belobigung* der Mitarbeiter
e. Ständige *Verbesserung* von Arbeitsabläufen
f. Beispielhaftes *Verhalten* gegenüber den Mitarbeitern
g. Systematische *Reduzierung* von Unfällen

h. Starkes *Engagement* bei der Schaffung optimaler Arbeitsvoraussetzungen

i. Wirksame *Kontrolle* der Mitarbeiter

2 Adverbs of direction (see *Hammer* 7.3.4)

Complete the following sentences by supplying an appropriate
directional adverb with *hin-* or *her-*.

1. Anna schaute zum Fenster _____.
2. Er machte die Tür auf und trat zu uns _____.
3. Er zog einige Papiere aus der Schublade _____.
4. Von der Höhe aus blickten wir ins weite Tal _____.
5. Zu diesen Äußerungen habe ich nur noch ein paar Worte _____zufügen.
6. Er begrüßte uns, als er die Treppe zu uns _____kam.
7. Als wir vorsichtig aus der Hütte _____kamen, erblickten wir die amerikanischen Soldaten.
8. Die Schüler saßen im Zimmer und warteten, bis der Lehrer _____ kam.
9. Die Nachbarn liefen alle _____ und versuchten, dem Verletzten zu helfen.
10. Er eilte durch die leeren Säle _____ auf den Ausgang zu.
11. Wir wollen dieses Sofa in ein anderes Zimmer _____tragen.
12. Erich erschien am Fenster der Wohnung im zweiten Stock. „Kannst du bitte zu uns _____kommen und uns _____lassen?" riefen wir zu ihm _____. „Wir haben unseren Schlüssel vergessen."

3 Adverbs of direction (see *Hammer* 7.3)

Fill in the gaps deciding whether to use *hin* or *her*.

1. Wo____ kommt es, daß er so dick ist?
2. Wo kommst du denn um diese Zeit ____ ?
3. Wo kommt das Besteck ____ ? Ich kenne mich in deiner Küche nicht aus.
4. Komm sofort ____ und setz dich ____.
5. Sie ließen das Essen in einem Korb zu den Lepra-Kranken ____ab.
6. Er träumte wie immer vor sich ____.
7. Er trieb seine Schafherde vor sich ____.
8. Bis zu meinem Geburtstag ist es noch lange ____.

9. Es ist schon ziemlich lange ____ , daß ich in Marburg war.
10. Viele Menschen waren ____beigeeilt und standen jetzt um den Verletzten ____um.
11. Hinter____ ist man immer klüger.
12. Zwei der sechs Frauen Heinrichs VIII wurden ____gerichtet.
13. Wenn sein Vater ihn nicht ____gefahren hätte, hätte er heute abend nicht kommen können.
14. Ich muß heute abend noch einmal ins Büro. Könntest du mich ____fahren?
15. Er weiß, daß die Vorlesungen Pflicht sind, aber er geht trotzdem nie ____.
16. Rings um mich ____ war es stockfinster.

4   Adverbs of place and direction   (see *Hammer* 7.2.4 and 7.3.4)

Fill in the gaps deciding whether to use *raus/rein* (colloquial for *hinaus, heraus* and *hinein, herein), außen/innen* or *draußen/drinnen*.

1. Im Winter ist es _____ viel kälter als _____.
2. „Horch, was kommt von _____ rein" heißt ein altes deutsches Volkslied.
3. Ich darf heute leider nicht _____; ich habe Hausarrest.
4. Im Mikrowellenherd gekochtes Essen ist _____ meist heißer als _____.
5. „_____ vor der Tür" heißt ein bekanntes Stück von Wolfgang Borchert.
6. Fenster, die nach _____ aufgehen, kann man auch _____ gut putzen.
7. Komm _____ oder geh _____, aber mach die Tür zu, damit ich nicht im Zug sitzen muß.
8. Meine Mutter schimpft so viel. Das geht bei mir zum einen Ohr _____ und zum anderen wieder _____.
9. Ich habe ihr Haus nur von _____ gesehen. Ich war leider noch nicht _____.

5   Adverbs of place and direction   (see *Hammer* 7.2 – 7.3)

Translate into German.

1. He's in the middle of an important meeting.
2. Shall we go somewhere else?
3. He must live somewhere else.

4. The bathroom is upstairs, but we also have a downstairs toilet.
5. I had to carry him upstairs.
6. We're not going anywhere this summer.
7. I've looked everywhere, even inside your pockets, but I can't find the key anywhere.
8. She was covered in mud from top to bottom.
9. Would you mind waiting outside, please?
10. How do you know that?
11. In this picture it's very difficult to say what's the bottom and what the top.
12. I've been there so many times. I don't want to go there again.
13. You may go anywhere you like.

6 Adverbs of manner (see *Hammer* 7.4.2)

Translate the following sentences into German, using the adverbs listed in *Hammer* 7.4.2.

e.g. I have to admit that the problem is difficult.
Das Problem ist *allerdings* schwierig.

1. She began to get rather angry.
2. We like going for long walks.
3. We prefer to watch television in the evenings.
4. The company has stopped employing unskilled operatives.
5. She went on playing with her puppets.
6. Everyone knows that she's past forty.
7. I'm afraid that book is out of print.
8. It's possible that she simply carried on working.
9. We appear not to have received your letter.
10. I hope that I shall be able to see you this summer.
11. I suppose Harald rang up again.
12. She claims to have posted the forms last week.
13. Do you happen to know what time it is?
14. It must be admitted that he is rather pushy.

7   Adverbs of manner   (see *Hammer* 7.4.1 – 7.4.2 and 7.4.5)

Rewrite the following sentences replacing the italicised phrase or clause by an adverb of manner.

e.g.   *Es besteht kein Zweifel darüber, daß* die Ernte dieses Jahr besser ist.
Zweifellos ist die Ernte dieses Jahr besser.

1. Die Firma *hat aufgehört*, dieses Modell herzustellen.
2. *Man vermutet, daß* alle Insassen ums Leben gekommen sind.
3. Das können wir nur *als Ausnahme* akzeptieren.
4. *Es ist möglich, daß* wir noch rechtzeitig ankommen.
5. *Es scheint, daß* es in der Nacht geregnet hat.
6. Das hat sie nur *in Andeutungen* behauptet.
7. Die Angelegenheit konnte *zum größten Teil* am nächsten Tag aufgeklärt werden.
8. *Ich hoffe, daß* ich ihn nächstes Jahr hier wiedersehen werde.
9. Hier können Sie *so* lange sitzen, *wie Sie wollen*.
10. Sie *zog es vor* zu schweigen.
11. *Wir bedauern, daß* wir Ihnen nicht helfen können.
12. Er hat wohl *zum Teil* Recht gehabt.
13. Er *pflegt* am Wochenende im Garten zu arbeiten.
14. Es wurde *von seiten der Polizei* festgestellt, wer der Täter war.
15. *Durch einen Zufall* wurde sie Zeugin dieses Unglücks.
16. *Es ist bekannt, daß* er ein widerlicher Typ ist.
17. Die Kinder stellen sich *in Paaren* auf.

8

Comparison of adjectives and adverbs

1 Comparative and superlative (see *Hammer* 8.1)

Give comparative and superlative forms of the following phrases.

e.g. das große Haus
das *größere* Haus – das *größte* Haus

1. das dunkle Zimmer
2. der junge Mann
3. das kluge Mädchen
4. der tapfere Soldat
5. das frische Brötchen
6. die hohe Mauer
7. das große Erlebnis
8. der nasse Mantel
9. die arme Frau
10. meine alte Tante
11. der kalte Winter
12. diese leichte Aufgabe
13. dieser hochgelegene Ort
14. naheliegende Gründe
15. die altmodischen Tapeten
16. der gelungene Wurf
17. das schnelle Auto
18. der dumme Kerl
19. der lange Fluß
20. das gesunde Essen
21. der gute Rat
22. der weite Weg

2 Comparative and superlative (see *Hammer* 8.1)

Form sentences from the words given using the positive, comparative and superlative forms of the adjective, as in the example. (NB: You should aim for factual accuracy where appropriate.)

e.g. [*groß*] Berlin, Hamburg, München, Essen
Hamburg ist *größer als* Essen.
Hamburg ist etwa *so groß wie* München.
Berlin ist *am größten*.

1. [*lang*] die Mosel, der Rhein, der Main, der Neckar
2. [*billig*] „Der Spiegel", „Hör zu", „Bunte", „Stern"
3. [*heiß*] Athen, Rom, Berlin, Kairo
4. [*teuer*] ein BMW, ein Mercedes, ein Audi, ein Polo

5. [*trocken*] ein Rheinwein, ein Frankenwein, ein Moselwein, ein badischer Wein
6. [*hoch*] der Große Arber, die Zugspitze, der Feldberg, der Vogelsberg
7. [*schmutzig*] London, Amsterdam, Neapel, Zürich
8. [*schwierig* (für englische Muttersprachler)] Spanisch, Italienisch, Niederländisch, Chinesisch
9. [*hart*] Diamanten, Graphit, Feuerstein, Quartz
10. [*arm*] Indien, Singapur, Pakistan, Bangladesch

3 Proportion expressed with *je . . . desto* (see *Hammer* 8.2.7)

Join up the two sentences using *je . . . desto*, so that the result makes sense.

e.g. „ fährt schnell. Ich habe Angst.
Je schneller sie fährt, desto mehr habe ich Angst.

1. Ich esse viel davon. Ich habe Lust darauf.
2. Das Wetter ist gut. Wir wandern viel.
3. Die Geschichten sind lang. „ sind interessant.
4. Wir treffen ihn oft. Er geht uns auf die Nerven.
5. Ihr kommt spät. Wir haben nicht viel Zeit.
6. Ich kenne Frau Schulze gut. Ich mag sie sehr gern.
7. Die Schuhe sind teuer. Die Qualität ist angeblich gut.
8. Der Abend ist spät. Die Gäste sind schön.

4 Forms of the superlative (see *Hammer* 8.3)

Recast the following sentences with the superlative forms of the adjective or adverb given in brackets. Note those cases where only the simple form (e.g. *das längste*) or the form with *am* (e.g. *am längsten*) is possible and those where you could use either.

1. Im Juli ist es hier [heiß].
2. Auf der Autobahn fährt sie [schnell].
3. Habt ihr den [hoch] Turm gesehen?
4. Bei Wien ist die Donau [breit].
5. Unter den deutschen Flüssen ist die Donau [lang].
6. Leipzig ist die [groß] Stadt in den neuen Bundesländern.
7. „ hat [viel] Geld.
8. Dieser Ball war [hart].

9. Mit der Bahn fahren wäre natürlich [billig].
10. Zwischen Las Vegas und Los Angeles ist die Landschaft [öde].
11. Nachts singt doch die Amsel [schön].
12. „ hat [wenig] dazu beigetragen.

9

Numerals

1 Equivalents for *half* (see *Hammer* 9.3.2)

Give the German equivalents of the following sentences.

1. She took half my money.
2. I gave her half what I earned.
3. I can only spare half a loaf.
4. He ate half the apple and gave his comrade the other half.
5. She was only half awake when the phone rang.
6. The trout weighed a pound and a half.
7. I can come in half an hour.
8. Half London came to watch.
9. We can't get into the cinema for half price any more.
10. I hope she'll meet me halfway.

2 Forms and phrases with *Mal* (see *Hammer* 9.4.4)

Give the German equivalents of the following sentences.

1. She only went to France once.
2. That was the only time I saw her in Paris.
3. We shall have to see her next time she comes.
4. I didn't see her a single time.
5. I saw her today for the second time.
6. I had to pay too much both times.
7. I'll have to see it another time.
8. Next time we really must visit the Louvre.
9. There weren't as many people last time.
10. That really is the last time I help her!
11. Today's only the second time I've done it.
12. The last few times I've been too ill.

10

Modal particles

Nothing gives such an air of grace and elegance and unconstraint to a German conversation as to scatter it full of "Also's". (Mark Twain)

1 Modal particles (see *Hammer* 10) 😟😟😟

Generalisations about the meaning and function of modal particles are notoriously difficult since they depend on context and, in speech, on use of stress. Nevertheless, there are certain general tendencies concerning the effects of the various modal particles in communicating intention and attitude. The significance may vary according to the type of utterance: **statement, question, command, exclamation**. Within each category, see if you can match up each modal particle (uttered unstressed) from column 1 with one of the described effects in column 2.

1. **Statements**   e.g. Er fährt ____ morgen nach Leipzig.

ja	a. contradiction or disagreement
also	b. reservations
allerdings/freilich	c. confirms that both speaker and listener know something is correct or obvious
aber/doch	d. signals that something is probable
wohl	e. confirms something as the logical conclusion from what has just been said

2. **Questions (yes/no)**   e.g. Fährst du ____ nach Berlin?
   (w-questions)   e.g. Warum fährst du ____ nach Hamburg?

eigentlich	a. asks for confirmation in yes/no questions, and turns w-questions into rhetorical questions
etwa	b. can make a question sound less blunt, but can also convey reproach; used very frequently in w-questions
denn	c. makes a question sound more casual
auch	d. with yes/no questions, suggests something is undesirable and that the answer ought to be no

3. **Commands**   e.g. Fahr ____ mit dem Auto!

   mal   a.   can add a note of impatience, urgency
                                         and/or persuasiveness
   nur   b.   makes a command sound less blunt
   doch   c.   can make a command more threatening
                                         or more reassuring, depending on the
                                         context and tone

4. **Exclamations**   e.g. Der Wagen fährt ____ schnell!

   ja   a.   surprise at difference in degree (i.e.
                                         faster than expected)
   aber/vielleicht   b.   surprise that something is the opposite
                                         of what was expected (i.e. not slow)

2   Modal particles (see *Hammer* 10)

In each pair of sentences below, the German sentence is roughly
equivalent to the English sentence. In order to bring out the
intended message more clearly, though, it is necessary to insert
a modal particle in the German sentences. Select the most appropriate one of the modal particles given after each German sentence,
and insert it in the appropriate place in the sentence.

1a. You really shouldn't have done that.
1b. Das hättest du nicht machen sollen. [wohl, eigentlich, etwa]
2a. Could you just give me that book?
2b. Könnten Sie mir das Buch dort geben? [doch, ja, mal]
3a. My word, this soup's hot!
3b. Die Suppe ist heiß! [aber, nur, ja]
4a. This apple is rotten!
4b. Der Apfel ist faul! [ja, aber, nur]
5a. What was your name again?
5b. Wie war Ihr Name gleich? [doch, aber, schon]
6a. Why on earth didn't you say that it's this late?
6b. Warum hast du nicht gesagt, daß es schon so spät ist? [immerhin,
     übrigens, denn]
7a. So he considers the price of the car too high.
7b. Er findet den Preis des Autos zu hoch. [gar, also, doch]
8a. By the way, the road is closed.
8b. Die Straße ist gesperrt. [vielleicht, übrigens, etwa]

9a. I suppose you were already in bed, were you?

9b. Ihr wart schon im Bett, oder? [wohl, ja, nun]

10a. You have told him that we can't come, haven't you?

10b. Hast du ihm gesagt, daß wir nicht kommen können? [auch, mal, eben]

11a. He really is a horrible person!

11b. Das ist ein ekelhafter Typ! [vielleicht, eigentlich, allerdings]

12a. He just took the book, without so much as asking.

12b. Er hat das Buch einfach genommen, ohne zu fragen. [auch nur, eigentlich, ohnehin]

13a. Of course, things used to be quite different.

13b. Das war früher alles ganz anders. [ja, doch, vielleicht]

14a. It is supposed to rain tomorrow, isn't it?

14b. Morgen soll es regnen, oder? [einfach, doch, vielleicht]

15a. Will you just let him know that we're going now?

15b. Sagst du ihm, daß wir jetzt gehen? [schon, vielleicht, mal]

16a. It's raining! Well, then we'll just have the picnic inside.

16b. Es regnet! Nun, dann machen wir das Picknick drinnen.[übrigens, doch, eben]

17a. Tell me, what's the best way to get to the swimming baths?

17b. Wie kommt man am besten zum Schwimmbad? [schließlich, wohl, denn]

18a. Boy, you look a state!

18b. Mann, du siehst aus! [doch, einfach, vielleicht]

19a. What on earth have you been doing all this time?

19b. Was hast du so lange gemacht? [denn, übrigens, eben]

20a. That's not true at all.

20b. Das stimmt doch nicht. [zwar, gar, halt]

21a. But Monika was supposed to be coming this evening.

21b. Monika sollte heute abend kommen. [freilich, etwa, doch]

22a. Tell me, how did you actually get here?

22b. Sag mal, wie bist du denn gekommen? [eigentlich, einfach, mal]

23a. You haven't fed the cat *again*, have you?

23b. Hast du die Katze schon wieder gefüttert? [etwa, nur, auch]

24a. Well, what can you say to that?

24b. Was kann man dazu sagen? [eh, übrigens, auch]

25a. Our office was closed yesterday, as you know.

25b. Unser Büro war gestern geschlossen. [doch, aber, ja]

26a. Our holiday in the States was just great.

26b. Unser Urlaub in den Staaten war toll. [lediglich, nur, einfach]

27a. So is it true that you're moving to Osnabrück?

27b. Stimmt es, daß ihr nach Osnabrück zieht? [wohl, nun, aber]

28a. Didn't he see him, then?

28b. Hat er ihn nicht gesehen? [erst, aber, denn]

29a. Why is she so unfriendly?
29b. Warum ist sie so unfreundlich? [nur, mal, doch]
30a. What is she actually doing?
30b. Was macht sie? [eigentlich, eben, noch]

3   Modal particles   (see *Hammer* 10)

If a word is being used as a modal particle, it tends to be an optional part of a sentence which carries little stress and gives no definite, factual information. Many modal particles also have other uses, where they do contribute specific information, and/or cannot be removed from the sentence without making it ungrammatical. See if you can identify the sentence with the (dispensable) *modal particle* in each pair.

1a. Der ist ja kaum 10 Jahre alt.
1b. Ja, er ist 10 Jahre alt.
2a. Mir ist bei der Sache gar nicht wohl.
2b. Die haben wohl den Termin vergessen.
3a. Haben sie es dir nun gesagt oder nicht?
3b. Nun hat er es mir endlich gesagt.
4a. Es ist gar nicht einfach, einen kaputten Fahrradschlauch zu reparieren.
4b. Einen kaputten Fahrradschlauch reparieren kann ich einfach nicht.
5a. Ich finde, wir essen jetzt, denn ich habe Hunger.
5b. Hast du denn keinen Hunger?
6a. Ich lerne vielleicht Spanisch.
6b. Willst du vielleicht sagen, daß es sich nicht lohnt, Spanisch zu lernen?
7a. In der Stadt gibt es kein Kino, und eine Disko gibt's auch nicht.
7b. Wir haben die Disko nicht gefunden. – Hier gibt's ja auch keine.
8a. Das ist aber ein herrlicher Tag!
8b. Wir wollten spazierengehen, aber es hat geregnet.
9a. Nun komm schon!
9b. Ist er schon gekommen?
10a. Wir haben leider nur einen Dosenöffner.
10b. Was hat sie nur mit dem Korkenzieher gemacht?

11

Expressions of time

1 Times of the clock (see *Hammer* 11.1)

Give the German for the following times (a) in everyday informal contexts and (b) in terms of the twenty-four-hour clock.

1.	1.15 p.m.	6.	10.50 a.m.	11.	5.00 p.m.
2.	3.40 a.m.	7.	12.00 noon	12.	5.35 p.m.
3.	9.45 a.m.	8.	7.55 p.m.	13.	12.40 a.m.
4.	7.15 p.m.	9.	8.27 a.m.	14.	6.30 p.m.
5.	5.30 a.m.	10.	9.05 p.m.	15.	8.37 p.m.

2 Time phrases (see *Hammer* 11.4 – 11.6)

Complete the following sentences using the time phrase given in brackets and adding an appropriate preposition where necessary.

1. Ich blieb [ein ganzer Tag] in Leipzig.
2. Sie wohnt [zwei Jahre] in Dresden.
3. [ein Tag] komme ich sicher nach Naumburg.
4. [der nächste Tag] fuhren wir nach Jena.
5. [nächster Montag] habe ich den Brief fertig.
6. Ihr Zug kommt [dreiviertel elf] an.
7. [1492] entdeckte Kolumbus Amerika.
8. [kommender Donnerstag] fangen die Herbstferien an.
9. Sie ist [Montag] wieder zu Hause.
10. [Anfang] wollte er ihr nicht glauben.
11. [Anfang Januar] fahren wir nach Zermatt.
12. [nächster Montag] fliegen wir [sechs Monate] nach New York.
13. [Sonnenuntergang] sind die Berge herrlich.
14. [Sommer] fuhren wir immer an die Ostsee.
15. Der Unfall geschah [die Nacht des 27. Juni].
16. [acht Tage] ist sie wieder da.
17. Ich wohne [meine Kindheit] in diesem Haus am Waldrand.
18. Sie hat mir das letzte Mal [ein Jahr] geschrieben.
19. [Pfingsten] bleiben wir [dieses Jahr] ausnahmsweise zu Hause.
20. [sieben Monate] blieben wir in Augsburg.

3   **Adverbs of time**   (see *Hammer* 11.7)

Give German equivalents for the following sentences.

1. I recently received a parcel of books from Austria.
2. Initially, I thought she would enjoy living in Bavaria.
3. It's very expensive living in Munich nowadays.
4. We can put up with it for the time being.
5. At that time Bosnia was part of the Austro-Hungarian Empire.
6. She had only bought one the day before.
7. He stared at her, then he turned round and stalked off.
8. She had met him some time previously.
9. Afterwards, we can go to the playground.
10. She worked at the post office until recently.
11. He said that we had to come at once.
12. If we set out in the early morning we'll arrive in good time.
13. We shall have to get up early tomorrow morning.
14. I rarely get to the theatre these days.
15. In the meantime, could you telephone my uncle?
16. Up to now he's always been the best goalkeeper.

12

Verbs: conjugation

1 Weak and strong verbs (see *Hammer* 12.1 – 12.2 and 12.6)

From memory, define the difference between weak and strong verbs, and then check it in *Hammer* 12.1 – 12.2. Then sort the following verbs into weak verbs and strong verbs. You should find 20 weak verbs and 15 strong ones.

arbeiten, sich bewegen, dauern, entdecken, essen, fahren, fallen, folgen, fragen, führen, geben, glauben, halten, holen, sich interessieren, kaufen, kommen, lassen, laufen, legen, lesen, machen, meinen, nehmen, produzieren, reisen, sagen, scheinen, schreiben, sehen, setzen, sprechen, stellen, trinken, wechseln

2 Past and perfect tenses of weak and strong verbs
(see *Hammer* 12.1 - 12.3 and 12.6)

Rewrite the following sentences in the past tense **and** the perfect tense.

e.g. Hans setzt sich auf den Stuhl.
Hans *setzte* sich auf den Stuhl. Hans *hat* sich auf den Stuhl *gesetzt*.

1. Dieser Zug kommt heute mit fünf Minuten Verspätung in Bebra an.
2. Was berichtet die Zeitung heute?
3. Bei dem Anblick erschrickt das Kind.
4. Wir begleiten Sie bis zur Tür.
5. Sie stößt die Tür auf.
6. Ich erkenne seine Leistungen an.
7. Mein Mann leidet oft an Kopfschmerzen.
8. Ihr Sohn bleibt im Sommer sitzen.
9. Roland studiert in Tübingen Jura.
10. Was veranlaßt dich zu diesem Schritt?
11. Plötzlich klingelt es an der Haustür.
12. Eßt ihr abends immer warm?
13. Sie hängt das neue Bild über den Kamin.
14. Wir trauen ihm doch nicht.
15. Er folgt ihr in die Stadtmitte.
16. Die Kinder wachsen schnell.

17. Sie heißt doch Sabine Müller.
18. Der Stock bricht nicht.
19. Sein Geschäft floriert.
20. Du gibst doch immer an.
21. Wer kommt mir hier entgegen?
22. Fährst du gern Rad?

3   The conjugation of weak and strong verbs
(see *Hammer* 12.2 and 12.6)

Give the forms of the 3rd person singular present tense and past tense, and the past participle of the following verbs.

e.g. gehen   *geht – ging – gegangen*

1. sterben   2. laufen   3. spielen   4. denken   5. kaufen   6. bringen
7. sehen   8. wissen   9. sagen   10. schlagen   11. treffen   12. sein
13. tun   14. finden   15. essen   16. einladen   17. schaffen (2 forms and meanings)   18. zerbrechen   19. nehmen   20. sprechen
21. beginnen   22. leiden   23. schreien   24. schleifen (2 forms and meanings)   25. messen   26. klingen   27. geben   28. sitzen
29. gelingen   30. schmelzen

4   Simple tenses of weak, strong and irregular verbs
(see *Hammer* 12.2 and 12.6)

Put the verb in brackets into the present tense and the past tense.

1.   Er [bringen] mir nur Unglück.
2.   Er [zuhören] nie, wenn man ihm etwas [erzählen].
3.   Ich [denken], du [wollen] mitkommen.
4.   Gott [erschaffen] die Welt in sechs Tagen.
5.   Ich [können] mich soviel anstrengen, wie ich [wollen], ich [schaffen] es einfach nicht.
6.   Obwohl es ihm besser zu gehen [scheinen], ich den Arzt [anrufen].
7.   In rasendem Zorn [schwören] er Rache.
8.   Er [ausweichen] mir, weil er meinen Fragen nicht gewachsen [sein].

5 Weak, strong and irregular verbs
(see *Hammer* 12.1 – 12.2, 12.6)

You'll need to do this exercise in separate stages – it's best to do it one section at a time, on different days.

Questions 1-5 each select the **strong verbs** with a particular vowel in their infinitive form, question 6 deals with the remaining strong verbs, and question 7 with irregular verbs. When you start on a question, write down (from memory) the following forms for each listed verb:

infinitive – 3rd sing. present – past indic. – past participle
e.g. blasen –   *bläst*   –   *blies*   –   *geblasen*

Check what you have written against *Hammer* 12.6, and then sort the verbs into groups according to their vowel change (ignoring variations in the length of the vowel except where indicated):

e.g. a – ä – i – a
blasen, ..., ...

1. **A:** Which two patterns can you find? How do they differ? And which verb is the odd one out?
    blasen, braten, fahren, fallen, fangen, graben, halten, laden, lassen, raten, schaffen *(to create)*, schlafen, schlagen, tragen, wachsen, waschen

2. **E:** Which is the most common pattern of vowel changes? Which of the other three patterns would you say is the most important to remember?
    befehlen, bergen, bersten, bewegen *(to induce)*, brechen, dreschen, empfehlen, erschrecken, essen, fechten, flechten, fressen, geben, gelten, geschehen, heben, helfen, lesen, messen, nehmen, quellen, schelten, scheren, schwellen, sehen, schmelzen, sprechen, stechen, stehlen, sterben, treffen, treten, verderben, vergessen, werben, werfen

3. **EI:** What is the pattern? What variation is there within that pattern? And which verb is the odd one out?
    beißen, bleiben, gedeihen, gleichen, gleiten, greifen, heißen, kneifen, leihen, meiden, pfeifen, preisen, reiben, reißen, reiten, scheiden, scheinen, scheißen, schleichen, schleifen, schmeißen, schreiben, schreien, schreiten, schweigen, speien, steigen, streichen, streiten, treiben, verzeihen, weichen, weisen

4. **I (short I):** Which is the most common pattern of vowel changes? Is there a common denominator among the verbs that conform to that pattern and those which do not? Which is the odd verb out?
    beginnen, binden, bitten, dringen, finden, gelingen, gewinnen, klingen, ringen, rinnen, schlingen, schwimmen, schwinden, schwingen, singen, sinken, sinnen, spinnen, springen, stinken, trinken, winden, wringen, zwingen

5. **IE (long I):** What is the pattern? And which verb is the odd one out?
    biegen, bieten, fliegen, fliehen, fließen, frieren, genießen, gießen, kriechen, liegen, riechen, schieben, schießen, schließen, sprießen, verdrießen, verlieren, wiegen

6. **Others:** To complete the picture, check the vowel changes of these verbs:
    laufen, saufen; gären, gebären, hängen, wägen; kommen, stoßen; erlöschen, schwören; rufen; trügen

7. **Irregular verbs:** Having sorted out the patterns of the strong verbs, see if any of these irregular verbs can be grouped together, and work out in what respect they are irregular:
    backen, brennen, bringen, denken, gehen, hauen, kennen, leiden, mahlen, nennen, rennen, salzen, schneiden, senden, sitzen, stehen, tun, wenden, wissen, ziehen

6 The imperative (see *Hammer* 12.2.1 – 12.2.2 and 12.2.4)

Form sentences using the imperative according to the following pattern. Replace nouns with pronouns where appropriate.

e.g. Darf ich mich wieder hinsetzen? [ja; Sie]
   Ja, setzen Sie sich wieder hin.

1. Sollen wir dir helfen? [ja; ihr]
2. Kann ich mir einen Apfel nehmen? [ja; du]
3. Soll ich auf Ihren Sohn aufpassen? [ja; Sie]
4. Kann ich mich jetzt umdrehen? [nein; du]
5. Muß man denn immer erst böse werden? [nein; du]
6. Es ist wohl besser, wenn ich meine Sachen packe und gehe. [ja; du]
7. Muß ich mir Sorgen machen? [nein; Sie]

7 The past and the pluperfect (see *Hammer* 12.2 – 12.3)

Form complete sentences using the correct forms of the past tense and the pluperfect tense.

e.g. Nachdem Anne und Doris [essen], [spazierengehen] im Wald.
Nachdem Anne und Doris gegessen hatten, gingen sie im Wald spazieren.

1. Nachdem wir [ankommen], [anrufen] unseren Bruder.
2. Als Otto eine halbe Stunde [warten], [verlassen] das Restaurant.
3. Nachdem Siegfried Müller das [erfahren], [schreiben] sofort an das Finanzamt.
4. Als die Bürgerinitiative eine Woche lang Unterschriften [sammeln], [aufgeben] den Protest.
5. Nachdem ich die Maschine [ausschalten], [vernehmen] plötzlich den Lärm.
6. Nachdem mein Onkel eine Stunde lang [laufen], [werden] müde.
7. Als die Kinder [einschlafen], [aussehen] sehr süß.
8. Nachdem er den Hut [abnehmen], [begrüßen] uns herzlich.

8 Compound tenses of weak and strong verbs
(see *Hammer* 12.3.1 and 12.6)

Rewrite the following sentences using the perfect tense.

1. Eßt ihr schon zu Mittag?
2. Ein Mann überfiel meine Oma und raubte ihr die Handtasche.
3. Mein Bruder schreibt nicht sehr oft.
4. Ich schlief gestern schon sehr früh ein.
5. Er betrieb dunkle Geschäfte und wurde deshalb zu 10 Jahren Gefängnis verurteilt.
6. Er fährt immer betrunken, und letzte Woche fuhr er seinen Wagen gegen einen Baum.
7. Er wird Tänzer, auch wenn er von seinen Freunden deshalb immer ausgelacht wird.
8. Weißt du, daß ich im Urlaub gern wandere?
9. Bekommst du zum Geburtstag, was du dir wünschst?
10. Gestern ereignete sich ein schwerer Unfall auf der A8. Außer Blechschaden passierte jedoch nichts Schlimmeres.

9 The past tense (see *Hammer* 12.1 – 12.2 and 12.6)

Complete this article about Eric Clapton by inserting the right verbs in the gaps. You will need to put them in the past tense, or, where indicated, in the pluperfect. Remember that separable verbs, reflexive verbs, and verbs in the pluperfect will need more than one gap.

auftreten, aufwachsen, entdecken, entdecken (pluperfect), feststellen, gründen, sich interessieren, kommen, kommen, loslassen, machen, sich nennen, rausfliegen, schenken (pluperfect), schwören, sein, sein, spielen, verbringen, versuchen, vorschlagen

SO FING ALLES AN – ERIC CLAPTON

Wie viele seiner berühmten Kollegen (John Lennon, Pete Townshend) _____ Eric Patrick Clapton (geb. am 30.3.1945 in Ripley, Surrey) über die Malerei zur Musik. Seine Lehrer _____ resigniert _____, daß Eric _____ für die normalen Fächer absolut nicht _____. Also _____ sie den Besuch des Kingston Art College _____. Doch auch hier _____ er mit sechzehn Jahren _____. Er _____ etwas _____, das auch die Malerei für ihn völlig uninteressant _____: die Gitarre.

Zum dreizehnten Geburtstag _____ ihm seine Großeltern, bei denen er _____, eine akustische Klampfe _____, und seitdem _____ er die meiste Zeit mit dem Instrument. Zur gleichen Zeit _____ er die ersten Scheiben amerikanischer Bluessänger und _____ begeistert. Eine Faszination, die ihn sein Leben lang nicht mehr _____. Er _____, den Stil seiner großen Vorbilder nachzumachen: Big Bill Broonzy, Muddy Waters, Howlin' Wolf und vor allem Robert Johnson.

Kurze Zeit später, 1963, _____ Eric mit einem Freund aus der Kunstschule, Tom McGuiness, seine erste Band. Sie _____ „The Roosters" und _____ in der Umgebung von Richmond _____. Für ein paar Auftritte _____ sie sogar nach London, in den „Marquee"-Club.

Für einen Monat _____ Eric anschließend in der Begleitband des Liverpooler Beat-Entertainers Casey Jones. Für Eric _____ es eine gräßliche Erfahrung. Für die Zukunft _____ er sich, nie mehr für Geld seine musikalischen Ideale zu verraten.

Bravo, 17.6.1992, S. 67

10 Verb conjugation (see *Hammer* 12.1 – 12.2 and 12.6) ☺☺☺

PROJECT: Take a 1000-word passage in a modern novel.

- Establish the relative frequency of 'strong' and 'weak' verbs (ignoring *haben, sein, werden* and the modal auxiliaries).

11 *haben* or *sein* in the perfect? (see *Hammer* 12.3.2)

Decide whether to use a form of *haben* or *sein*.

1. Ich _____ mein Auto an einen Baum gefahren.
2. Gestern _____ sich ein schlimmer Unfall ereignet.
3. Sein Vater _____ schon vor einem Jahr gestorben.
4. Ich _____ gestern abend sofort eingeschlafen.
5. Was _____ Sie letzte Woche gemacht?
6. Er _____ heute morgen nach Berlin gefahren.
7. Darauf _____ ich lange gewartet.
8. Ich glaube, ich _____ mich verliebt.
9. Ich hoffe, daß ihm nichts passiert _____. Erst letztes Jahr _____ ihm etwas zugestoßen, als das Pferd mit ihm durchgegangen _____ und er vom Pferd gefallen _____.
10. Die beiden Parteiführer _____ zu einer außerordentlichen Sitzung zusammengetroffen.
11. _____ du nicht gesagt, daß du gestern deine Lehrerin in der Stadt getroffen _____ ? Wir _____ ihr heute an derselben Stelle wieder begegnet. Sie _____ ziemlich verloren durch die Straßen geirrt. Ich glaube, seit dem Tod ihres Mannes _____ sie den Verstand verloren.
12. Ich hoffe, Sie _____ gut aufgepaßt, daß Ihnen niemand gefolgt _____.
13. Unsere ganze Familie _____ damals im Fernsehen mit großer Spannung die Mondlandung im Fernsehen verfolgt.
14. Meine Tante _____ letztes Jahr bei der Fahrprüfung durchgefallen und _____ sie leider auch dieses Mal nicht bestanden.
15. Ich bin sicher, daß das Buch eben noch hier gelegen _____ , und jetzt _____ es verschwunden.
16. Es _____ schon mehrmals vorgekommen, daß ein Auto sich bei einem Unfall überschlagen _____ und der Fahrer trotzdem überlebt _____.
17. Zuerst _____ er mich absichtlich zur Seite gestoßen, und dann _____ er mir auch noch auf den Fuß getreten.

18. Gut, daß du dich schön warm angezogen _____ , weil du doch letztes Mal so gefroren _____ .
19. Der See _____ vollkommen zugefroren, weil es tagelang sehr kalt gewesen _____ und es gestern nacht sogar gefroren _____ .
20. Die Kinder _____ draußen gespielt und _____ um den Maibaum herumgetanzt, und die Erwachsenen _____ sich drinnen amüsiert und _____ zu Live-Musik getanzt.

12   *haben* or *sein* in the perfect?   (see *Hammer* 12.3.2)

Put the verb given in brackets into the perfect tense and form complete sentences.

e.g.   Monika [fliegen] nach Teneriffa.
Monika *ist* nach Teneriffa *geflogen*.

1. Wir [stehenbleiben] an der Ecke.
2. Helmut [ausweichen] dem Lastzug im letzten Moment.
3. Sie [einschlafen] nie vor dem Fernseher.
4. Ich [sich vorstellen] es immer anders.
5. Wie [handhaben] man damals diese komplizierte Maschine?
6. Der Versuch [mißlingen] dem alten Mann.
7. Die drei Mädchen [liegen] in der Sonne auf der Bank.
8. In der Nacht [frieren] es.
9. Annemarie [sich anziehen] schnell.
10. Horst und Dagmar [tanzen] aus dem Saal.
11. Horst und Dagmar [tanzen] die ganze Nacht.
12. Gabi [stoßen] gegen den Tisch.
13. Erich [rasen] bei Rot über die Kreuzung.
14. Wir [reservieren] Plätze im Parterre.
15. Der Rhein [zufrieren] dieses Jahr.
16. Die Maschine [landen] schon in Zürich-Kloten.
17. Die Veranstaltung [stattfinden] im Juni.
18. Ich [übersetzen] den Text ins Englische.
19. Ich [sich erinnern] an den Vorfall sehr gut.
20. Florian [fahren] einen alten VW-Golf.

13   **The future and the passive**   (see *Hammer* 12.3.1 and 12.4)

Complete these sentences from company reports with the bracketed verb

a.   in the future, with the pronoun *wir*
b.   in the present passive
c.   in the future passive

Then translate the sentences you have formed into English.

e.g. unsere Stellung / in den expandierenden Märkten [ausbauen]
   a.   *Wir werden unsere Stellung in den expandierenden Märkten ausbauen.*
      (We shall strengthen our position in the expanding markets.)
   b.   *Unsere Stellung in den expandierenden Märkten wird ausgebaut.*
      (Our position in the expanding markets is being (or will be) strengthened.)
   c.   *Unsere Stellung in den expandierenden Märkten wird ausgebaut werden.*
      (Our position in the expanding markets will be strengthened.)

1.   die Hälfte unserer Produktion / in die USA [exportieren]
2.   die Kosten / energisch [senken]
3.   Personalreduzierungen [durchführen]
4.   die Realisierung verschiedener Projekte / fürs erste [hinausschieben]
5.   unsere Ausgaben für Forschung und Entwicklung / erheblich [erhöhen]
6.   2 Mrd. DM / für Investitionen [einsetzen]
7.   unsere Grundstrategie / konsequent [weiterverfolgen]
8.   unsere Position / auf den besonders zukunftsträchtigen Wachstumsgebieten [stärken]

13

The infinitive and the participles

After the verb – merely by way of ornament, as far as I can make out – the writer shovels in "haben sind gewesen gehabt haben geworden sein," or words to that effect. (Mark Twain)

1 The use of the infinitive with *zu* (see *Hammer* 13.2)

Construct sentences with infinitive clauses from the words given, adding articles or other determiners in the appropriate form where necessary.

e.g. Anna / vorhaben / an / Petra / schreiben
Anna hat vor, an Petra zu schreiben.

1. Hannes / anfangen / weinen / heftig
2. Chef / überzeugen / dürfen / nicht / leicht sein
3. Lehrer / auffordern / Kinder / sich hinsetzen
4. Junge / aufhören / mit / seine Modelleisenbahn / spielen
5. Barbara / raten / ihr Freund / sich bewerben / um / Stelle / bald
6. es / freuen / Manfred / mit / sein Kamerad / spielen / dürfen
7. meine Schwester / behaupten / Klassenlehrer / in / Stadt / gesehen / haben
8. wir / sich vornehmen / Gipfel / erreichen
9. ich / bitten / Sie / diese Bemerkungen / ich / nicht / übelnehmen
10. es gibt / kein Grund / dieses Angebot / ablehnen

2 The use of the infinitive with *zu* (see *Hammer* 13.2)

Form sentences using an infinitive construction according to the following pattern.

e.g. er leugnete / er hatte sie betrogen
Er leugnete, sie betrogen zu haben.

1. ich erinnere mich nicht / ich hatte Sie nicht um Ihre Meinung gebeten
2. es freut mich sehr / ich darf Sie hier begrüßen
3. er behauptete / er war noch nie in Venedig

4.   er versprach sogar / er wollte den Schatz mit ihm teilen
5.   er zog es vor / er blieb zu Hause
6.   ich konnte es nicht ertragen / ich sah ihn leiden
7.   ich verlasse mich darauf / ich treffe dich zu Hause an
8.   es ist ein komisches Gefühl / ich werde plötzlich mit „Sie" angeredet

3   The use of the infinitive with *zu*   (see *Hammer* 13.2)

Rewrite the following sentences using an infinitive clause with *zu* instead of the *daß*-clause.

e.g.   Er leugnete nicht, daß er den Mann gesehen hatte.
Er leugnete nicht, *den Mann gesehen zu haben.*

1.   Es freut mich, daß ich dich hier wiedersehen konnte.
2.   Er behauptete, daß er schon bezahlt habe.
3.   Sie verspricht ihm, daß sie mit ins Kino kommt.
4.   Sie ist der Meinung, daß sie alles Notwendige getan hat.
5.   Er hat mir geraten, daß ich mich an einen Notar wenden soll.
6.   Dabei ist es wichtig, daß man aufmerksam zuhört.
7.   Er gab zu, daß er das Fenster zerbrochen habe.

4   Prepositional adverbs with infinitive clauses
(see *Hammer* 13.2.2d and 6.6.2)

Rewrite the following sentences replacing the prepositional object with an anticipatory prepositional adverb and an infinitive clause with *zu*.

e.g.   Ich freue mich auf eine gute Zusammenarbeit mit Ihnen.
Ich freue mich *darauf, gut mit Ihnen zusammenzuarbeiten.*

1.   Meine neue Aufgabe besteht hauptsächlich in der Erledigung der Korrespondenz.
2.   Er erinnert sich nicht an seinen Besuch bei uns letzte Woche.
3.   Ich hatte mich so auf das Wiedersehen mit ihm gefreut.
4.   Ich muß mich auf eine kurze Zusammenfassung der Ergebnisse beschränken.
5.   Der Kunde bestand auf einem Gespräch mit dem Filialleiter.
6.   Als Katholik hatte er sich lange gegen eine Scheidung gewehrt.
7.   Willst du mich von der Erfüllung meiner Pflicht abhalten?

8. Das Arbeitsamt hat mir von einer Bewerbung um diese Stelle abgeraten.
9. Wir haben über einen Umbau der Garage nachgedacht.
10. Wie der Name schon sagt, dient ein Blitzableiter zur Ableitung von Blitzen.
11. Ich ließ mich zu einer Flugreise nach Australien überreden.
12. Mein Bruder neigt zu maßlosen Übertreibungen.
13. Wir verzichten auf die Wiederaufnahme des Verfahrens.
14. Er hatte seine Freundin zum Fahren ohne Führerschein verleitet.

5 The use of infinitive clauses as the object of verbs
(see *Hammer* 13.2.2b, 13.2.2d, 3.6.8 and 18.6.14)

Form sentences with infinitive clauses from the following elements, adding as appropriate either *es* or a prepositional adverb (i.e. *da(r)*+preposition) to anticipate the clause.

e.g. wir / sich nicht leisten können / wir kaufen uns ein Auto
Wir können *es* uns nicht leisten, ein Auto *zu kaufen.*

er / sich bemühen / er erreicht sie telefonisch
Er bemüht sich *darum*, sie telefonisch *zu erreichen.*

1. Ute / warnen / er nimmt an dieser Demonstration teil
2. ich / einfach nicht ertragen können / ich sehe ihn so leiden
3. wir / lange gewohnt sein / wir stehen früh auf
4. wir / verzichten / wir sehen unsere Tante bald wieder
5. er / versäumen / er schreibt einen Brief an seine Mutter
6. sie / nicht leiden können / sie wurde belogen
7. er / sich bemühen / er beruhigt die ängstliche alte Dame
8. sie / sich nicht scheuen / sie sagt ihm die Wahrheit
9. wir / sehr bedauern / wir sind so spät gekommen
10. das / erst ermöglichen / wir fliegen nach Amerika
11. sie / ablehnen / sie arbeitet an dem Projekt mit
12. ihre Mutter / untersagen / sie besucht die Diskothek
13. wir / zwingen / sie hat ihr Zimmer aufgeräumt
14. er / vermeiden / er hat uns auf den Vorfall aufmerksam gemacht

6   Infinitive clauses with 'semi-auxiliary' verbs
(see *Hammer* 13.2.3)

Rewrite the following sentences according to the pattern below. Use the following semi-auxiliaries: *verstehen, bleiben, vermögen, haben, gehen, scheinen, pflegen, sein.*

e.g.   Die Zimmer müssen sauber gehalten werden.
Die Zimmer sind sauber zu halten.

1.   Ich muß noch viel arbeiten.
2.   Dadurch können höhere Gewinne erzielt werden.
3.   Jetzt müssen wir abwarten, wie sich das Gericht entscheidet.
4.   Es sieht so aus, als ob es ihm Spaß macht.
5.   Das Auto läßt sich leider nicht mehr reparieren.
6.   Er saß früher oft im Garten.
7.   Er konnte sich nur mit großer Mühe an den Unfall erinnern.

7   The infinitive with *zu* after prepositions
(see *Hammer* 13.2.5)

Rewrite the following sentences using a *zu*-construction where possible, i.e. where the subjects of the main clause and the subordinate clause are identical. Asterisk sentences which cannot be rewritten in this way because the main clause and subordinate clause have different subjects.

e.g.   Sie betrat das Zimmer, ohne daß sie ihn eines Blickes würdigte.
Sie betrat das Zimmer, *ohne ihn eines Blickes zu würdigen.*
*Sie betrat das Zimmer, ohne daß *er* sie wahrnahm.

1.   Sie verließ das Haus, ohne daß sie sich um das Schreien ihres Kindes kümmerte.
2.   Er tut den ganzen Tag nichts, außer daß er in der Sonne liegt.
3.   Ich bin extra gekommen, damit ich dich auf der Bühne sehen kann.
4.   Die Veranstalter haben uns ins Konzert gelassen, ohne daß wir eine Eintrittskarte gehabt hätten.
5.   Anstatt daß er mir hilft, sitzt er immer nur vor dem Fernseher.
6.   Ich habe den Wein nicht gekauft, damit du ihn alleine austrinkst.
7.   Außer daß das Wetter hier so oft wechselt, fühle ich mich recht wohl in England.
8.   Du könntest zur Abwechslung mal ein Buch lesen, anstatt daß du dir immer diese Videofilme anguckst.

9. Mein Chef würde mich morgen entlassen, ohne daß er mit der Wimper zucken würde.
10. Anstatt daß wir ihm helfen, hilft er immer uns.

8 German equivalents for the English prepositions 'for' and 'with' used with the infinitive (see *Hammer* 13.2.5e)

Translate into German.

1. Do you think it will be possible for you to come?
2. That's not for me to decide.
3. I'm only waiting for him to leave.
4. With no home to stay in, I had to spend the night in the park.
5. For him to do some cleaning, the house must have been really filthy.
6. I'm only showing you this for you to see that I'm not exaggerating.
7. It would be nice for him to come with us.
8. With no qualifications to show, he could only do casual work.
9. It's time for me to go.

9 Infinitive clauses with *um . . . zu* (see *Hammer* 13.2.5a)

Combine the following sentences into single sentences by using a construction with *um . . . zu*.

e.g. Ich konnte nichts tun. Ich wollte sie beruhigen.
Ich konnte nichts tun, *um sie zu beruhigen*.

1. Wir gingen im Park spazieren. Wir wollten uns entspannen.
2. Ich habe nicht genug Geld. Ich will mir einen neuen Fernseher kaufen.
3. Eintracht Frankfurt muß gegen Borussia gewinnen. Sie will deutscher Meister werden.
4. Er hat seine Mutter um Geld gebeten. Er wollte ein Eis kaufen.
5. Der Rhein ist zu schmutzig. Man kann nicht darin baden.
6. Wir brauchten Streichhölzer. Wir wollten ein Feuer machen.

10 The infinitive without *zu* (see *Hammer* 13.3.1)

Make sentences from the following words and phrases, using a variety of tenses. All will contain an infinitive without *zu*.

e.g. Manfred / sehen / sie / kommen
Manfred sah sie kommen.

1. wir / gehen / zum Bäcker / kaufen / Semmeln
2. mitkommen / du / heute abend / schwimmen?
3. wir / fahren / einkaufen / gleich / nach Köln
4. Carla / helfen / ihr Freund / die Weinflaschen / aufmachen
5. Petra / lassen / reparieren / ihre Haustür
6. Angela / haben / ein Onkel / wohnen / in Düsseldorf
7. ich / schicken / meine Tochter / einkaufen / in die Stadt
8. er / lassen / nicht / die Frau / reden
9. sie / lehren / schwimmen / ihre beiden Enkelkinder
10. dieses Auto / sich lassen / reparieren / nicht mehr

11 The infinitive with and without *zu*
(see *Hammer* 13.2 – 13.3)

Which of these sentences needs *zu*?

1. Der Angeklagte leugnete, irgend etwas mit der Sache zu tun __ haben.
2. Ihn __ überzeugen wird nicht einfach sein.
3. Als eine Nation zusammen__leben heißt teilen __ lernen.
4. Es gibt noch viel __ tun; packen wir's an.
5. Du mußt nicht mit__kommen, wenn du nicht willst.
6. Du brauchst ihm ja nicht __ sagen, daß ich keine Lust hatte, mit ihm ins Kino __ gehen.
7. Wer „brauchen" ohne „zu" gebraucht, braucht „brauchen" überhaupt nicht __ gebrauchen.
8. Ich mußte die Feuerwehr kommen __ lassen, um in meine Wohnung __ gelangen.
9. Die Uhr geht nicht mehr __ reparieren.
10. Das läßt sich leider nicht __ ändern.

12 Uses of the infinitive (see *Hammer* 13.1 – 13.3) ☺☺☺

It can be difficult to identify the structure of German sentences with infinitive clauses. Read this extract from an article in the magazine *Geo*, and identify the verbs for questions 1, 2 and 3. If you want to go into more detail, do questions 4 and 5 following the passage.

1.   Verb forms that could be confused with infinitives:
1a. Finite verbs (e.g. (*sie*) *sehen*):   i. _____;   ii. _____
1b. Past participles (e.g. (*wir haben*) *erfahren*):   i. _____
2.   Infinitives that do not help to form an infinitive clause with *zu* (5)
3.   Infinitives that help to form an infinitive clause with *zu* (11)

Das Geschäft mit der Rettung

Tief im Westen Amazoniens saß Jason Clay in einem Hotel mit zwei Geschäftsleuten. Die beiden wirkten restlos abgekämpft.

Clay dagegen war nicht zu bremsen. Er pries wortreich seine neue Idee, den Regenwald und dessen Bewohner zu retten durch den Verkauf von Produkten, die von den Bewohnern selbst geerntet werden konnten – ohne auch nur einen Baum zu fällen.

Jason Clay hat schon Dutzende von Unternehmern mit seiner Botschaft umworben: daß es sich bezahlt macht, den Regenwald zu erhalten und dessen Bewohner zu schützen. Dabei hat Clay seinen Arbeitsplatz eigentlich in der Zentrale einer Menschenrechts-Organisation: Cultural Survival.

Cultural Survival wurde 1972 gegründet. Ziel von Cultural Survival ist es, ethnische Minderheiten in Auseinandersetzungen um Land und Ressourcen zu unterstützen, ihnen beim Aufbau lokaler Wirtschaftsstrukturen zu helfen sowie die Öffentlichkeit über die Verletzung ihrer Rechte zu informieren.

Ausgangspunkt war die Erkenntnis, daß kulturelle Vielfalt nur zu erhalten ist, wenn auch die biologische Vielfalt erhalten bleibt, auf der viele alte Kulturen ihre Existenz aufbauen. Diese Vielfalt aber ist am besten zu sichern, wenn sich ihr Wert in Dollar messen läßt. Wer einheimische Gemeinschaften stärken und deren Lebensraum schützen will, muß, folgerte Clay, den Völkern helfen, die Produkte, die sie geerntet haben, auch zu vermarkten.

Geo. Das neue Bild der Erde, 25.5.1992, S. 77-79

Now see for how many verbs you can identify the part they are playing in the sentence.

4. Infinitives that do not help to form an infinitive clause with *zu*:

4a. The infinitive goes with a modal auxiliary (give the modal auxiliary in brackets): i. _____ (_____); ii. _____ (_____); iii. _____ (_____); iv. _____ (_____)

4b. The infinitive without *zu* goes with a certain verb (give the verb in brackets): i. _____ (_____)

5. Infinitives that help to form an infinitive clause with *zu*:

5a. The infinitive clause is the subject of a verb (give the verb in brackets): i. _____ (_____); ii. _____ (_____); iii. _____ (_____); iv. _____ (_____); v. _____ (_____)

5b. The infinitive clause acts as the object of a verb (give the verb in brackets): i. _____ (_____)

5c. The infinitive clause follows a 'semi-auxiliary' verb or the verbs *heißen, helfen, lehren, lernen* (see *Hammer* 13.2.3, 13.3.1g) (give the verb in brackets): i. _____ (_____); ii. _____ (_____); iii. _____ (_____); iv. _____ (_____)

5d. The infinitive clause follows a preposition (give the preposition in brackets): i. _____ (_____)

13 Infinitival nouns (see *Hammer* 13.4)

Rewrite the last part (subordinate clause) of the following sentences using the prepositions *bei* or *zu* and an infinitival noun.

e.g. Der Appetit kommt, wenn man ißt.
Der Appetit kommt beim Essen.

1. Ich komme leider nicht mehr dazu, viel zu lesen.
2. Das Wetter ist heute wieder so, daß man heulen könnte.
3. Der Garten ist zu klein, als daß man darin Fußball spielen könnte.
4. Achten Sie bitte darauf, daß Sie keine Gegenstände in den Schränken lassen, wenn Sie Ihre Zimmer verlassen.
5. Ich brauche das Messer, um Kartoffeln zu schälen.
6. Ich habe gestern deine Schwester getroffen, als ich einkaufen war.
7. Wir hatten leider nicht genügend Schnee, um Ski zu laufen.
8. Mir fiel sofort ihre seltsame Schrift auf, als ich den Brief durchlas.
9. Jetzt ist es leider zu spät, um umzukehren.
10. Ich habe mir das Handgelenk gebrochen, als ich Tennis gespielt habe.

14   Infinitival nouns used with prepositions
(see *Hammer* 13.4.3)

Make sentences with a single main clause from the following complex sentences by using an infinitival noun.

e.g.   Als sie das Zimmer verließ, bemerkte sie einen roten Schein in der Ferne.
Beim Verlassen des Zimmers bemerkte sie einen roten Schein in der Ferne.

1.   Wenn man Klavier spielt, ist es wichtig, daß man aufrecht sitzt.
2.   Als er die Rechnung bezahlte, stellte er fest, daß es draußen regnete.
3.   Wenn man Kartoffeln schält, soll man ein scharfes Messer gebrauchen.
4.   Wenn man diesen Saal betritt, staunt man sofort über die Deckengemälde.
5.   Als sie den Brief las, errötete sie.
6.   Wenn man diese Frage beantwortet, sollte man sich seine Worte sorgfältig überlegen.

15   Infinitival nouns   (see *Hammer* 13.4)

You see the sign below at the entrance to a zoo. For each activity that is prohibited, write out a full sentence using an infinitival noun.

e.g.   Es ist verboten, die Blumen zu pflücken.
Das Pflücken der Blumen ist verboten.

ES IST VERBOTEN:

1.   Hunde mitzubringen
2.   die Tiere zu füttern
3.   die Grünflächen zu betreten
4.   Parkbänke zu anderen Zwecken als zum Sitzen zu benutzen
5.   jegliche Gegenstände in die Käfige zu werfen
6.   laute Musik zu hören

16 The extended participial phrase (see *Hammer* 13.5.4)

Combine the two sentences using an extended participial phrase.

e.g. Der Turm wurde durch ein Feuer zerstört. Er wurde 1484 vom Bürgermeister der Stadt erbaut.
Der *1484 vom Bürgermeister der Stadt erbaute* Turm wurde durch ein Feuer zerstört.

1. Der Hahnenkampf erfreut sich in südamerikanischen Ländern großer Beliebtheit. In Europa ist er verboten.
2. Jetzt erleben Sie eine Attraktion. Diese Attraktion ist noch nie dagewesen.
3. Mit dem Geld könnte man mehrere Krankenhäuser bauen. Das Geld wird dadurch eingespart.
4. Finden Sie eine Übersetzung. Die Übersetzung soll auch stilistisch der englischen Vorlage entsprechen.
5. Für die Soldaten wurde ein Mahnmal errichtet. Die Soldaten waren im Krieg gefallen.
6. Ein fürchterliches Gewitter zerstörte die gesamte Ernte. Das Gewitter war nicht vorauszusehen gewesen.
7. Der Baum mußte gefällt werden. Der Baum war vom Blitz getroffen worden.
8. Die Waren sind nicht verkäuflich. Die Waren sind im Schaufenster ausgestellt.
9. Christian Meyer nahm das Urteil gelassen auf. Er wurde zu einer Freiheitsstrafe von zwei Jahren verurteilt.

17 The extended participial phrase (see *Hammer* 13.5.4)

Rewrite the following sentences using extended participial phrases in place of the relative clauses.

e.g. Gestern wurde eine Leiche gefunden, die noch nicht identifiziert ist.
Gestern wurde eine *noch nicht identifizierte* Leiche gefunden.

1. Der Flüchtling, der von seinen Freunden gewarnt worden war, verließ sein Versteck.
2. Der Brand war wohl ein politisch motivierter Anschlag gegen die Asylbewerber, die im abgebrannten Haus lebten.
3. Wir lasen einen Bericht über das Boot, das die Deutschen schon am ersten Kriegstag versenkt hatten.
4. Es handelt sich da um eine Schwierigkeit, die nicht zu vermeiden ist.

5. Hier sind die Formulare, die von jedem Bewerber ausgefüllt werden müssen.
6. Sie sah ein Auto, das in entgegengesetzter Richtung fuhr.
7. Die Arbeiter, die um ihre Arbeitsplätze fürchteten, traten in den Streik.
8. Wir bitten, Kleider, die nicht mehr benötigt werden, an die Heilsarmee zu geben.
9. Der Bodensee ist ein See, der zwischen Deutschland, Österreich und der Schweiz liegt.
10. Panzer, die in Deutschland hergestellt wurden, sollten illegal nach Israel verschoben werden.
11. Die Stadt, die durch Bomben zerstört worden war, bot einen fürchterlichen Anblick.
12. Die afrikanischen und asiatischen Studenten, die an ein warmes Klima gewöhnt sind, haben große Schwierigkeiten mit dem englischen Wetter.
13. Der Fall, der von mir und meinem Kollegen untersucht wurde, erwies sich als äußerst schwierig.
14. Am besten Sie sprechen mit dem Kollegen, der für Ihren Antrag zuständig ist.
15. Ich empfinde die Hungersnot, die leider noch immer in vielen afrikanischen Ländern herrscht, als absoluten Skandal.
16. Das Festival, das normalerweise alle zwei Jahre stattfindet, sollte dieses Jahr wegen der Kosten, die dabei anfallen und die auf rund 2 Millionen Mark geschätzt werden, abgesagt werden.
17. Auf diese Weise hofft die Stadt, die Menge des Mülls, der zu erwarten ist, auf 20 Tonnen zu senken.
18. Der Bürgermeister bedankte sich bei der Bevölkerung für das Vertrauen, das man ihm entgegengebracht hatte.

18 Uses of the present and past participles
(see *Hammer* 13.5 – 13.6)

Identify all the uses of participles in this extract from the *Bauplan* of Irmtraud Morgner's novel *Leben und Abenteuer der Trobadora Beatriz nach Zeugnissen ihrer Spielfrau Laura*. List all the participles that are

1. used as part of a compound verb (e.g. perfect or passive)
2. used as an adjective
3. used as part of an extended adjectival phrase
4. used as part of a participial clause.

- Von der Oberwelt fährt ein Bunker mit zwei abgesetzten Göttinnen herab

- Ankunft der Trobadora im gelobten Land
- Weitere verwirrende Augenblicke nach der Ankunft
- Laura wird ein Angebot gemacht
- Diagnose der schönen Melusine zu Ohren der Trobadora, offenbart durch die Röhre des Kachelofens
- Verhandlungsgespräch zwischen der Cheflektorin des Aufbau-Verlags und Laura über das zum Kauf gebotene Projekt eines Montageromans
- Rede auf eine Einrichtung, gehalten von Laura Salman, gerichtet an die Zimmerdecke
- Hochzeitslied, im Auftrag gedichtet von Paul Wiens, in Musik gesetzt und begleitet vom Singeklub „Salute" vorgetragen von der Beatriz de Dia, original wiedergegeben in der vom Dichter verfochtenen gemäßigten Kleinschreibung
- Bittschrift Olga Salmans an unsere liebe Frau Persephone, befördert von Beatriz de Dia, abgeschrieben von der schönen Melusine ins 396. Melusinische Buch
- Laudatio für den Dichter Guntram Pomerenke anläßlich seiner Aufnahme in den PEN, gehalten von Beatriz de Dia nach dem Muster, das der Trobadora ein Jahr früher bei gleicher Gelegenheit zugedacht worden war

Irmtraud Morgner, *Leben und Abenteuer der Trobadora Beatriz
nach Zeugnissen ihrer Spielfrau Laura* (Luchterhand
Literaturverlag, Frankfurt/M., 1977), S. 448-455

19   German equivalents of English constructions with the *ing*-form   (see *Hammer* 13.7)

Give German equivalents for the following sentences.

1. Attacking him would be useless.
2. There's no solving that problem.
3. Coming out of the house, he noticed the girl sitting on the pavement.
4. Being able to express yourself properly is important.
5. There was a lot of shouting in the street.
6. It really isn't warm enough for sitting on the veranda.
7. They took fright on catching sight of him.
8. He raced down to the old bridge with Magdalene following him.
9. He opened his mail before leaving for work.
10. She had got into the house without our noticing.
11. What did you do instead of writing that essay?
12. I was sitting in the old armchair reading a book.
13. They kept on coughing throughout the performance.
14. I couldn't help coughing during the performance.
15. Knowing she was out of the country, I went to visit her mother.
16. She remained standing by the fountain.
17. He kept me waiting at the foot of the stairs.
18. Having learnt that Paul had already left, they decided to ask Dietmar.
19. Coming down the stairs, he was surprised to see Anna waiting for him.
20. Having no money left, they had to walk all the way home.

20   German equivalents of English constructions with the *ing*-form   (see *Hammer* 13.7) ☺☺☺

PROJECT: Take a passage from a modern English novel and collect about 20-30 examples of constructions with the *ing*-form as given in *Hammer* 13.7. Turn them into German yourself.

- What are the most frequent equivalents in German for English constructions with the *ing*-form?
- Check your results with a German native speaker.

14

The uses of the tenses

1 Present tense or perfect tense with *seit* (see *Hammer* 14.2.2)

Rewrite the following sentences changing the prepositional phrase in italics to a subordinate clause with *seit*. Decide whether to use the present tense or perfect tense.

e.g. *Seit meinem letzten Besuch bei dir* hast du dich nicht mehr gemeldet.
Seit ich dich das letzte Mal besucht habe, hast du dich nicht mehr gemeldet.

1. *Seit ihrer Bekanntschaft mit ihm* scheint sie viel fröhlicher zu sein.
2. *Seit dem Kauf des Hauses* habe ich nie Geld.
3. *Seit seinem Umzug* haben wir ihn nicht mehr gesehen.
4. *Seit deiner Freundschaft mit diesem Kerl* sind deine Noten in der Schule viel schlechter geworden.
5. *Seit seiner Arbeit an dem neuen Projekt* hat er überhaupt keine Zeit mehr für seine Familie.
6. *Seit der Wiedervereinigung von Ost- und Westdeutschland* war ich erst einmal in Berlin.
7. *Seit ihrem Beinbruch* kann sie nicht mehr richtig laufen.
8. *Seit Bestehen der Bundesrepublik* wird das Land nach föderativen Prinzipien regiert.

2 Tenses in 'up-to-now' sentences (see *Hammer* 14.2.2)

Put the verb in brackets into the appropriate tense.

1. Wir [warten] seit drei Wochen auf Nachricht von dir.
2. Seit Montag [regnen] es ununterbrochen.
3. [stehen] Sie schon lange hier vor der Kasse?
4. Seitdem sie wieder in Gießen ist, [besuchen] sie meinen Onkel dreimal.
5. Wie lange [sein] du schon in England?
6. Solange ich sie kenne, [tragen] sie ihre Haare kurz.
7. Seit langem [wohnen] er nicht mehr in Osnabrück.
8. Ich [sehen] ihn seit Jahren nicht.
9. Seit ich Mathematik studiere, [lesen] ich keine Romane mehr.
10. Seit ich sie kenne, [besuchen] ich sie jeden Sonntag.

3   The present tense used to refer to future time
(see *Hammer* 14.2.3)

The present tense is more frequent than the future when the context makes it clear that the reference is to the future. Transform these sentences into the present tense and insert the adverb of time given in brackets in an appropriate place. Asterisk any sentences where the reference to the future would be clear even without the adverb.

1. Ich werde wieder dasein. [gleich]
2. Er glaubt fest, daß seine Freundin kommen wird. [morgen]
3. Der Peter wird sicher anrufen. [heute abend]
4. Die Bundesbahn wird mit ihrem Hochgeschwindigkeitszug eine Schnellverbindung zwischen Frankfurt und München anbieten. [ab 1. Juni]
5. Voraussichtlich wird eine neue Verordnung über das Recycling von Kunststoff in Kraft treten. [nächstes Jahr]
6. Die Zahl der Beschäftigten wird zunehmen. [im nächsten Jahrzehnt]
7. Das Buch wird ins Englische übersetzt werden. [demnächst]
8. Das wird es nicht mehr geben. [in Zukunft]
9. Annegret wird in die Schule gehen. [ab September]
10. Diese Broschüren werden überall verteilt werden. [am Montag]

4   The present tense used to refer to the past
(see *Hammer* 14.2.4)

This extract from H.G. Adler's novel *Panorama* has been transposed into the past tense. Can you rewrite it in the original present tense?

Die Großmutter schlängelte sich mit Josef durch den Vorhang durch, sie kamen in einen fast dunklen Raum. Rund um ein vielflächiges Holzgehäuse waren hohe Sessel aufgestellt. Vor jedem gab es zwei runde Öffnungen, das waren die zusammen mit einem Metallschirm abgeblendeten Gucklöcher. Die Augen hielt oder preßte man an den Schirm, und schon konnte man dem Programm folgen. Ein Diener nahm die Gäste in Empfang und führte sie zu zwei freien Plätzen. Die Großmutter setzte sich, aber den Josef hob der Diener hinauf und rückte ihn recht nahe an die Gucklöcher. Die beiden Gucklöcher waren dazu da, daß man alles sah, wie es wirklich ausschaute, und alles war auch sehr vergrößert, daß es ganz lebendig schien. Dabei leuchtete alles goldig und glänzend, wie in tropisches Sonnenlicht getaucht. Jedes Bild blieb eine Minute stehen, vielleicht auch etwas kürzer. Josef glaubte, daß es recht lange war. Er freute sich, daß es lange dauerte, denn er konnte sich an der Pracht nicht sattsehen. Es war nur schade, daß sich die Menschen, Tiere und Wagen auf den Bildern nicht bewegten. Zwar wurde das Leben der wunderschönen Bilder durch ihre Unbeweglichkeit nicht weniger herrlich, aber es schien dadurch aus der Zeit herausgenommen. Bevor die Bilder wechselten, warnte ein feiner Schlag eines lieblichen Glöckchens: „Paß auf, die Zeit ist um! Bereite dich auf das neue Wunder vor!" Dann wanderte das Bild weg, ein anderes zog vorbei, erst das nächste blieb wieder vor Josef stehen. Wenn er den Blick nicht von den Gucklöchern wandte und das Gesicht dicht an den Schirm schmiegte, war er mit den Bildern allein. Die übrige Welt war aufgelöst und fern. Zuschauer und Bild vereinten sich innig, niemand konnte da hinein. Josef durfte aber nicht selbst in das Bild wandern, denn er saß auf seinem Sessel fest, den Oberleib mußte er ein wenig vorbeugen. Da konnte er nicht sehr bequem sitzen, es gab auch keine Rückenlehne, Ausruhen war unmöglich. Im Panorama störte das aber nicht. Josef war zufrieden.

H.G. Adler, *Panorama*, 1968 (Piper, München, 1988), S. 10-11

5 The past and the perfect (see *Hammer* 14.3) 😃😃😃

PROJECT: Take passages of 1000 words each from a modern play *and* a modern novel.

- Establish the relative frequency of the past and perfect tenses.
- Where does German use the perfect when you would have to use a past tense in English?
- Are there any instances where German uses a past where you would need a perfect in English?

- In what proportion of cases could you replace the one by the other in German? (Check with a native speaker from North Germany!)
- Is the frequency of the two tenses different in the play and the novel, and if so, how would you explain this?

6   The past and the perfect (see *Hammer* 14.3) ☺☺☺

PROJECT: Find twenty sentences with a perfect tense from a modern play or from the dialogue in a modern novel. Ask three native speakers of German with a good command of English to translate them into English.

- How often does it not correspond to what you would say?
- Why are the English past and perfect tenses so difficult for native speakers of German?

7   The compound tenses: future perfect
(see *Hammer* 12.3.1 and 14.4)

Respond to the questions with the words in brackets, using the future perfect tense and adding any other words that might be necessary for an appropriate response.

e.g. Haben Sie den Chef gesehen? [nein; nach Hause gehen]
   Nein, der wird schon nach Hause gegangen sein.

1.   Ist deine Doktorarbeit bald fertig? [in 2 Wochen; sie fertigschreiben]
2.   Wann soll denn Ihr Umzug stattfinden? [spätestens bis zum Sommer; das neue Haus beziehen]
3.   Meinen Sie, Ihre Frau ist noch auf dem Flughafen? [nein; abfliegen]
4.   Glaubst du, er hat den Zug noch erwischt? [nein; verpassen]
5.   Wollte Ihr Mann nicht auch kommen? [ja; zu viel zu tun haben]
6.   Meinst du, deine Mutter ist jetzt noch auf? [nein; ins Bett gehen]
7.   Woher weiß er das? [sie; es ihm sagen]
8.   Wolltet ihr nicht zusammen ins Kino gehen? [er; allein gehen]

8 Future and future perfect to indicate a supposition
(see *Hammer* 14.4)

Rewrite the following sentences to indicate a supposition, using the future tense for sentences in the present, and the future perfect tense for sentences in the perfect. Insert *wohl* or *wahrscheinlich*.

e.g. Er ist schon zu Hause.
Er wird wohl schon zu Hause sein.

Er ist schon nach Hause gegangen.
Er wird wahrscheinlich schon nach Hause gegangen sein.

1. Der Winterschlußverkauf hat schon angefangen.
2. Ihr Sohn ist inzwischen mit der Schule fertig.
3. Er hat keine Lust, mit lauter alten Leuten zusammen zu sein.
4. Die Kinder geben ihr Geld wieder für Süßigkeiten aus.
5. Bei der nächsten Wahl wird er nicht wieder gewählt.
6. Die Vögel haben alle Kirschen aufgefressen.
7. Unser früheres Haus in Schlesien ist abgerissen worden.
8. Du mußt dich daran gewöhnen, nicht immer im Mittelpunkt zu stehen.
9. Er hat sich ein Taxi genommen.
10. Mit einer Gehaltserhöhung ist mein Chef nicht einverstanden.
11. Dein Mann hat sich alleine etwas zu essen gemacht.
12. Die Blumen haben den Frost nicht vertragen.

9 The future (see *Hammer* 14.4)

The comment on *Deutschland ändert sein Energie-Profil* has been rewritten from the point of view of the year 2010. See if you can recreate the original prognosis of 1991 by using the future tense and changing one adjective.

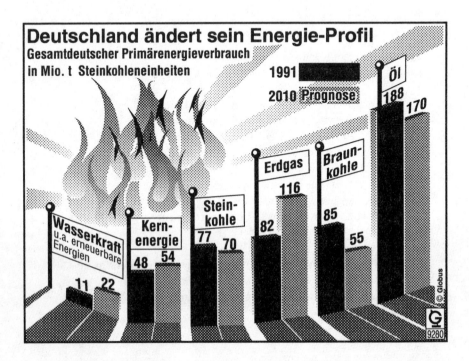

DER ENERGIEVERBRAUCH in Deutschland ist in den letzten 20 Jahren kaum gestiegen. Wohl aber hat sich der Anteil der Energieträger stark verändert, vor allem als Folge der Wiedervereinigung. Der Einsatz von Braunkohle und schwerem Heizöl ist stark zurückgegangen, besonders aus Gründen des Umweltschutzes. Auch wurde die Förderung deutscher Steinkohle erheblich eingeschränkt. Importkohle hat diese Rückgänge nur zum Teil ausgeglichen. Erheblich zugenommen hat deshalb der Einsatz von Erdgas.

Süddeutsche Zeitung, 3.12.1991

10 The future (see *Hammer* 14.2.3 and 14.4) ☺☺☺

PROJECT: It is claimed in *Hammer* 14.4.1 that the future tense is less frequent in German than in English. Collect all the types of sentences you can find where a future tense must be used in English (either form of the future, i.e. *we'll be in London in two hours* or *she's **going to** write me a letter*). A grammar of English (e.g. Michael Swan, *Practical English Usage* (OUP, Oxford, 1980) will be helpful for this, but you can also make up twenty sentences of your own with a future tense.

- Check with at least two native speakers of German how many of these English sentences can be rendered into German using a present tense whilst still keeping a future meaning.
- In which cases must a future tense (with *werden*) be used in German?

11 The pluperfect (see *Hammer* 12.3.1, 12.6, 14.5)

Form sentences using the pluperfect and the past according to the following pattern:

e.g. [sie] im Lotto gewinnen / sich ein teures Auto kaufen
Nachdem sie im Lotto gewonnen hatten, kauften sie sich ein teures Auto.

1. [er] essen / spazierengehen
2. [er] ein Bad nehmen und sich rasieren / sich anziehen und ausgehen
3. [ich] ihn besser kennenlernen / [er] mir sympathischer sein
4. [wir] in den Konferenzsaal gehen und sich hinsetzen / [der Vorsitzende] anfangen zu sprechen
5. [mein Büro] aufgeräumt werden / [ich] sich wohlfühlen
6. [sie] den Lehrerberuf aufgeben / [das Leben] wieder Spaß machen
7. [wir] in Florenz ankommen und sich im Hotel einquartieren / [der Urlaub] für uns anfangen
8. [der Verkehr] umgeleitet werden müssen / [totales Chaos] auf den Straßen herrschen
9. [ihr Mann] sterben / [sie] keine Freude mehr am Leben haben
10. [das Licht] ausgehen / [die Kinder] sich Gruselgeschichten erzählen

12   Ways of indicating continuous action in German
(see *Hammer* 14.6.2)

Convey the 'continuing' activity of the following sentences in three ways, by using

   a.   *gerade*
   b.   *gerade dabei sein zu* + infinitive
   c.   *beim* + infinitive used as noun.

1.   Sie aßen, als das Unglück passierte.
2.   Als seine Tochter ins Zimmer stürzte, telefonierte Herr Schulze.
3.   Ich las die Zeitung, als Margit mich ansprach.
4.   Als sie einschlief, hörte sie plötzlich ein seltsames Geräusch.
5.   Wir spielten Tennis, als das Gewitter losging.

13   *gerade/eben* and (*gerade/eben*) *dabei sein . . . zu* + infinitive   (see *Hammer* 14.6)

Answer the following questions using *gerade/eben* or (*gerade/eben*) *dabei sein . . . zu* + infinitive according to the pattern given in the examples. Give a negative response where this is indicated in brackets after the question.

e.g.   Hast du die Briefe schon geschrieben?
   Ich bin gerade dabei, sie zu schreiben.

   Kannst du mir mal bitte helfen? [nein; telefonieren]
   Das geht leider nicht. Ich telefoniere gerade.

1.   Hast du dein Zimmer schon aufgeräumt?
2.   Haben Sie das Paket für Herrn Müller schon fertiggemacht?
3.   Könnten Sie kurz mit einem Kunden sprechen? [nein; wichtige Besprechung haben]
4.   Könnten Sie mich bitte mit Frau Schumann verbinden? [nein; sie nach Hause gegangen sein]
5.   Hast du die Zeitung schon gelesen?
6.   Hilfst du mir bei meinen Hausaufgaben? [nein; Klassenarbeiten korrigieren]
7.   Kommst du heute abend mit ins Theater? [nein; an einem wichtigen Projekt arbeiten]
8.   Haben Sie schon die Unterlagen durchgesehen?
9.   Hat der Arzt Ihre Tochter schon untersucht?
10. Holst du mal bitte die Wäsche vom Dachboden? [nein; mein Fahrrad reparieren]

14 German equivalents for the English progressive tenses (see *Hammer* 14.6)

Give German equivalents for the following sentences.

1. As I came in she was putting coal in the stove.
2. Don't worry. She's leaving.
3. Don't be so impatient. I'm coming!
4. Don't disturb us. We're working.
5. I'm getting changed.
6. My sister was reading the newspaper when the roof fell in.
7. It isn't raining any longer.
8. Peter took a piece of cake when his mother wasn't looking.
9. I'm writing a book at present.
10. She was just thinking it over.
11. I'm seeing to it now.

15 Use of the tenses (see *Hammer* 14)

Complete the following sentences by putting the verb in brackets in the most appropriate tense for the context.

1. Wir [ankommen] erst in zwanzig Minuten in Altona. Wir haben leider Verspätung.
2. Als Frau Döring ihren Sohn [erblicken], weinte sie vor Freude.
3. Ich kann heute erst später ins Büro kommen, weil ich zum Zahnarzt [müssen].
4. Wenn ich die Prüfungen hinter mir habe, [fliegen] ich für zwei Wochen nach Kreta.
5. Lange Zeit [gehören] diese Burg der Familie von Schotten, aber sie ist seit dem Krieg Besitz des Freistaats Bayern.
6. Schau dir den Schnee an! Offenbar [schneien] es in der Nacht.
7. Ich muß meinen Schlüssel wohl auf dem Hof fallengelassen haben, aber den [finden] ich dort unter all dem Stroh nie.
8. Man sieht es ihr an, daß sie seit Tagen nicht [schlafen].
9. Wir [treffen] uns jeden Freitag um sieben im „Wilden Mann".

16   **Use of the tenses** (see *Hammer* 14)

Translate into German.

1. I'm a completely different person since I've known him.
2. Since he couldn't provide an alibi the police arrested him.
3. You wanted that piece of cake, and now you'll eat it.
4. I've been living here for about ten years.
5. I haven't seen him for quite a while.
6. Will you stop that, please!
7. When his wife returned he was cooking.
8. Since when have you been interested in football?
9. When I'm well again I'll do a lot of reading.
10. I've always hated washing up. I'll do it tomorrow.
11. You'll be pleased to hear that I'm working on a new novel.

17   **Use of the tenses** (see *Hammer* 14)

The caption for the diagram *Steinkohle – wohin?* originally contained the following:

> 3 verbs in the present tense
> 4 verbs in the past tense
> 3 verbs in the perfect
> 1 verb in the past passive with *sein*.

Complete the gaps by inserting the following verbs, in an appropriate form and in the order given, and see if you come up with the same number:

decken, beschäftigen, liegen, sinken, schrumpfen, schmieren, zurückgehen, gewinnen, sich verpflichten, sein, dürfen

TALFAHRT MIT ÖL GESCHMIERT – die Steinkohle _____
im Jahr 1957 mit 149 Millionen Tonnen rund 70 Prozent des
Energiebedarfs und _____ über 600 000 Menschen.

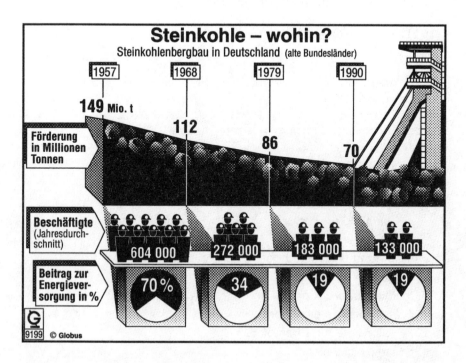

Ganz anders heute. Die Förderung _____ nur noch bei 70
Millionen Tonnen. Die Zahl der Beschäftigten _____ auf
133 000 _____. Und der Beitrag zur Energieversorgung
_____ auf unter 20 Prozent _____. Diese Talfahrt
der Kohle _____ vor allem mit Öl _____. Zwar
_____ der Ölanteil nach den Ölkrisen 1973/74 und 1979/80
_____, doch dafür _____ nicht etwa die Kohle
wieder an Bedeutung, sondern andere Energien wie Erdgas und
Atomkraft. Im Jahrhundertvertrag _____ _____
die Elektrizitätswirtschaft _____, eine Mindestmenge an
deutscher Steinkohle zu verfeuern. Das _____ zwar
teurer als der Einsatz billiger Import-Energie, aber als Ausgleich
_____ die E-Werke den „Kohle-Pfennig" kassieren.

Süddeutsche Zeitung, 16.10.1991

15

The passive

1 The *werden*-passive (see *Hammer* 15.1)

Here is an extract from a BMW manual which lists operations to be performed for the 15 000 km service. The points are given in the form of a command using the infinitive. Rephrase them using the passive, to say what happens during the service, and supply the appropriate definite article. (NB *ggf.* is short for *gegebenenfalls*.)

e.g. Zündkerzen erneuern.
Die Zündkerzen werden erneuert.

1. Öl im Motor wechseln.
2. Ölfilter erneuern.
3. Ölstand prüfen und ggf. Öl nachfüllen.
4. Muttern und Schrauben nachziehen.
5. Reifenluftdruck prüfen und ggf. korrigieren.
6. Handbremse einstellen.
7. Scharniere für Türen ölen.
8. Schlösser einfetten.
9. Motortest durchführen.
10. Motor nachregulieren.

Betriebsanleitung 2500, 2.8L, 3.0S, 3.0L, 3.0Si, 3.3L
(Bayerische Motoren Werke AG, München), S. 58-59

2 The *werden*-passive (see *Hammer* 15.1)

Rewrite the following passage using passive constructions.

Zu den 39. Oberammergauer Passionsspielen erwartet man dieses Jahr eine halbe Million Menschen. Am Vorabend der Eröffnung zelebrierte der Erzbischof von München und Freising einen Gottesdienst. Leider überschattete ein mutmaßlicher Betrug die Passionsspiele. Ein ortsansässiges Hotel hatte 20 000 ungültige

Eintrittskarten an zwei englische Reisebüros verkauft. Die Gemeinde hat inzwischen die Staatsanwaltschaft eingeschaltet, und diese hat bereits die Ermittlungen zu dem mutmaßlichen Millionenbetrug aufgenommen. Das Festspielkomitee lehnte eine Forderung der britischen Veranstalter ab, eine zusätzliche Vorstellung einzuschieben.

Süddeutsche Zeitung, 21.5.1990

3 The *werden*-passive (see *Hammer* 15.1)

Answer the following questions using a passive construction.

e.g. Schicken Sie die Briefe heute noch weg? [nein; immer am Montag]
Nein, die Briefe werden immer am Montag weggeschickt.

1. Hat der Verkehr dich aufgehalten? [nein; ein Bekannter]
2. Hat die Polizei ihn laufenlassen? [nein; festnehmen und vor Gericht stellen]
3. Hast du den neuen Film gesehen? [nein; absetzen]
4. Ist dein Vater schon operiert worden? [nein; erst morgen]
5. Darf ich jetzt draußen spielen? [nein; zuerst dein Zimmer aufräumen]
6. Konntest du deine Stelle behalten? [nein; entlassen]
7. Kommt die Post bei euch zweimal am Tag? [nein; nur einmal am Tag austragen]
8. Mußte der Verletzte lange auf der Straße liegen? [nein; sofort ins Krankenhaus bringen]

4 The *werden*-passive with non-transitive verbs
(see *Hammer* 15.1.3)

Give passive equivalents for the following active sentences, retaining the tense of the original. The agent (i.e. the person/thing etc. 'doing' the action) may be omitted.

e.g. Die Zigeuner können ihnen helfen.
Ihnen kann (von den Zigeunern) geholfen werden.

1. Ich antwortete ihm.
2. Wir gratulierten ihr zu ihrem Erfolg.
3. Wir verhandelten leider erfolglos über die Möglichkeit eines Waffenstillstandes.

4. Sie dienten dem König von Preußen.
5. Der Chef hat ihm gestern gekündigt.
6. Man achtet sehr wenig auf ihn.
7. Zunächst glaubte man es ihm nicht.
8. Man hat überall nach Ihnen gesucht.

5 The *werden*-passive (see *Hammer* 15.1.3 – 15.1.5)

Put the following sentences into the *werden*-passive if this is possible, omitting any agent (i.e. the person/thing etc. 'doing' the action). Asterisk any sentences that cannot be rephrased in the passive.

1. Sie antworteten mir nicht.
2. Sie erhöhen jedes Jahr sein Gehalt um 10 Prozent.
3. Meine Geheimzahl fiel mir gestern nicht ein.
4. Der Arzt empfahl dem Patienten, die Medizin zu nehmen.
5. Wir begegneten uns im Park.
6. Meine Eltern haben mir eine neue Tasche geschenkt.
7. Wir gaben ihr die Nachricht von der Ankunft ihres Bruders.
8. Er sagt ihr heute noch Bescheid.
9. Wir besitzen leider kein Auto.
10. Man wird ihr sicher helfen.
11. Die ganze Familie hat sich wunderbar erholt.
12. Man redet viel über die Situation.
13. Mach jetzt die Tür auf!
14. Der Film hat mir unheimlich gut gefallen.
15. Auf deutschen Autobahnen fährt man im allgemeinen sehr schnell.

6 The *werden*-passive (see *Hammer* 15.1.3 and 15.1.5)

Answer the following questions using a 'subjectless' passive construction.

e.g. Entschuldigung, darf man hier rauchen? [nein; dürfen]
  Nein, hier darf nicht geraucht werden.

1. Sind die Hunde gefährlich? [ja; warnen vor]
2. Wann fangen Sie mit den Bauarbeiten an? [nächsten Montag]
3. Was habt ihr auf dem Fest alles gemacht? [trinken, essen, Musik hören, tanzen]

4. Worum geht es in der Diskussion? [über Arbeitslosigkeit; sprechen]
5. Arbeitet ihr hier immer so gründlich? [meistens]
6. Darf ich jetzt Fußball spielen? [nein; nicht Fußball spielen, sondern zuerst essen]
7. Wie oft hat man früher gewaschen? [einmal in der Woche]
8. Habt ihr hier viel Spaß? [ja; bei uns viel lachen]
9. Hat man bei euch auch etwas gestohlen? [nein; nur einbrechen]
10. Warum verbringt ihr euren Urlaub immer in der Kieler Bucht? [weil; dort viel segeln]

7 The *werden*-passive (see *Hammer* 15.1.5)

Find an alternative for the imperative using a passive construction.

e.g. Nicht rauchen!
Hier wird nicht geraucht!

1. Rauchen Sie jetzt nicht, sondern arbeiten Sie!
2. Mach heute dein Zimmer sauber!
3. Zuerst machst du deine Hausaufgaben, und dann kannst du spielen.
4. Hör mit dem Blödsinn auf!
5. Mach jetzt die Tür zu!
6. Schreib bitte heute endlich den Brief!
7. Trink zuerst deine Milch aus!
8. Was auf den Teller kommt, ißt du!

8 The *werden*-passive and the *sein*-passive
(see *Hammer* 15.1 – 15.2)

Supply a form of *werden* or *sein* as required by the context.

1. Seit Anfang Mai _____ die Straße wieder gesperrt.
2. Von den Nachbarn _____ sie immer noch als eine Fremde betrachtet.
3. Ihm _____ eine sehr attraktive Stelle angeboten.
4. Als wir ankamen, stellten wir fest, daß die besten Plätze schon besetzt _____.
5. Die Börse _____ gestern von Terroristen zerstört.
6. Der Kaiser lebte noch, als mein Vater geboren _____.
7. Bis spät in die Nacht _____ Karten gespielt.
8. Mein Vater _____ im Krieg schwer verletzt.
9. Die Stadt _____ von Bergen umgeben.

10. Als ich geboren _____ , war mein Vater auch gerade im Krankenhaus, wo er am Blinddarm operiert _____.
11. Immer wenn ich den Tisch decken will, _____ er schon längst gedeckt.
12. Wann _____ Sie geboren?
13. Sie glauben doch nicht, daß ich so viel für einen Wagen bezahle, der beschädigt _____.
14. Ich möchte bitte morgen um 7.30 Uhr geweckt _____.

9   The *werden*-passive and the *sein*-passive
(see *Hammer* 15.1 – 15.2)

Give the missing forms of the *werden*-passive or the *sein*-passive, as appropriate, for the verbs in brackets in the following text. A tense to suit the context should be selected.

Schweres Erdbeben in Nordwesteuropa

Um 3.20 Uhr am Montag morgen [reissen] Millionen von Menschen am Mittel- und Niederrhein aus dem Schlaf. Einem kurzen, zunächst kaum wahrnehmbaren Beben folgte nach Angaben der Wissenschafter der Erdbebenwarte der Universität Köln ein zweites „*tektonisches Beben*", das in dieser Stärke im Rheinland seit 1756 nicht mehr [wahrnehmen]. Schränke stürzten um, Decken fielen herab, und als viele Menschen ins Freie liefen, [verletzen] sie von herabstürzendem Gestein und Dachziegeln. Insgesamt 40 Personen erlitten nach offiziellen Angaben Verletzungen, unter ihnen vier Schwerverletzte, die sich ausser Lebensgefahr befinden. Der Sachschaden beläuft sich auf Millionen. Autos [zertrümmern], viele Gebäude weisen tiefe Risse in den Aussenmauern auf.

In Roermond, wo die Fachleute das Epizentrum lokalisierten, brach Panik aus; es [verletzen] 20 Personen leicht. 25 Verletzte [registrieren] in Heinsberg bei Aachen. In der niederrheinischen Kreisstadt [beschädigen] rund 60 Häuser so stark, dass die Polizei den Bewohnern den Zugang sperrte. Einige Häuser können wohl nur noch [abreissen]. Zu den am schwersten in Mitleidenschaft gezogenen Gebäuden gehört ein Kloster, in dem 72 pflegebedürftige Senioren lebten. In Bonn kam eine 79 jährige Rentnerin ums Leben; sie starb an einem Herzversagen.

Beachtliche Schäden richtete das Beben in den Grossstädten längs des Rheins an. In Köln [unterbrechen] kurze Zeit die Wasserversorgung. Der Kölner Dom blieb nicht verschont; fünf seiner rund 1,50 Meter grossen Kreuzblumen aus Naturstein stürzten von den Domspitzen nach unten, eine riss ein 4 Quadratmeter grosses Loch in das gerade erst reparierte Dach eines Seitenschiffes. In Bonn und Dortmund mussten Hochhäuser [räumen]. Eine erste Bestandsaufnahme der deutschen Bundesbaudirektion ergab, dass alle öffentlichen Bauten am Regierungssitz in Bonn, die Villa Hammerschmidt, das Kanzleramt und das 29stöckige Abgeordnetenhochhaus, erhebliche Schäden erlitten. Am noch im Bau begriffenen neuen Bonner Plenarsaal hat sich angeblich die Decke so weit verschoben, dass der für den Oktober geplante Einzug des Bundestags in Frage [stellen]. Ein Block des Kernkraftwerks Biblis in Südhessen [abschalten] automatisch.

Neue Zürcher Zeitung, 13.4.1992

10   The *werden*-passive and the *sein*-passive
(see *Hammer* 15.1 – 15.2) 😁😁😁

PROJECT: It is claimed in *Hammer* (p. 292) that the *werden*-passive is four times more frequent than the *sein*-passive in German. Check the accuracy of this claim by taking a passage of at least 1000 words from a German newspaper (it will be better to take a news item rather than an editorial).

- How many instances can you find of the *werden*-passive and how many of the *sein*-passive? You may need to take a longer passage if you find fewer than 20 instances – or you might prefer to work together with one or two friends to collect a number of passages in order to obtain a larger sample.
- Check with a native speaker of German whether there are any contexts in the sentences you have found in which either could be used.
- Give English equivalents for all the sentences you find.

11   *Von* or *durch* with the passive   (see *Hammer* 15.3)

Decide whether to use *von*, *durch* or *mit*, and use the correct case after the preposition.

1. Der Verbrecher wurde ____ [die Polizei] verhaftet.
2. Die Bücherregale sind total ____ [Staub] bedeckt.
3. Die Kaserne wurde ____ [Terroristen] ____ [ein Bombenanschlag] völlig zerstört.
4. Überziehen Sie den Kuchen zum Schluß ____ [eine Zuckerglasur].
5. Dieses Schloß wurde ____ [König Ludwig II] erbaut.
6. Ich möchte bitte ____ [Doktor Bracke] behandelt werden.
7. Immer mehr Wälder werden ____ [der saure Regen] zerstört.
8. ____ [welcher Film] wurde Greta Garbo bekannt?
9. Die erste Herztransplantation wurde ____ [Professor Barnard] durchgeführt.
10. Er wurde ____ [ein Streifschuß] leicht am Arm verletzt.
11. Bei den Schießereien wurde ein Mann ____ [eine Kugel] getroffen.
12. Meine Schwester ist schon öfter ____ [Telefonanrufe] ____ [Unbekannte] belästigt worden.
13. Du bist oft genug ____ [wir] gewarnt worden.
14. Ich bin ____ [der Lärm] aufgewacht.

12   Reflexive verbs as an alternative to the passive
(see *Hammer* 15.4.3)

Translate the following sentences into German twice, first using the given verb in the passive, and then using it as a reflexive verb.

e.g.   The starting flag is being lowered. [senken]
   Die Startflagge wird gesenkt.
   Die Startflagge senkt sich.

1. I hope my suspicions won't be confirmed. [bestätigen]
2. The prices are put up every year. [erhöhen]
3. Unfortunately my purse hasn't been found. [finden]
4. Experience shows that French is learnt most effectively in France. [lernen]
5. That isn't easily forgotten. [vergessen]
6. That is explained by his unhappy childhood. [erklären]
7. This wish will be fulfilled. [erfüllen]
8. It is recommended to drink tea without sugar. [empfehlen]

13   Alternative passive constructions (see *Hammer* 15.4)

Rewrite the following sentences using a more common active construction. Use the verbs *geben, sein, bleiben, lassen, gehören.*

e.g.   Dieser Text muß bis morgen übersetzt werden.
   Dieser Text ist bis morgen zu übersetzen.

1.   Es muß noch viel getan werden.
2.   Es muß abgewartet werden, wie sich das weiterentwickelt.
3.   Die Folgen können jetzt noch gar nicht abgeschätzt werden.
4.   Das kann leider nicht geändert werden.
5.   Ihm sollte mal deutlich die Meinung gesagt werden.

14   *sich lassen* (see *Hammer* 15.4.7)

Rewrite the sentences using *sich lassen* with a following infinitive.

e.g.   Das kann man nicht ändern.
   Das läßt sich nicht ändern.

1.   Die Uhr geht nicht mehr zu reparieren.
2.   Mit diesem Auto kann man Höchstgeschwindigkeiten bis zu 280 km/h erreichen.
3.   Diese Frage ist sehr einfach zu beantworten.
4.   Der Schrank ist leicht zusammen- und auseinanderzubauen.
5.   Man hätte bei umsichtigerem Handeln höhere Gewinne erzielen können.
6.   Es hätte möglich sein müssen, einen Kompromiß zu finden.
7.   Ich kann den Termin nicht einfach verschieben.
8.   Es ist nicht zu leugnen, daß die Wiedervereinigung mit erheblichen Kosten verbunden ist.

15   *sich lassen* as an alternative to the passive
(see *Hammer* 15.4.7)

Rewrite the following press release for a trade fair, using *sich lassen* in place of each passive construction.

Ein neuer Arbeitsplatz für sehbehinderte und blinde Telefonisten in Vermittlungszentralen

Ein neues bildschirmgestütztes Vermittlungsterminal für blinde und sehbehinderte Telefonisten stellt DeTeWe auf der **Systems** vor. Bei dem Vermittlungsplatz **varix mvt 600 B** werden die Hinweise in verschiedenen Schriftgrößen auf einem angeschlossenen PC-Bildschirm oder als Blindenschrift auf einer beigestellten Braille-Zeile dargestellt. Die entsprechenden Informationen können dabei zusätzlich in Sprache umgewandelt und über einen Lautsprecher wiedergegeben werden.

Mit Hilfe einer speziellen Software können alle Bedienungshinweise und Informationen über ein- und ausgehende Anrufe in variabler Schriftgröße auf dem PC-Bildschirm dargestellt und/oder auf die am Vermittlungsplatz vorhandene Braille-Zeile übertragen werden. Für Sehbehinderte kann die Schrift auf dem Farb-Monitor in bis zu 16-facher Vergrößerung abgebildet werden. Eine optische Anpassung an die Restsehkraft der Bedienperson wird dabei zusätzlich über die Kontrastregulierung von Vorder- und Hintergrundfarbe erreicht. Änderungen, wie z.B. eine neue Rufnummer, können über die Tastatur in das im PC gespeicherte Telefonnummernverzeichnis eingegeben werden.

Pressemitteilung, Systems '91 München (DeTeWe AG & Co., Berlin)

16   Adjectives in *-bar*, *-lich* and *-fähig* to express possibility
(see *Hammer* 15.4.9)

Rewrite the following sentences replacing the construction in italics with a form of *sein* and an adjective ending in *-bar*, *-lich* or *-fähig* derived from the relevant verb.

e.g.   Dieses Argument *läßt sich nicht widerlegen.*
Dieses Argument *ist nicht widerlegbar.* (OR *ist unwiderlegbar*)

1. Dein Plan *kann* in dieser kurzen Zeit *nicht durchgeführt werden.*
2. Er sprach so leise, daß man ihn kaum *hören konnte.*
3. Einsilbige Wörter *kann* man im Deutschen *nicht trennen.*
4. Er bekam die Stelle, weil er sich so *gut anpassen kann.*
5. Es war so dunkel, daß das Haus kaum *zu sehen* war.
6. Die Folgen der Umweltkatastrophe *können* in ihrem vollen Ausmaß heute noch gar nicht *abgesehen werden.*
7. Man *kann* sein Verhalten nur *verstehen*, wenn man seine Biographie kennt.
8. Diese Tapeten *können abgewaschen werden.*
9. Dieses Gerät hat gute Verkaufsaussichten, weil es *sich* noch weiter *entwickeln läßt.*

10. Manche Pilze *kann* man *essen*, andere nicht.
11. Ohne einen Kredit *hätte sich* so ein teures Haus nicht *finanzieren lassen*.
12. Politiker *können* meiner Ansicht nach *ausgetauscht werden*.
13. Sie glaubt, daß sie *nicht ersetzt werden kann*.
14. Dieses Material *kann* man *nicht gebrauchen*.

17 The passive (see *Hammer* 15)

Translate into German.

1. You're kindly requested to leave these premises.
2. You can't be helped.
3. That can't be helped.
4. Although the palace was owned by Count von Libowitz, it was not known how long he would be able to stay here.
5. How much vinegar do you think is contained in this jug?
6. He was seen breaking into the house by a passer-by.
7. When I got there at 5 o'clock the door was already shut, but I don't know at what time it was shut.
8. I would have preferred to be served by him.
9. This operation couldn't have been performed by anybody else.
10. The houses were separated by a fence.
11. I wasn't allowed to go out with him.
12. Neuschwanstein was built by the Bavarian King Ludwig II.
13. I've been recommended to take a day off.
14. The discovery of America by Columbus was in 1492.

18 The use of the passive in instructions
(see *Hammer* 15) ☺☺☺

Passive constructions are particularly frequent in technical literature, instructions and the like. Identify all uses of the *werden*-passive and the *sein*-passive in the following set of instructions for a zoom lens. Then consider each in turn and decide what construction would be suitable if you were explaining how to use the lens to a friend.

Tokina Vario-Objektiv SZ-X270 28mm-70mm
BEDIENUNGSANLEITUNG

Brennweiten- und Entfernungseinstellung

Dieses Objektiv ist mit separaten Einstellringen versehen. Die Entfernungseinstellung wird mit dem Entfernungsring durchgeführt, während die Brennweiteneinstellung mit dem Brennweitenring vorgenommen wird.

Blende

Das TOKINA SZ-X270 ist ein Vario-Objektiv mit veränderlicher Blende. Dieses Objektiv ist so ausgelegt, daß alle Belichtungsprogramme Ihrer Kamera voll genutzt werden können.

Bei Verwendung eines Handbelichtungsmessers bzw. eines Elektronikblitzes muß der Blendenring für gute Belichtung mit der Hand justiert werden. Dieses Objektiv ist oberhalb des Blendenrings mit zwei farbkodierten Bezugslinien für die Blendeneinstellung versehen. Die eine Linie ist WEISS, die andere ORANGE. Die weiße Linie entspricht der Einstellung für Aufnahmen bei 28mm Brennweite, die orangefarbene für Aufnahmen bei 70mm Brennweite. Wenn der Handbelichtungsmesser z.B. Blende 8 angibt, muß der Wert 8 auf dem Blendenring für Aufnahmen bei 28mm Brennweite auf die weiße Linie eingestellt werden. Wenn das Objektiv auf 70mm eingestellt ist, muß die 8 mit der orangefarbenen Linie übereinstimmen.

Gegenlichtblenden

Gegenlichtblenden sind so konstruiert, daß sie Reflexionsflecken und Geisterbilder verhüten, die von diagonal oder seitlich auf die Linse auftreffendem Licht hervorgerufen werden können. Um immer in der Lage zu sein, klare, scharfe Fotos zu schießen, empfiehlt TOKINA die Verwendung einer speziell für das 28-70 Televario vorgesehenen, aufsteckbaren Gegenlichtblende (Sonderzubehör). Von der Verwendung von Gegenlichtblenden anderer Hersteller wird abgeraten, da diese zu Abschattung der Bildecken bzw. Lichtflecken führen können.

16

The subjunctive mood

1 Present subjunctive (see *Hammer* 16.1.2, 16.4.6 and 12.5)

The following satirical recipes are adapted from Kurt Tucholsky's
Kochrezepte. Rewrite them replacing the imperative forms in italics
with a present subjunctive form. That will give you the original
version.

e.g. *Nehmen Sie* drei Eier und *geben Sie* sie in eine Schüssel.
Man nehme drei Eier und *gebe* sie in eine Schüssel.

1. Aus einem sozialdemokratischen Kochbuch
Nehmen Sie nach Anhörung des Parteivorstandes drei frische Eier
und *zerschlagen Sie* sie bei einem Beschluß der Reichstagsfraktion.
Während man umrührt, *rufen Sie* einen Parteitag ein und *lassen Sie*
über die Menge des zu verwendenden Mehles abstimmen. Will man
ein brauchbares Rezept haben, *verwenden Sie* die Angaben der
Opposition. Ist Einstimmigkeit zwischen Fraktion und Vorstand erzielt,
setzen Sie die Speise aufs Feuer, *ziehen Sie* sie aber bei Bedenken der
Gewerkschaften sofort zurück. Auf diese Weise hat man zwar keinen
Eierkuchen, wohl aber ein höchst anregendes Gesellschaftsspiel.

2. Aus meinem Privatkochbuch
Füllen Sie guten, alten Whisky in eine nicht zu flache Suppenterrine,
rühren Sie gut um und *genießen Sie* das erfrischende Getränk,
soweit angängig, nüchtern. Ein Zusatz von Mineralwasser empfiehlt
sich nicht, da selbe oft künstliche Kohlensäure enthalten und daher
gesundheitsschädlich sind.
Anmerkung: Der Whisky muß von Zeit zu Zeit erneuert werden.

Kurt Tucholsky, Kochrezepte (1926)

2   Indirect speech (see *Hammer* 16.2)

Rewrite the following sentences in indirect speech (do not use *daß*).

e.g.   Der Angeklagte gestand: „Ich habe sie umgebracht."
Der Angeklagte gestand, *er habe sie umgebracht.*

1.   Der Arzt beruhigte: „Es besteht kaum Anlaß zur Besorgnis mehr. Der Zustand des Kindes hat sich soweit gebessert, daß die Überlebenschancen durchaus positiv zu bewerten sind."
2.   Augenzeugen berichteten: „Wir haben gesehen, wie mindestens 20 Fahrzeuge ineinander rasten."
3.   Der Fahrgast erkundigte sich beim Schaffner: „Habe ich in Plochingen gleich Anschluß, oder muß ich warten? Von welchem Gleis fährt der Zug?"
4.   Der ADAC warnte: „Es ist mit Wartezeiten bis zu 10 Stunden zu rechnen. Die Staus werden sich nur sehr langsam auflösen. Ausweichempfehlungen gibt es nicht."
5.   Der Regierungssprecher erklärte: „Noch vor zwei Jahren war es schwierig, den Schuldenberg, der jetzt auf uns zugekommen ist, vorauszusehen, weil man damals die Kosten der Vereinigung noch nicht abschätzen konnte."
6.   In der Koalitionsvereinbarung hieß es: „Weil serienreife Alternativen in ausreichendem Maße in absehbarer Zeit nicht zur Verfügung stehen, muß für eine derzeit nicht exakt zu bestimmende Übergangszeit Kernkraft weiter genutzt werden. Es gibt in Baden-Württemberg keinen Neubau und keinen Ersatzbau für bestehende Kernkraftwerke." (*Südwest Presse*, 11.5.1992)

3   Indirect speech (see *Hammer* 16.2)

Rewrite the following sentences using indirect speech according to the 'standard rules' (see *Hammer* 16.2.2). In what way would usage be different in colloquial spoken German (see *Hammer* 16.2.1a and 16.2.5)? What variations would be permissible in formal written German (see *Hammer* 16.2.4)?

1.   Er sagte zu mir: „Ich kann heute nicht kommen."
2.   Sie sagten zu mir: „Fritz überläßt uns die Entscheidung."
3.   Sie sagte zu mir: „Die Sekretärin nimmt mir viel Arbeit ab."
4.   Er sagte zu dir: „Wir wollen morgen nach Ulm fahren."
5.   Sie sagte zu ihnen: „Meine Cousinen kommen um zwei Uhr an."

6. Er sagte zu mir: „Bei einem solchen Wetter spielen wir immer Tennis."
7. Er behauptete: „In Sterzing gewinnen wir immer."
8. Rolf sagte zu mir: „Ich heirate am Sonnabend."
9. Dieter erzählte mir: „Im Sommer sind wir nach Teneriffa geflogen."
10. Ute fragte mich: „Kommt Peter am Sonntag mit?"

4 Indirect speech (see *Hammer* 16.2)

Reconstruct what the characters said in direct speech from the indirect speech of the following passage.

Als sie anlegten, sagte Sabine, sie habe sich überhaupt nicht vorstellen können, daß eine Segelpartie eine solche Wirkung habe. Vom Ufer aus sehe das Segeln oft so aus, als passiere da überhaupt nichts. Sie sei jetzt wie betrunken. Aber auf die angenehmste Weise. So leicht und so schwer sei sie. Und wie sie ihre Haut spüre. So habe sie ihre Haut überhaupt noch nie gespürt. Sie habe das Gefühl, sie sei im Olymp zu einer Massage gewesen und kehre jetzt, schwerer und schwerer werdend, zur Erde zurück. Masseur Apoll lasse grüßen, sagte Helmut. Aber er stimme seiner Frau zu, die Wirkungen einer solchen Segelpartie seien für einen Nichtsegler ganz unvorstellbare. Auch er fühle sich durchgearbeitet. Er wisse nur noch nicht, von wem oder was. Apoll sei bei ihm sicher nicht tätig geworden. Aber ein Gott könne es schon gewesen sein. Er möchte sich auf jeden Fall ganz ganz herzlich bei den beiden dafür bedanken, daß sie ihn und Sabine so geduldig auf ihrem Boot ertragen hätten, und er wünsche beiden noch recht angenehme Urlaubstage. Das ließ Klaus Buch nicht gelten. Abschied! Was? Wie bitte? Ach so, ein echter Ha-Ha-Einfall. Solle es das sein? Er sei ein Sadist, das wüßten sie ja, sagte Hel.

Martin Walser, *Ein fliehendes Pferd* (Suhrkamp Verlag, Frankfurt/M., 1978), S. 55-56

5 Indirect speech (see *Hammer* 16.2) 😊😊😊

PROJECT: Take a longer passage in a piece of modern prose fiction to check the use of the subjunctive in reported speech (Martin Walser's *Ein fliehendes Pferd* or any novel or story by Heinrich Böll would be suitable). You will need at least 50 instances to provide a reasonable sample.

- Check how often the subjunctive is used in reported speech and to what extent the author follows the 'standard rules' given in Hammer 16.2.2.
- Which of the variants given in Hammer 16.2.1 did you find?

6   Indirect speech (see *Hammer* 16.2)

You are a journalist and receive a tape of the following interview between the German news magazine *Der Spiegel* and Anja Fichtel, Olympic medallist in fencing. Write a written report on what is said by the interviewer and the interviewee, using indirect speech.

SPIEGEL: Sie werden oft als Steffi Graf des Fechtens bezeichnet. Ehrt Sie der Vergleich?

FICHTEL: Sicher macht mich das stolz. Aber wenn ich in der Öffentlichkeit behandelt worden wäre wie Steffi Graf, dann hätte ich längst aufgehört. Diesen Rummel hält doch kein Mensch aus.

SPIEGEL: Die Öffentlichkeit sieht darin eine Verpflichtung derjenigen, die ja ganz gut von ihrer Popularität leben.

FICHTEL: Ich fechte erfolgreich und gewinne Medaillen. Damit leiste ich genug. In Deutschland scheinen alle zu glauben, erfolgreiche Sportler seien öffentliches Eigentum.

SPIEGEL: Wie erklären Sie sich, daß auch andere Spitzensportler sich kaum in Deutschland aufhalten?

FICHTEL: Das hängt mit der deutschen Mentalität zusammen. Ich bin geflohen, weil ich eine regelrechte Angst vor der Öffentlichkeit entwickelt habe. Und in Tauberbischofsheim, einer Kleinstadt mit 12 000 Einwohnern, war es noch schlimmer. Jeder weiß alles über dich, du konntest nicht einkaufen, nicht ausgehen, ohne dich rechtfertigen zu müssen. Es gab keine Fluchtmöglichkeiten. Hier in Wien kennt mich keiner. Außerdem haben die Österreicher nicht dieses gnadenlose Konkurrenzdenken.

Der Spiegel, 10.6.1991, S. 184

7 Past subjunctive (see *Hammer* 12.5 – 12.6, 16.1 and 16.3)

Fill in the gaps using the '*Konjunktiv II*' form of the verbs in brackets. Decide in which instances it would be better to use *würde* + infinitive.

1. Wenn er nicht so faul _____ und mehr _____ , _____ er sehr viel bessere Leistungen erzielen. [sein, arbeiten, können]
2. Wenn man einen Mord _____ , _____ man in vielen Ländern nicht nur ins Gefängnis, sondern man _____ . [begehen, kommen, hingerichtet werden]
3. Wenn du besser _____ , _____ ich nicht alles dreimal sagen. [aufpassen, müssen]
4. Wenn mein Bruder _____ , _____ ich nicht so viel Angst. [mitfliegen, haben]
5. Als ob ich so etwas _____ . [tun]
6. Ich _____ jetzt lieber in einem netten Café. [sitzen]
7. Wenn mir mehr Geld zur Verfügung _____ , _____ ich nicht so viel zu arbeiten. [stehen, brauchen]
8. Ich _____ dir gar nicht helfen, selbst wenn ich es _____ . [können, wollen]
9. Am liebsten _____ mein Vater jetzt schon pensioniert. Dann _____ er nicht mehr arbeiten und _____ den ganzen Tag machen, was er _____ . [sein, müssen, können, wollen]
10. Wenn sich der Termin so einfach verschieben _____ , _____ ich es. [lassen, tun]
11. So etwas _____ eigentlich nicht vorkommen. [dürfen]

8 *Wenn*-clauses (see *Hammer* 16.3)

Replace the prepositional phrases in italics with a *wenn*-clause, finding a suitable verb where it is not already suggested by the noun.

e.g. *Unter Zuhilfenahme eines Lexikons* wäre die Übersetzung besser gelungen.
Wenn du ein Lexikon zu Hilfe genommen hättest, wäre die Übersetzung besser gelungen.

1. *Ohne die Einwilligung des Patienten* hätten die Ärzte nicht operieren dürfen.
2. Der Zeuge hätte sicher *unter Ausschluß der Öffentlichkeit* ausgesagt.

3. *Durch einen Regierungswechsel* hätten sich einige Mißstände beseitigen lassen.
4. *Mit Brille* wär' das nicht passiert. (Slogan aus der Fernsehwerbung)
5. *Bei höheren Investitionen* hätten sich höhere Gewinne erzielen lassen.
6. *Ohne die Hilfe anderer* wären damals viele Menschen umgekommen.
7. *Bei genauerem Hinsehen* hätte dir der Fehler sofort auffallen müssen.
8. *Ohne die Begleitung meines Bruders* wäre ich nie nach Afrika gegangen.
9. *Bei gerechterer Verteilung des Geldes* wäre dieses Familiendrama zu vermeiden gewesen.
10. *Mit einer Entschuldigung von dir* wäre ich zufrieden gewesen.

9   *Wenn*-clauses (see *Hammer* 16.3)

Combine the following pairs of sentences using a *wenn*-clause.

e.g. Sie haben mich nicht eingeladen. Ich bin nicht zu dem Fest gegangen.
Wenn Sie mich eingeladen hätten, wäre ich zu dem Fest gegangen.

1. Die Ärzte haben sich so viel Mühe gegeben. Er ist nicht an der Krankheit gestorben.
2. Du hast dich bei dem Banküberfall so dumm angestellt. Wir sitzen jetzt im Gefängnis.
3. Du hast vergessen, meinen Lottoschein abzugeben. Wir sind jetzt keine Millionäre.
4. Ich weiß es nicht. Ich sage es nicht.
5. Er mußte geschäftlich weg. Er konnte nicht an der Besprechung teilnehmen.
6. Ich habe nicht viel Zeit. Ich bleibe nicht lange.
7. Das ist nicht so einfach, wie du sagst. Wir tun es nicht.
8. Du hast gesagt, du bist um zehn Uhr wieder hier. Ich habe mir große Sorgen gemacht.
9. Wir haben ihm nicht die Wahrheit gesagt. Er hat es geglaubt.
10. Du trinkst am Abend immer so viel. Du hast morgens so fürchterliche Kopfschmerzen.

10 *Wenn*-clauses (see *Hammer* 16.3)

Make the following open conditions in the indicative into conditional sentences using

a. a simple or compound form of *Konjunktiv II*
b. the pluperfect subjunctive.

e.g. Wenn ich Zeit habe, komme ich mit.
  a. Wenn ich Zeit *hätte, käme* ich *mit, (OR ..., würde* ich *mitkommen).*
  b. Wenn ich Zeit *gehabt hätte, wäre* ich *mitgekommen.*

1. Wenn ich es weiß, sage ich es dir.
2. Wenn du ihn anrufst, erfährst du es.
3. Wenn ich Geld habe, kann ich ins Kino gehen.
4. Wenn das Wetter schön ist, gehe ich schwimmen.
5. Wenn du mich liebst, dann schenkst du mir einen Mercedes.
6. Wenn wir das teure Auto kaufen, haben wir kein Geld mehr für einen Urlaub.
7. Wenn du ihr öfter schreibst, freut sie sich sicher.

11 Conditional sentences without *wenn*
(see *Hammer* 16.3.3a – 16.3.3b)

a. Make the open conditions in the previous exercise (**10**) into conditional sentences using a simple or compound form of *Konjunktur II* without *wenn* and inserting *so* or *dann*.
b. Make the open conditions in the previous exercise (**10**) into conditional sentences using the pluperfect subjunctive without *wenn* and inserting either *so* or *dann*.

e.g. Wenn ich Zeit habe, komme ich mit.
  a. Hätte ich Zeit, so *käme* ich mit (OR dann *würde* ich *mitkommen).*
  b. Hätte ich Zeit *gehabt,* so *wäre* ich *mitgekommen.*

12 *es sei denn, (daß)* (see *Hammer* 16.3.3d.iv)

Rewrite the following sentences replacing the *wenn*-clause with an *es sei denn, (daß)* ... construction. Remember that, unlike *wenn* ... *nicht* and English 'unless', *es sei denn, (daß)* ... is not used at the start of a sentence.

e.g. Wenn er nicht bald kommt, wird es zu spät sein.
   Es wird zu spät sein, es sei denn, er kommt bald.
   Es wird zu spät sein, es sei denn, daß er bald kommt.

1. Wenn du nicht bald gehst, verpaßt du den Zug.
2. Ich werde ihn nicht grüßen, wenn er mich nicht zuerst grüßt.
3. Wenn wir nicht bald anfangen umzudenken, wird eine weltweite Umweltkatastrophe nicht mehr aufzuhalten sein.
4. Wenn es dir morgen nicht besser geht, müssen wir zum Arzt gehen.
5. Wenn du mir kein Geld leihst, kann ich leider nicht mit ins Kino gehen.
6. Wenn Sie die Bücher nicht bis Montag zurückgeben, erheben wir eine Strafgebühr.
7. Wenn du keine Lust hast mitzukommen, gehe ich allein in das Konzert.

13 The subjunctive in 'as if' clauses (see *Hammer* 16.4.1)

For each of the following write three sentences using

a. *als* + subjunctive (formal)
b. *als ob* + subjunctive (all registers, especially formal)
c. *als ob* + indicative (informal, colloquial)

as in the example given. Decide also whether to use *Konjunktiv I*, *Konjunktiv II* or the *würde*-form + infinitive.

e.g. Er sieht aus, [er / krank sein]
   a. Er sieht aus, *als sei/wäre er krank.*
   b. Er sieht aus, *als ob er krank sei/wäre.*
   c. Er sieht aus, *als ob er krank ist.*

1. Du benimmst dich, [er / ein Fremder sein]
2. Tu doch nicht so, [du / das gewußt haben]
3. Es ist nicht so, [ich / dich nicht gewarnt haben]
4. Männer tun oft so, [Frauen / nicht Auto fahren können]
5. Er gibt sein Geld aus, [er / Berge davon haben]
6. Es kommt mir vor, [du / nicht sehr viel arbeiten]
7. Sie sieht nicht so aus, [sie / so etwas tun]
8. Du stellst dich an, [du / das zum ersten Mal machen]
9. Es scheint mir, [ich / nie im Urlaub gewesen sein]

14 The use of *Konjunktiv II* in wishes (see *Hammer* 16.4.6b)

Rewrite the following sentences making them into a clause expressing a wish. Use *Konjunktiv II* with or without *wenn*, and insert the modal particles *doch nur* or *doch bloß* (these are interchangeable).

e.g. Er ist nicht gekommen.
Wenn er doch nur gekommen wäre!
Wäre er doch bloß gekommen!

1. Ich habe mich auf dich verlassen.
2. Er hat nie Zeit für mich.
3. Sie hat sich die Haare kurz schneiden lassen.
4. Ich habe auf dich gehört.
5. Wir müssen immer so lange warten.
6. Ich habe das nicht früher gewußt.
7. Man hat sich seine Eltern nicht aussuchen können.
8. Er ist so egoistisch und denkt immer nur an sich.
9. Er ist noch nicht hier.

15   The use of *Konjunktiv II* to moderate the tone
(see *Hammer* 16.4.3 and 10)

Rewrite the following sentences using *Konjunktiv II* and the modal particle in brackets to make the assertion, statement, request or question sound less blunt.

e.g.   Diese Sache haben wir geregelt. [also]
   Diese Sache hätten wir also geregelt.

1.   Ich weiß, was zu tun wäre. [schon]
2.   Können Sie mir sagen, wieviel Uhr es ist? [vielleicht]
3.   Du mußt jetzt in die Stadt. [doch eigentlich]
4.   Darf ich das Fenster öffnen? [vielleicht]
5.   Wir brauchen mehr Geld. [einfach]
6.   Es ist uns lieber, wenn Sie erst morgen kommen. [ja eigentlich]
7.   Haben Sie sonst noch eine Frage? [denn]
8.   Sollen wir nicht lieber nach Amerika fahren? [vielleicht]

16   Other uses of the subjunctive   (see *Hammer* 16.4)

Translate into German.

1.   How about giving him a hand?
2.   It looks as if it could start raining any minute.
3.   I must have that picture, whatever the cost.
4.   If you should see him, let him know.
5.   Long live democracy!
6.   If ever I were to find myself in that situation I would certainly hand in my resignation.
7.   Whoever he may be, there is nothing I can do for him.
8.   He may be ever so intelligent, but he is not suitable for this post.
9.   Every remark, however trivial, should be taken seriously.
10.   May they never regret it!
11.   That's done!
12.   If only I had never bought this house!
13.   In case of emergency apply to the caretaker.
14.   Cheers! And may you live happily and remain in good health for many more years to come!

17 The subjunctive mood (see *Hammer* 16) ☺☺☺

PROJECT: It has often been said that the use of the subjunctive in German has changed markedly over the last two hundred years. You can check whether this claim is true by taking a passage from a nineteenth-century novel with at least 25 occurrences of the subjunctive.

• Can you find any contexts in which the subjunctive would not be used in modern written German?

18 The subjunctive mood (see *Hammer* 16) ☺☺☺

PROJECT: When is *Konjunktiv II* actually used in modern German? Take a passage from a modern novel, or five shorter articles from a newspaper (or from two newspapers, a 'popular' and a 'serious' one), and collect at least 50 occurrences of *Konjunktiv II*.

• Which of the usages given in chapter 16 of *Hammer* is the most frequent?
• How common are *würde*-forms compared to one-word forms like *müßte, hätte* or *ginge*?
• Did you find any instances of the less frequent one-word forms (see *Hammer* 12.5.4d and 12.6)?

17

The modal auxiliaries

Wenn aber man kann nicht meinem Rede verstehen, so werde ich ihm später dasselbe übersetz, wenn er solche Dienst verlangen wollen haben werden sollen sein hätte. (Mark Twain)

1 Tenses and mood forms of modal verbs
(see *Hammer* 17.1.1 and 12.2.3)

Rewrite the following sentences in the tense indicated in brackets.

1. Ich kann leider nicht kommen. (future)
2. Er will nicht zu seiner Großmutter. (perfect)
3. Meine Freundin mag keine Pilze. (past)
4. Du kannst es schaffen. (past subjunctive)
5. Nur ein Arzt darf die Operation ausführen. (pluperfect)
6. Das sollst du nicht tun. (pluperfect subjunctive)
7. Du mußt darauf verzichten. (future)
8. Darf ich dich bitten, etwas leiser zu sprechen? (past subjunctive)
9. Ich muß ihr versprechen, so etwas nie wieder zu tun. (perfect)
10. Das Ausbildungssystem muß verbessert werden. (future)
11. Ich will das nicht. (perfect)
12. Er muß damit rechnen, erwischt zu werden. (past)
13. Ich kann dir besser behilflich sein, wenn ich nicht zu Hause bleiben muß. (pluperfect subjunctive)
14. Du sollst dich doch nicht auf die kalten Steine setzen. (past)
15. Der Hund will doch nur gestreichelt werden. (perfect)
16. Das muß man ihm mal ganz deutlich sagen. (past subjunctive)
17. Er will Lokomotivführer werden. (pluperfect)

2 Modal verbs in subordinate clauses
(see *Hammer* 17.1.2 and 21.1.3)

Make the following sentences into subordinate clauses.

1. Er wird sich erst einmal ausruhen wollen. Ich glaube, daß . . .
2. Ich hätte es ihm schon viel früher sagen müssen. Heute weiß ich, daß . . .

3. Ich habe meinen Wagen reparieren lassen müssen. Ich habe kein Geld mehr, weil . . .
4. Das habe ich nicht gewollt. Wie oft soll ich dir noch sagen, daß . . .
5. Die Sache mußte ja schiefgehen. Es war völlig klar, daß . . .
6. Die Autobahn hätte schon viel früher fertiggestellt werden sollen. Die Autofahrer meinen, daß . . .
7. Er hätte fünf Fremdsprachen können müssen. Er hat die Stelle nicht bekommen, weil . . .
8. Du hast nicht mit mir essen gehen wollen. Es hat mich sehr gekränkt, daß . . .
9. Einen Gast sollte man nicht warten lassen. Es versteht sich von selbst, daß . . .

3 Compound tenses of modal verbs in subordinate clauses (see *Hammer* 17.1.2)

Rewrite the following sentences in the perfect tense and make them into subordinate clauses.

e.g. Er wollte ihm schaden. Ich glaube nicht . . .
Er hat ihm schaden wollen. Ich glaube nicht, daß er ihm hat schaden wollen.

1. Er mußte zuerst gerufen werden. Ich habe dir doch gesagt, daß . . .
2. Der Plan konnte nicht eingehalten werden. Es war klar, daß . . .
3. Er mußte geschäftlich nach Rom fliegen. Er kann leider nicht an der Besprechung teilnehmen, weil . . .
4. Ich konnte es einfach nicht tun. Du mußt doch verstehen, daß . . .
5. Man konnte den Unfall nicht verhindern. Ich bin sicher, daß . . .
6. Die Straße sollte schon letztes Jahr gebaut werden. Bisher ist noch nicht viel geschehen, obwohl . . .
7. Nicht alle Leute durften mitfahren. Es war schade, daß . . .
8. Ich wollte mit dir ins Kino gehen. Ich habe versucht, dich anzurufen, weil . . .

4   The omission of the infinitive after the modal verbs
(see *Hammer* 17.1.4)

In which sentences can the infinitive dependent on the modal verb
be omitted?

1. Ich muß nächste Woche geschäftlich nach Rom fahren. Der Chef
   läßt fragen, ob du mitkommen willst.
2. Ich bin überrascht, daß er um diese Zeit noch in die Disko gehen
   darf.
3. Ich soll nicht mit dir sprechen. Deshalb darf ich auch nicht mit dir
   ins Kino gehen.
4. Ich würde gerne mit dir ins Konzert gehen, aber an dem Tag kann
   ich leider nicht mitgehen.
5. Darf ich mir ein Taxi nehmen, oder muß ich mit dem Bus fahren?
6. Mein Mann kann viel besser Französisch sprechen als ich.
7. Darf ich mal bitte hier vorbeigehen?
8. Ich wüßte nicht, was ich dort tun sollte.
9. Ich konnte nichts anderes tun als zuzustimmen, auch wenn ich das
   eigentlich gar nicht tun wollte.
10. Du kannst mich mal anrufen.

5   *Dürfen*   (see *Hammer* 17.2)

Rewrite the following sentences using either *können*, *sollen* or *werden*
instead of *dürfen*, depending on which is closest in meaning.

1. Wir hätten ihn nicht ins Haus lassen dürfen.
2. Er dürfte den Termin vergessen haben, sonst wäre er doch bestimmt
   schon hier.
3. Darf ich Sie fragen, wie alt Sie sind?
4. Das war ein Fehler. Er hätte sie nicht besuchen dürfen.
5. Ein Funke aus einem im Keller aufgestellten Kühlschrank dürfte die
   Explosion ausgelöst haben.
6. Der Schaden läßt sich kaum schätzen, dürfte jedoch nicht gering
   sein.
7. Mama, darf ich in den Garten gehen?
8. Du darfst die Tiere nicht quälen.
9. Das darf doch nicht wahr sein, daß wir ausgerechnet den Nachbarn
   hier treffen!
10. Das dürfte das letzte Mal gewesen sein, daß wir euch vor eurer
    Abreise sehen.

6 Können, kennen or *wissen*? (see *Hammer* 17.3.4)

Insert an appropriate form of *können, kennen* or *wissen*.

1. _____ du ihren neuesten Hit?
2. _____ ihr eigentlich Englisch?
3. _____ er schon, daß wir übermorgen kommen?
4. Natürlich _____ mein Sohn Ski fahren.
5. Selbstverständlich _____ ich, wie man Autos repariert.
6. Klar _____ wir das Restaurant.
7. Er _____ viel mehr über Rußland als ich.
8. Wir _____ Amerika kaum.
9. Sag's ihm nicht – er soll nichts davon _____.
10. Mona _____ die Sonate auf dem Klavier auswendig.

7 Sollen (see *Hammer* 17.6)

Work out what each of the following sentences conveys:
a. an obligation **b**. an intention **c**. that something was destined to happen **d**. a rumour or report **e**. a condition, equivalent to 'if ...'

1. Wo sollen wir dieses Jahr Urlaub machen?
2. Dieses Thema sollte ihn bis ans Ende seines Lebens beschäftigen.
3. Manfred soll uns in die Stadt bringen.
4. Sollte ich heute keine Zeit haben, den Brief zu schreiben, rufe ich sie einfach an.
5. Er sagt, du sollst jetzt endlich kommen.
6. Leider sollte es nicht sein.
7. Sollen wir heute das Haus putzen?
8. Es soll heute regnen.
9. Er soll gesagt haben, daß er mich nicht mehr liebt. So ein Schwein!
10. Und das soll komisch sein? Das finde ich wirklich nicht.
11. Wenn du sie treffen solltest, sag ihnen bitte Bescheid, daß der Film um acht anfängt.
12. Wir sollen angeblich eine Gehaltserhöhung bekommen.
13. Sollte es schneien, bleiben wir lieber zu Hause.

8 The use of the modal auxiliaries (see *Hammer* 17.2 – 17.7)

Fill in the gaps using the correct modal verb.

1. Du _____ erst wieder aufstehen, wenn der Arzt es dir erlaubt.
2. Du _____ Vater und Mutter ehren.
3. Wenn Ihnen ein Vorgesetzter einen Befehl gibt, dann _____ Sie diesen auch ausführen.
4. Mein Mann _____ den Mord nicht begangen haben. Er war die ganze Nacht mit mir zusammen.
5. Es tut mir leid, daß ich so spät komme. Ich _____ heute leider etwas länger arbeiten.
6. Er _____ ein persönlicher Freund von Prinz Charles sein, aber wir wissen ja alle, daß er gern angibt.
7. Seit 20 Jahren erzählt mein Vater dieselben Witze. Ich _____ sie wirklich nicht mehr hören.
8. _____ du noch ein Stückchen Kuchen? – Ich _____ schon, aber ich _____ nicht. Der Arzt hat mir zuviel Süßes verboten.
9. Er _____ nichts dafür, daß die Vase kaputt ist. Sie ist ihm einfach aus der Hand gerutscht.

9 The use of the modal auxiliaries (see *Hammer* 17.2 – 17.7)

Find alternatives for the expressions in italics using a modal verb and adapting the rest of the sentence accordingly.

e.g. *Es ist notwendig*, daß du kommst.
    Du mußt kommen.

1. Ich *hatte* leider noch nicht *die Möglichkeit*, mit ihm zu sprechen.
2. *Es ist nicht nötig*, daß du mir hilfst.
3. Er sieht aus, als ob er nicht *in der Lage ist*, bis drei zu zählen.
4. Ich glaube, *es wäre angebracht*, ihn jetzt in Ruhe zu lassen.
5. *Er behauptet*, er habe der Königin die Hand geschüttelt.
6. *Man sagt*, er sei ein kluger Kopf.
7. Für die Zukunft *ist geplant*, daß der Umweltschutz besser subventioniert wird.
8. Ich *hatte keine Lust*, den ganzen Abend mit ihm zu verbringen.
9. *Es ist* niemandem *erlaubt*, mit dem Präsidenten zu sprechen.
10. Für einen Außenstehenden *war es vielleicht* eine Kleinigkeit, aber nicht für mich.

10   The meanings of the modal auxiliaries (see *Hammer* 17)

Most of the combinations of the German modal auxiliaries in a particular tense with a following infinitive have a basic alternative in English. Give the German equivalents for the following sentences.

1. Can I play at Angela's house?
2. She was allowed to play at Angela's house.
3. You must help her.
4. You mustn't help her.
5. She ought to have consulted the headmaster.
6. He ought not to have broken that window.
7. That's probably her sister.
8. She can swim quite well.
9. She may still come.
10. I may not be able to come.
11. She couldn't do that yesterday.
12. She might die.
13. She might have died.
14. We'll have to help your mother.
15. We don't have to help her.
16. She must have phoned while I was out.
17. She can't have phoned while I was out.
18. The key ought to be in the bottom drawer.
19. She ought not to tell your mother.
20. He's supposed to pick her up from the station at six.
21. I want you to open the window.
22. It won't happen again.
23. We ought to tell your sister.
24. We ought not to have told your sister.
25. She ought not to know that at all.
26. I don't want to work on the railways.
27. I wish I'd stayed at home.
28. That needs thinking about carefully.
29. She's said to have arrived yesterday.
30. She claims to have arrived yesterday.
31. I was going to offer him a job.
32. Shall we look at the cathedral today?

11   The meanings of the modal auxiliaries (see *Hammer* 17)

Give English equivalents for the following pairs of sentences, making sure that the difference in meaning is quite clear.

1. Sie konnte eine Aufnahme machen. – Sie könnte eine Aufnahme machen.
2. Er darf nicht im Garten arbeiten. – Er muß nicht im Garten arbeiten.
3. Sie kann den Wagen nicht gesehen haben. – Sie kann den Wagen auch *nicht* gesehen haben.
4. Ich werde ihr helfen. – Ich will ihr helfen.
5. Sie muß jetzt nach Hause gehen – Sie soll jetzt nach Hause gehen.
6. Er sollte heute in Stuttgart sein. – Er müßte heute in Stuttgart sein.
7. Sie könnte ihm aber geschrieben haben. – Sie hätte ihm aber schreiben können.
8. Er will mich gesehen haben. – Er soll mich gesehen haben.
9. Ich kann es sofort tun. – Ich könnte es sofort tun.
10. Ich mußte eigentlich schon um sieben fahren. – Ich müßte eigentlich schon um sieben fahren.
11. Sie kann es gemacht haben. – Sie hat es machen können.
12. Ich mag diesen Kaffee nicht. – Ich möchte diesen Kaffee nicht.
13. Das dürfte meine Schwester gewesen sein. – Das könnte meine Schwester gewesen sein.

12   The modal auxiliaries (see *Hammer* 17)

Complete the caption.

„Ich _____ den Scheck der Versicherung für unfallfreies Fahren doch besser zu Fuß einlösen _____."

Unverhofft kommt oft (Gesamtverband der Deutschen Versicherungswirtschaft e.V., Köln, 1986), S. 43

13 The modal auxiliaries (see *Hammer* 17) ☻☻☻

PROJECT: The German modals are often presented with the following English equivalences:

dürfen	*können*	*mögen*	*müssen*	*sollen*	*wollen*
'may'	'can'	'like'	'must'	'shall'	'will'

Take a longer passage (you will need at least 2500 words) from a modern play or novel, collecting the occurrences of each of the modal auxiliaries.

- Compare each occurrence of a modal auxiliary with your own idiomatic English equivalents, in order to estimate how useful these equivalences are.

18

Verbs: valency

1 Valency, complements and sentence patterns
(see *Hammer* 18.1) 😐😐😐

Read the following extract from a newspaper article about mountain bikes and see if you can identify the essential elements demanded by each of the verbs listed below.

Subject + verb + accusative object
1. haben 2. können 3. bedanken 4. reiten 5. haben
6. meinen 7. erweitern 8. erreichen

Subject + verb + prepositional object
9. abfahren

Subject + verb + predicate complement
10. sein 11. sein 12. heißen 13. sein

For example, the **verb** *haben* requires a **subject** and an **accusative object**, so here is the answer to (1):

Sie + haben + Glühbirnen

> Sind Sie ein Beiker? Nein? Dann waren Sie vermutlich auch kein Dschogger und kein Sörfer und kein Paragleider. Sie haben wahrscheinlich noch Glühbirnen in Ihrer Wohnung. Mega-out! Sie können vermutlich nicht einmal richtig Englisch. Mountainbike-Piloten dagegen würden sich schön bedanken, wenn ihr Fahrzeug noch *Habsburg* hieße oder *Bauer*: sie reiten ein *Checker Pig* oder ein *Mountain Goat*. Schwein und Geiß haben mindestens 18 Gänge, eine Upside-down-Teleskopgabel und die Aerospace Rahmendämpfung, dazu ist der Radhelm „Airtech" ebenso unerläßlich wie der Handschuh mit eingebauter Stoppuhr. Sogar der Alpenverein ist schon auf die plumpen Dinger abgefahren, ein Funktionär meinte begeistert: „Wir erweitern damit den Lebensraum der Leute." Wie wahr: Die ersten Biker haben bereits den Nordpol erreicht.
>
> *Süddeutsche Zeitung*, 11.6.1991

2   Impersonal *es* (see *Hammer* 18.2.2 – 18.2.4)

Decide in which instances you could leave out the impersonal subject *es*. Rearrange the word order in those instances.

Es gefällt mir eigentlich ganz gut in England, aber *es* graut mir immer vor dem Wetter, besonders im Winter, wenn *es* viel regnet. Dann kommt *es* darauf an, sich warm anzuziehen. *Es* wundert mich, daß *es* so wenigen Leuten trotz des naßkalten Wetters wirklich kalt zu sein scheint. Mich friert *es* immer sehr, und bei solchem Wetter hält *es* mich nicht mehr in England. Ich fahre dann immer nach Spanien, wo *es* sich besser lebt.

3   Impersonal verbs (see *Hammer* 18.2.4)

Construct sentences from the following words. All the verbs are impersonal (i.e. used with the impersonal subject *es*), and the nouns and pronouns given will need to be in the appropriate case.

e.g.   geschehen / sie / recht
Es geschah ihr recht

1.   mein Vater / sein / kalt / auf dem Deck
2.   nach angebranntem Fleisch / dort / riechen
3.   sich handeln um / ein zwei Jahre alter Porsche
4.   wie / stehen / mit deinem Onkel?
5.   er / gefallen / in Amsterdam
6.   bedürfen / nur / ein einziges Wort
7.   ankommen auf / dein Gesundheitszustand
8.   ich / nicht / sollen / liegen an
9.   in dem Betrieb / kommen zu / weitere Entlassungen
10.   oben auf dem Turm / werden / schwindlig / meine Mutter
11.   bei dem Anblick / überlaufen / kalt / er
12.   hier / sich lassen / gut / leben
13.   neben der Tür / ziehen
14.   blitzen / hinter dem Berg
15.   sein / du / nicht / zu warm / in dem dicken Pullover?
16.   fehlen an / ich / die notwendige Geduld

4   Equivalents for English 'there is/are' (see *Hammer* 18.2.5)

Decide whether to use *es ist/sind*, *es gibt* or only *ist/sind*.

1. In Irland _____ keine Schlangen.
2. Bei den Bombenangriffen _____ über 40 000 Tote. _____ hauptsächlich Frauen und Kinder. (use past)
3. Was _____ heute zum Mittagessen?
4. _____ ein Telex für Sie auf dem Schreibtisch.
5. Bei jedem Feuer _____ eine Rauchentwicklung.
6. _____ nur noch drei Blätter am Baum.
7. Die Maschine mußte umgeleitet werden, weil ____ in München Nebel ____ .
8. _____ nichts, was mich hier hält.
9. Morgen _____ bestimmt wieder ein Gewitter.
10. Gestern _____ so viel Nebel, daß man die Hand vor den Augen nicht sehen konnte.
11. _____ heute Probe oder morgen?
12. Hier im Kurpark _____ regelmäßig Konzert.

5   Transitive and intransitive verbs (see *Hammer* 18.3.5)

Translate into German.

1a. The water level has dropped by about five inches.
1b. Mind you don't drop the knife on your foot.
2a. You would have drowned if I hadn't rescued you.
2b. In the Middle Ages witches were drowned or burnt at the stake.
3. Nothing will change if we don't change it ourselves.
4a. Your flowers are growing well. You should consider growing vegetables as well.
4b. Are you trying to grow a beard?
5a. Can you answer that question?
5b. I want you to answer when I ask you a question.
6. She felt the knife in her hand, which made her feel much safer.
7a. Wood burns quite easily.
7b. Instead of burning our rubbish we should start recycling it.
7c. I've burnt my finger.
7d. She's burnt the dinner again.
7e. The house is on fire!
8a. My son failed his exams.
8b. His teacher tells me they had to fail him.

9a.　I never open the front door when I am alone in the house.
9b.　The window won't open.
9c.　Open, Sesame!
10a.　We had to sell the caravan.
10b.　The new product is not selling very well.

6　Verbs governing a dative and an accusative object
(see *Hammer* 18.4.2)

Form a sensible sentence with each set of nouns or pronouns, using an appropriate tense and word order.

e.g.　ERZÄHLEN – ich / das / du / schon gestern
　　　Das habe ich dir schon gestern erzählt.

　1.　SAGEN – Frau Möller / Sie / die Wahrheit
　2.　GEBEN – der Kellner / die Gäste / die Speisekarte
　3.　ERLAUBEN – der Arzt / der Patient / ein kleiner Spaziergang
　4.　LEIHEN – Patrizia / du / das Buch über Gorillas / sicher
　5.　MITTEILEN – der Lehrer / der Schüler / seine Noten in Chemie
　6.　VERSCHWEIGEN – er / ich / die Wahrheit
　7.　VERKAUFEN – wir / sie / unser alter Schrank
　8.　ZEIGEN – Marlene / er / ihre Kupferstiche / ganz bestimmt nicht
　9.　SCHENKEN – unsere Großeltern / wir / ein Fernglas / vielleicht
　10.　ANBIETEN – die Hoechst AG / sie / eine Stelle / endlich
　11.　GLAUBEN – die meisten Leute / Politiker / kein Wort
　12.　ANMERKEN – er / ich / mein Ärger / nicht
　13.　EMPFEHLEN – der Willi / wir / dieser Sekt / gestern abend
　14.　ZUTRAUEN – mein Chef / mein Kollege, Herr Saar / der Erfolg / kaum
　15.　ZURÜCKSCHICKEN – Sie / die Firma / der fehlerhafte Artikel / am besten

7 Reflexive verbs (see *Hammer* 18.3.6 and 18.4.3)

Construct proper sentences from the following, deciding whether the reflexive pronoun of the verb in brackets should be in the accusative or dative case.

1. Wenn ich spazierengehe, ich [sich setzen] immer auf dieselbe Bank und [sich ausruhen].
2. Ich [sich Vorwürfe machen], daß ich [sich gekümmert haben] nicht früher um die Sache.
3. Ich glaube, du [sich vorstellen] die Sache zu einfach.
4. Ich glaube, ich [sich vorgestellt haben] noch nicht. Röder mein Name.
5. Ich [sich trauen] nicht, es ihm zu sagen.
6. Du mußt [sich bedanken] bei ihm unbedingt für das Geschenk.
7. Ich glaube, du [sich erkältet haben]. Paß auf, daß du [sich zuziehen] nicht noch eine Lungenentzündung.
8. Ich [sich verletzen] ziemlich oft. Ich [sich verletzt haben] erst gestern beim Kartoffelnschälen den Finger.
9. Ich kann [sich erklären] nicht, warum du [sich benehmen] immer so schlecht.
10. Wann du [sich scheiden lassen]?
11. Und ich [sich eingebildet haben], daß du [sich verliebt haben] in mich. Ich [sich getäuscht haben] in dir.
12. Ich [sich verbitten], daß du [sich lustig machen] über meine Eltern.
13. Kannst du [sich erinnern] an ihn?
14. Du bist groß genug, [sich waschen] selber und [sich putzen] die Zähne.
15. Ich [sich aufregen] immer fürchterlich, wenn ich [sich verfahren] mit dem Auto.

8 Verbs with dative objects (see *Hammer* 18.4)

Form sentences from the following verbs and nouns, adding pronouns, articles and/or prepositions where necessary.

e.g. verkaufen, er, ich, sein alter Opel
   Er verkaufte mir seinen alten Opel.

1. anbieten, Firma, ich, eine Stelle
2. antworten, ich, Junge, Frage
3. begegnen, sie, ein älterer Herr
4. empfehlen, ich, du, dieser Film, sehr, können

5. geben, er, sein Freund, Buch
6. danken, ich, Sie, Mühe
7. drohen, er, der kleine Junge, ein Stock
8. mitteilen, ich, Sie, meine neue Adresse
9. gehören, dieser Wagen, du, doch nicht
10. gratulieren, sie, wollen, ihre Freundin, Geburtstag
11. kaufen, sie, möchte, ihre Mutter, Blumen
12. leihen, mein Bruder, sie, sein Fahrrad
13. nutzen, das, sie, doch, gar, nichts
14. verweigern, ich, können, du, diese Bitte, nicht
15. gehorchen, die Angestellten, ihre Vorgesetzten, immer

9   Objects and cases (see *Hammer* 18.3 – 18.5)

Use the correct case for the objects in brackets.

1. Da fiel [ich] _____ wieder ein, daß er [ich, ein Lügner] _____
   _____ genannt hatte.
2. Ich habe [er] _____ noch nie vorher getroffen, aber ausgerechnet
   gestern mußte ich [er] _____ begegnen, obwohl ich [er] _____
   eigentlich ausweichen wollte.
3. An diesem Tag wollen wir [die Toten] _____
   gedenken und [die Regierung] _____ daran erinnern,
   daß man sich auch [die Hinterbliebenen] _____
   annehmen muß.
4. Er schuldet [alle möglichen Leute, ein Haufen Geld]
   _____ _____. Seine Tendenz, sich
   überall [ein höherer Betrag] _____ zu leihen und
   [das Geld] _____ dann nicht zurückzuzahlen, wird
   [er] _____ irgendwann noch mal [sein Job] _____
   kosten.
5. Er hat [ich] _____ damals [mein gesamtes Vermögen]
   _____ beraubt. Da ich [er, dieser Schritt] _____
   _____ nie verziehen habe, würdige ich [er, kein Blick]
   _____ _____, wenn ich [er] _____ sehe.
6. Ich würde [Sie] _____ dringend vom Rauchen abraten. Rauchen
   schadet nicht nur [die Lunge] _____, sondern auch
   [das Herz] _____. Im Moment erfreuen Sie sich zwar
   noch [beste Gesundheit] _____ , das wird
   sich jedoch bald ändern, wenn Sie [die Versuchung]

_____ nachgeben. Sie werden sich noch einmal [meine Worte] _____ erinnern und [ich] _____ dafür danken.

7. [Dieser Blödsinn] _____ glaube ich [du] _____ nicht.

8. Goethe zu Schiller: „Herr Schiller, leihen Sie mir doch mal flugs [Ihr Gänsekiel] _____. Ich merke gerade, meine ‚Iphigenie' entbehrt noch [die Unverständlichkeit] _____." (Humoreske von Heinz Erhardt)

10 Prepositional objects (see *Hammer* 18.6)

Fill in the appropriate preposition to form a prepositional object.

1. Ihre Beförderung hängt ____ ihren Leistungen ab.
2. Ich beneide ihn sehr ____ sein schönes Haus.
3. Das Wasser schmeckt ____ Salz.
4. Ich muß mich doch sehr ____ dich wundern. Ich war immer ____ deinen Fähigkeiten überzeugt, aber langsam zweifle ich ____ der Richtigkeit dieser Meinung.
5. Hast du Angst ____ Spinnen? Nein, ich ekle mich nur ____ ihnen.
6. Gewalt führt immer ____ Gegengewalt.
7. Bei Dunkelheit orientiert man sich am besten ____ den Katzenaugen.
8. Ich beziehe mich mit diesem Brief ____ Ihr Schreiben vom 25.5. und hoffe ____ baldige Antwort von Ihnen.
9. Wie ich ____ Ihren Unterlagen ersehe, hatten Sie sich zuerst ____ einer Karriere in der Textilbranche entschlossen. Was hat Sie nun ____ dem Schritt veranlaßt, sich ____ einen völlig anderen Beruf zu entscheiden und sich ____ diese Stelle zu bewerben?
10. Mein Sohn hat sich schon früh ____ Mathematik spezialisiert, was meiner Ansicht nach eindeutig ____ den Einfluß meines Mannes zurückzuführen ist.
11. Ich möchte mich in meinen Ausführungen nur ____ das Wesentliche beschränken.
12. Um noch einmal ____ Ihren Punkt von vorhin zurückzukommen: ich zweifle nicht ____ der Richtigkeit Ihrer Theorie. Nur ____ der Art und Weise, wie Sie sich ____ der Umsetzung in die Praxis verhalten, bin ich nicht einverstanden.
13. Die Tatsache, daß er sich ____ diesem Verbrechen hat überreden lassen, berechtigt Sie noch lange nicht ____ einem vorschnellen Urteil über ihn.

11   **Prepositional objects**   (see *Hammer* 18.6)

These sentences from the computer magazine *PC Praxis* (July 1992) have been split into two parts. Identify the main verb in the numbered section of each sentence, and then complete it with its prepositional object taken from (a) - (o). Check a dictionary to see which preposition goes with a verb, and take sense and case into account.

1. Das Finanzbuchhaltungsprogramm basiert
2. Alle suchen
3. Wenn man das Riesenpaket ausgepackt hat, besteht das Programm
4. Deutliche Preissenkungen resultieren
5. Viele Käufer verzichten
6. Mit DataBridge 4.0 wendet sich die combit GmbH aus Konstanz
7. Der Drucker verfügt
8. Grafikkarte *Paradise* ist standardmäßig ausgerüstet
9. Ansonsten gewöhnt man sich
10. Die Anweisung "AWENN PROGRAMM2" dient
11. Achten Sie
12. Ein schnelles CD-ROM-Laufwerk, eine gute Sound-Karte und eine komplette Ausstattung sorgen
13. Orientieren Sie sich hier
14. Der Monitor gehört
15. Es handelt sich bei dem Gerät

a. eher an den Angaben der verschiedenen Testberichte als an den Herstellerangaben.
b. nach Lösungen.
c. nicht um einen Multiscan-, sondern um einen Triscan-Monitor.
d. auf die Beratung vom Fachmann.
e. mit 1 MB VRAM.
f. dafür, daß man mit dem Cetera sofort ein multimediales Erfolgs-erlebnis hat.
g. aus der Verwendung abgespeckter Motherboards.
h. über fünf verschiedene Emulationen.
i. auf dem Prinzip der doppelten Buchführung.
j. darauf, daß Sie von Anfang an das nötige Zubehör erwerben!
k. an jene Anwender, die nicht unter Windows arbeiten.
l. dazu, den Text zu drucken.
m. zu den neuen Modellen aus der Brilliance-Serie.
n. an das Tastaturlayout eines Notebooks sehr schnell.
o. lediglich aus ein paar Disketten und einem dünnen Handbuch.

12   Prepositional objects (see *Hammer* 18.6)

Supply the correct prepositions and endings.

1. Ich vertraue ____ Ihr__ Sinn für Gerechtigkeit.
2. Sie leidet ____ Kreislaufstörungen.
3. Wir freuen uns sehr ____ Ihr__ Besuch. Also, bis bald.
4. Ich habe mich ____ dies__ Entwicklung auch nicht gerade gefreut.
5. Die Oma kann schon ____ d__ Kinder aufpassen.
6. Sie hat ihren Vater schon ____ Geld gebeten.
7. Nächste Woche können wir ____ d__ Reparatur beginnen.
8. In der Kneipe roch es ____ Tabaksqualm und abgestanden__ Bier.
9. ____ ein__ so billig__ Trick falle ich nicht rein.
10. Sie brauchen sich doch ____ Ihr__ Zukunft nicht zu sorgen.
11. Meine Mutter fürchtet sich schon ____ d__ Operation.
12. Die Schüler hatten sich ____ ein__ gemeinsam__ Fahrt entschlossen.
13. Er warnte sie ____ d__ giftig__ Spinnen in Australien.
14. In Los Angeles kann man nicht ____ ein__ Auto verzichten.
15. Der Patient ist in der Nacht ____ ein__ Lungenentzündung gestorben.
16. Viele interessieren sich ____ dies__ Fußballspiel.
17. Vor dem Bahnhof wartete Franz ____ ein__ Kollege__.
18. Wegen der Pässe müssen wir uns ____ d__ Polizei wenden.

13   Prepositional objects (see *Hammer* 18.6)

Some verbs can be followed by different prepositional objects, and this will affect their meaning. See if you can insert the appropriate preposition.

1a. Männer meinen häufig, daß Frauen nichts ____ Technik verstünden.
1b. Was versteht man ____ dem Begriff „Wasserscheide"?
1c. Die Araber verstehen sich ____ das Handeln.
1d. Ich verstehe mich nicht sehr gut ____ meinem Bruder.
2a. Wo____ handelt dein neues Buch?
2b. Mein Schwager handelt ____ Textilien.
3a. Ich freue mich immer am meisten ____ ein Buch.
3b. Nachdem ich heute so viel gearbeitet habe, freue ich mich ____ den Feierabend.
3c. Ich freue mich ____ dich, daß du endlich eine Stelle gefunden hast.

3d. Sich ____ anderen zu freuen ist die schönste Freude, denn geteilte Freude ist doppelte Freude.

3e. Das Schöne an ihm ist, daß er sich auch ____ Kleinigkeiten erfreuen kann.

4a. Wo____ denkst du gerade? Ich denke ____ das Leben nach.

4b. Ich hoffe, Sie denken jetzt nicht schlecht ____ mir.

5a. Meine Eltern haben da____ gesorgt, daß ich eine gute Ausbildung bekomme.

5b. Leute, die ____ kranke Verwandte sorgen, sollten finanziell besser unterstützt werden.

5c. Wo warst du denn so lange? Ich habe mich so ____ dich gesorgt.

6a. Wenn du weiter so fleißig arbeitest, wirst du es noch ____ (+def. art.) Professor bringen.

6b. Ich habe es einfach nicht ____ mich gebracht, es ihm zu sagen.

6c. Du bringst mich mit deinen ständigen Fragen noch ____ (+def. art.) Verzweiflung.

6d. Durch gutes Zureden hat sie ihn da____ gebracht, sein Abitur nachzuholen.

6e. Das Leben bringt Freude und Leid ____ sich.

6f. Diese unglückliche Liebe hat ihn fast ____ den Verstand gebracht.

7a. Ich bestehe ____ einer Entschuldigung.

7b. Meine neue Aufgabe besteht hauptsächlich da____ , den ganzen Tag Däumchen zu drehen.

7c. Papier besteht zum großen Teil ____ Holz.

8a. Er leidet immer noch sehr ____ dem Tod seiner Frau.

8b. In England leiden mehr Menschen ____ Herzkrankheiten als in Deutschland.

8c. Nicht nur die Kurden haben ____ Saddam Hussein zu leiden.

9a. Ich rechne nicht da____ , daß er noch kommt.

9b. Ich rechne einige der wichtigsten Leute in der Regierung ____ meinen Freunden.

10a. Zuerst wollte er keine Kinder, aber jetzt ist er ganz begeistert ____ seiner kleinen Tochter.

10b. Ich kann mich leider nicht ____ Tennis begeistern.

11a. ____ einem guten Geschäft bin ich immer interessiert.

11b. Am meisten interessiere ich mich ____ Tiere.

14   Accusative and prepositional objects
(see *Hammer* 18.3 and 18.6)

Form two sentences in response to each question, using the two
verbs given as well as the other words in brackets, and any
prepositions, prepositional adverbs, pronouns or articles that may
be necessary.

e.g.   Hat Erich an Herrn Richter geschrieben? Ja, _____
_____. [antworten/beantworten – sein Brief]
Ja, er hat auf seinen Brief geantwortet.
Ja, er hat seinen Brief beantwortet.

1. Hast du das Buch schon gekriegt? Nein, _____
_____. [warten/erwarten – noch].
2. Geht es in diesem Buch um Marlon Brando als Schauspieler oder
Marlon Brando als Privatmensch? Hauptsächlich _____
_____. [handeln/behandeln – private Skandale]
3. Mußtest du wegen dem neuen Exportauftrag zum Chef? Ja, er wollte
_____. [sprechen, besprechen]
4. Was macht dein Großvater denn so den ganzen Tag? Er _____
_____. [klagen/beklagen – sein Schicksal]
5. Wie fanden Sie den Vorschlag der Werbeagentur? Tja, ich kann
_____. [schlecht – urteilen, beurteilen]
6. Wie sind die Aussichten bei dem Patienten? Gut. Wir
_____. [hoffen, erhoffen
– eine schnelle Besserung seines Zustandes]
7. Was halten Sie von der ganzen Sache? Hm, ich muß _____
_____. [erst mal – nachdenken, überdenken]
8. Hat er das Turnier gewonnen? Ja, aber _____
_____. [kämpfen, sich erkämpfen – müssen – der Sieg]
9. Ist Marias Tante eigentlich noch da? Ja, leider. Maria _____
_____. [sich sehnen, ersehnen – der
Augenblick, wo sie endlich wieder abreist]
10. Ist das Manuskript für Stephans Buch jetzt fertig? Nein, er _____
_____. [arbeiten, bearbeiten – noch]

15   Prepositional objects (see *Hammer* 18.6)

Translate into German using a prepositional object.

1. I was very pleased with the travel voucher, and now I'm looking forward to the holiday abroad.
2. That depends entirely on your behaviour.
3. Before penicillin was discovered, soldiers often suffered from gangrene.
4. Have you ever thought of joining a karate club?
5. I'll have to think about it first.
6. What do you think of my plan?
7. I consider him a crook. What do do think?
8. I applied for the post but the interviewing panel were not interested in me.
9. She fell in love with him at first sight.
10. You can always rely on him doing the right thing.

16   The prepositional adverb used to anticipate a *daß*-clause (see *Hammer* 18.6.14)

Rewrite the prepositional object in the following sentences as a *daß*-clause anticipated by a prepositional adverb.

e.g. Er hat sich über die Ablehnung seines Antrags geärgert
   Er hat sich *darüber* geärgert, *daß sein Antrag abgelehnt wurde.*

1. Leider müssen wir mit bedeutenden Steuererhöhungen rechnen.
2. Die Gewerkschaftler protestierten gegen die Stillegung von zwanzig Zechen.
3. Seine Leistung bestand vor allem in der Sicherung eines langen Friedens.
4. Sie freuen sich sehr über die feste Zusage des Ministers.
5. Der Kanzler will nicht länger auf die Wiederaufnahme von diplomatischen Beziehungen warten.
6. Natürlich bestand der Richter auf der Vollstreckung des Urteils.
7. Elke hat ihm für seine Hilfe gedankt.
8. Sie hat sich über die Wahl dieses Kandidaten aufgeregt.

17 The valency of verbs (see *Hammer* 18) ☺☺☺

See if you can identify the valency of the verbs used in *Form und Stoff*, by finding the elements that go with each verb and referring to the sentence patterns listed in *Hammer* 18.1.4. Then insert the verbs against the patterns listed after the text.

Form und Stoff

Herr K. betrachtete ein Gemälde, das einigen Gegenständen eine sehr eigenwillige Form verlieh. Er sagte: „Einigen Künstlern geht es, wenn sie die Welt betrachten, wie vielen Philosophen. Bei der Bemühung um die Form geht der Stoff verloren. Ich arbeitete einmal bei einem Gärtner. Er händigte mir eine Gartenschere aus und hieß mich einen Lorbeerbaum beschneiden. Der Baum stand in einem Topf und wurde zu Festlichkeiten ausgeliehen. Dazu mußte er die Form einer Kugel haben. Ich begann sogleich mit dem Abschneiden der wilden Triebe, aber wie sehr ich mich auch mühte, die Kugelform zu erreichen, es wollte mir lange nicht gelingen. Einmal hatte ich auf der einen, einmal auf der andern Seite zu viel weggestutzt. Als es endlich eine Kugel geworden war, war die Kugel sehr klein. Der Gärtner sagte enttäuscht: ‚Gut, das ist die Kugel, aber wo ist der Lorbeer?' "

Bertolt Brecht, *Kalendergeschichten* (Rowohlt Verlag, Hamburg, 1953), S. 102-103

Insert the listed verbs against the appropriate sentence pattern:

betrachten, verleihen, sagen, verlorengehen, arbeiten, aushändigen, stehen, haben, beginnen, mühen, gelingen, wegstutzen, werden, sein.

Subject + verb:	1. _____ 2. _____
Subject + verb + accusative object:	3. _____ 4. _____
	5. _____ 6. _____
	7. _____
Subject + verb + dative object:	8. _____
Subject + verb + acc. object + dat. object:	9. _____ 10. _____
Subject + verb + prepositional object:	11. _____
Subject + verb + place complement:	12. _____
Subject + verb + predicate complement:	13. _____ 14. _____

Optional extra – see if you can work out:

15. the sentence pattern for *ausleihen*, which Brecht uses in the passive
16. how one might describe the pattern of *gehen* as used here.

18   The valency of verbs (see *Hammer* 18)

Analyse the elements that go with each of the verbs in the article from the music magazine *Bravo*, and then fill in the grid in order to identify the valency of each verb.

MARIUS MÜLLER-WESTERNHAGEN — ROCKTE BIS ZUM UMFALLEN!

Einfach irre, das Westernhagen-Konzert. Eines gleich vorweg: Die größte Schau sind seine Fans!

Bereits vor der Show ist die Stimmung bei den 51.000 im Frankfurter Waldstadion bei strahlendblauem Himmel und Sonnenschein super. Das Publikum ist buntgemischt: Teenager in MMW-Shirts, Mamas und Papas samt Kids, Studenten, Yuppies, Rocker.

Mit Sprechchören wie „Ma-ri-juss, Ma-ri-juss!" bringen sich die Leute in Fahrt — bis um 20 Uhr Marius, in weißer Hose und buntgemustertem Hemd, die Bühne stürmt. Ein gellendes „JaJaaaaa" hallt durch die Arena.

Marius sprintet über die Bühne, tänzelt zum Bühnenrand, hält das Mikro in die brodelnde Menge. MMW bewegt die Massen — und wie!

Bei Gassenhauern wie „Sexy", „Dicke" und „Freiheit" recken 51.000 ihre Arme in die Luft, klatschen und singen.

Marius hält inne und schüttelt ungläubig den Kopf, als könne er das alles nicht fassen: „Ihr seid der Wahnsinn", brüllt er. Auf sein Kommando setzt die Band wieder ein, und Marius rockt weiter bis zum Umfallen.

Was „Die Welt" im Dezember '89 schrieb, hat auch heute noch Gültigkeit: „Westernhagen ist ein Star, wie es ihn zur Zeit nicht noch einmal in Deutschland gibt!"

Alex Gernandt, Bravo, 17.6.1992, S. 4-5

Subject	Verb	Accusative object	Prepos. object/ Place/Dir. comp.	Predicate complement
	sind			
	ist			
	ist			
	bringen			
	stürmt			
	hallt			
	sprintet			
	tänzelt			
	hält			
	bewegt			
	recken			
	klatschen			
	singen			
	hält inne			
	schüttelt			
	(könne) fassen			
	seid			
	brüllt.			
	setzt ein			
	rockt weiter			

19 The valency of verbs (see *Hammer* 18) 😕😕😕

PROJECT: Take a passage of about 1000 words in a modern novel or a newspaper.

- Establish the relative frequency of the following sentence patterns given in *Hammer* 18.1.4:

a. Subject + verb
b. Subject + verb + accusative object
c. Subject + verb + dative object
d. Subject + verb + accusative object + dative object

- What proportion of clauses in the selected passage have these patterns?

19

Conjunctions

I heard lately of a worn and sorely tried American student who used to fly to a certain German word for relief – the only word in the whole language whose sound was sweet and precious to his ear and healing to his lacerated spirit. This was the word "Damit". (Mark Twain)

1 Coordinating conjunctions (see *Hammer* 19.1)

Fill in the gaps using the coordinating conjunctions *aber, allein, denn, sondern, und, oder, doch* or *jedoch* so that the sentences make sense.

1. Ich würde gern in Urlaub fahren, _____ ich würde mir gern ein neues Auto kaufen, beides kann ich mir _____ nicht leisten.
2. Möchtest du ins Theater gehen, _____ hast du eher Lust auf einen Film?
3. Peter wollte gern das Fußballspiel im Fernsehen sehen, _____ seine Mutter war damit nicht einverstanden, _____ sie wollte den Spielfilm auf dem anderen Kanal sehen.
4. Ich lebe nicht in Frankreich, _____ in der Schweiz, _____ für dich scheint es da ja keinen Unterschied zu geben.
5. Der Geist ist willig, _____ das Fleisch ist schwach. (*Bibel*)
6. Die Botschaft hör' ich wohl, _____ mir fehlt der Glaube. (Goethe, *Faust*)
7. Langsam _____ sicher verliere ich die Geduld mit dir.
8. Sie konnten nicht weiterfahren, _____ sie hatten den Zündschlüssel im Wagen steckenlassen und die Tür zugeschlagen.
9. Ich habe zwar nicht viel Geld bei mir, _____ für einen Kaffee reicht es gerade noch.
10. Er kommt nicht um fünf, _____ erst um sechs Uhr nach Hause.
11. Wir waren zwar schon oft in Ägypten, _____ auf einem Kamel sind wir noch nie geritten.

2 Conjunctions of time (see *Hammer* 19.2.1)

Decide whether to use *als, wenn* or *wann*.

1. Immer wieder, _____ ich an den Witz dachte, mußte ich lachen.
2. _____ du geboren wurdest, lag überall dicker Schnee.
3. Ich mußte mich eine halbe Stunde anstellen, und _____ ich endlich an der Reihe war, war die Salami ausverkauft.
4. Du stehst erst vom Tisch auf, _____ ich es dir erlaube.
5. Ich muß wissen, _____ ich das Essen fertig haben soll.
6. _____ gedenkst du eigentlich aufzustehen?
7. _____ meine Schwester krank war, war ein paar Tage später immer auch ich krank, _____ wir beide noch klein waren.
8. Weißt du, _____ er Geburtstag hat? _____ er Geburtstag hat, möchte ich ihn nämlich mit einem Geschenk überraschen.
9. Er freute sich immer sehr, _____ sie einen Nachmittag zusammen verbringen konnten.
10. Er war schon tot, _____ der Krankenwagen endlich ankam.
11. _____ es blitzte und donnerte, versteckte er sich immer unter der Bettdecke.
12. _____ ich das letzte Mal in Deutschland war, hatte ich wie immer viel zu wenig Zeit.

3 Causal conjunctions (see *Hammer* 19.1.2, 19.3.1 and 19.3.3)

Decide whether to use the conjunctions *denn, nämlich, weil, da* or *zumal*.

1. Vielleicht beeilst du dich ein bißchen; ich habe _____ keine Lust, ewig auf dich zu warten.
2. _____ er keine andere Möglichkeit sah, seine Spielschulden zu begleichen, mußte er das Haus verkaufen.
3. Ich muß zu Hause bleiben, _____ meine Tochter krank geworden ist.
4. Er kam zu spät zur Arbeit, _____ er verschlafen hatte.
5. Einkaufen gehen konnte sie auch nicht, _____ dazu hatte sie nicht genügend Geld mitgenommen.
6. Ich würde gern mal nach Indien fliegen; ich habe _____ schon so viel Interessantes darüber gehört.
7. Er konnte nicht mitkommen, _____ er hatte keine Zeit.
8. Wir müssen die Müllers wirklich mal einladen, _____ sie uns schon dreimal eingeladen haben.

9. Kein Wunder, daß der Brief nie ankam; Peter hatte sich _____ in der Adresse geirrt.
10. Nur _____ du keine Lust hast, auf das Fest zu gehen, bleibe ich noch lange nicht zu Hause.
11. Sie war sehr enttäuscht, daß er nicht kam, _____ es war nicht das erste Mal, daß er sie hatte sitzen lassen.

4   The use of *indem*   (see *Hammer* 19.2.1e, 19.6.3 and 13.7.2a)

Translate the following sentences into idiomatic German, using *indem* where appropriate.

1. She drove into town, leaving him behind.
2. I can only explain the point by using an example.
3. These men visit the hotels, inspecting them for their cleanliness.
4. The firm exported most of its products by selling them direct to retailers.
5. Picking up his pen, he began to write to her.
6. By talking to him for an hour, she managed to persuade him.
7. Chewing her cheese sandwich, she said, "I love you".

5   Conjunctions with *so-*   (see *Hammer* 19.2.6, 19.4.2 and 19.6.4)

Fill in the gaps using the conjunctions *solange, sooft, sowie, insofern als, soviel, so daß, so wie, sofern, soweit* or *sobald*.

1. _____ ich weiß, hat er das Haus noch nicht abbezahlt.
2. _____ du deine Füße unter meinem Tisch hast, tust du, was ich sage.
3. Du kannst zu uns kommen, _____ du willst.
4. _____ ich mit ihm gesprochen habe, werde ich Sie informieren.
5. Ich hatte einen Autounfall, _____ ich zwei Wochen lang im Krankenhaus liegen mußte.
6. Ein Aufenthalt in Ländern, für die Impfungen empfohlen werden, kommt für mich nicht in Frage, _____ ich gegen Impfseren allergisch bin.
7. _____ ich die Situation einschätze, wird es bei den Verhandlungen keine Schwierigkeiten geben.
8. _____ ich informiert bin, fährt er erst morgen auf Geschäftsreise.

9. Wir kommen dich morgen besuchen, _____ es sich mein Mann nicht wieder anders überlegt.
10. Max Frisch ist für seine Romane, Dramen _____ auch für seine Tagebücher bekannt.

6 Conjunctions (see *Hammer* 19)

Translate into German.

1. Since you said that you wouldn't be here for dinner we started without you.
2. Now that you've seen him, would you still say that he was suitable for the job?
3. I don't work my fingers to the bone so that you can go and spend all my money.
4. Much as I like him, this time he's gone too far.
5. However fast he tried to run, he couldn't keep up with the others.
6. Provided that everything goes according to plan, the book will be finished in two months' time.
7. You can help the police by telling the truth.
8. We might be able to go on holiday this year, depending on how much it will cost.
9. I need to have access to both my office and the conference room.

7 Conjunctions (see *Hammer* 19)

Replace the prepositional phrase in italics with a clause introduced by an appropriate conjunction.

e.g. Das Geld wird noch *vor Ablauf des Jahres* eingezogen werden.
Das Geld wird noch eingezogen werden, *bevor das Jahr abgelaufen ist.*

1. *Vor seiner Abreise* nach Italien mußte er noch allerhand erledigen.
2. Du mußt *bis zum Ende des Films* geschlafen haben.
3. *Trotz aller Bemühungen* bekam er die Stelle nicht.
4. *Bei näherem Hinsehen* erkennt man, daß das Bild eine Fälschung ist.
5. Mein Mann war *bei der Geburt meines Sohnes* dabei.
6. *Nach erfolgreichem Abschluß der Verhandlungen* flogen alle Minister wieder nach Hause.
7. *Seit Erscheinen meines Buches* kann ich mich vor Fanpost kaum retten.

8. *Wegen Krankheit des Lehrerkollegiums* bleibt die Schule heute geschlossen.
9. Er ließ sich *ohne Widerstand* festnehmen.
10. Der Garten ist *zum Fußballspielen* zu klein.
11. Die Emission von Schadstoffen kann *durch den Einbau eines Katalysators* drastisch gesenkt werden.
12. Ich habe die Kekse *für euch zum Essen* gekauft.
13. *Außer der Rettung eines Kindes* gab es keine besonderen Vorkommnisse.
14. *In Zeiten der Belagerung* muß man mit Vorräten sparsam umgehen.
15. Rufen Sie mich bitte *sofort nach Beendigung der Konferenz* an.
16. *Während der Untersuchung der Mutter* mußte der Junge im Wartezimmer bleiben.
17. Das Gedächtnis kann *durch viel Auswendiglernen* geschult werden.
18. Ich habe mir *beim Bügeln* die linke Hand verbrannt.
19. *Statt mit höheren Gewinnen* muß die Industrie dieses Jahr mit Einbußen rechnen.
20. *Bei Versagen des Apparates* bitte Knopf drücken!
21. Wir haben *seit seinem Umzug* nichts mehr von ihm gehört.
22. *Nach der Kapitulation der Truppen* und *vor der Unterzeichnung des Friedensvertrages* herrschte einige Unsicherheit in der Bevölkerung.
23. *Im Falle eines Sieges der deutschen Mannschaft* würde die holländische Mannschaft ausscheiden.
24. Es ist leider noch zu kalt *zum Badengehen*.

20

Prepositions

Every time I think I have got one of these four confusing "cases" where I am master of it, a seemingly insignificant preposition intrudes itself into my sentence, clothed with an awful and unsuspected power, and crumbles the ground from under me. (Mark Twain)

1 Uses of *bis* (see *Hammer* 20.1.1 and 11.6.4)

Complete the following sentences by adding an appropriate further preposition to *bis* where necessary, together with the correct form of the definite article, and noun or adjective endings where required.

1. Wir sind bis _____ deutsch__ Grenze gefahren.
2. Bis _____ zwei Kinder__ wurden alle gerettet.
3. Sie trat bis _____ Tisch heran.
4. Bis _____ zehn Tag__ wohnte er in der Stettiner Straße.
5. Wir sind nur bis _____ Neapel gekommen.
6. Sie standen bis _____ Schenkel im Wasser.
7. Wir mußten das Fest leider bis _____ weiter__ verschieben.
8. In diesem Jahr schneite es bis _____ Frühling hinein.
9. Bis _____ kommend__ Freitag bin ich im Büro zu erreichen.
10. Sie blieben bis _____ Abend in Deckung.

2 Time phrases with prepositions
(see *Hammer* 20.1 – 20.2 and 11.6)

Decide whether to use *in, um* or *zu* in connection with *Zeit*. Add the appropriate ending to the determiner and the adjective.

1. ____ dies__ Zeit müßte die Ente schon seit 10 Minuten braten.
2. So viel Arbeit kann man ____ dies__ kurz__ Zeit gar nicht schaffen.

3. Wo waren Sie ____ d__ Zeit, als der Mord begangen wurde?
4. Was machst du denn ____ dies__ nachtschlafend__ Zeit noch auf der Straße?
5. Sie hatte sich ____ kürzest__ Zeit an die neuen Umstände gewöhnt.
6. Ich habe ____ letzt__ Zeit sehr wenig geschlafen.
7. ____ dies__ Zeit halte ich immer meinen Mittagsschlaf.

3 Prepositions taking the accusative or the dative
(see *Hammer* 20.3)

Decide whether to use the accusative or the dative after the preposition.

1. Immer wenn mir mein Sohn beim Abtrocknen helfen soll, verschwindet er auf [die Toilette] oder versteckt sich unter [der Tisch].
2. Ich habe eine Bitte an [du]: könntest du auf [der Weg] in [die Stadt] auf [die Post] gehen und diese Briefe für mich einstecken?
3. Unter [diese Umstände] sehe ich mich leider gezwungen, Sie zu entlassen.
4. Er hatte es sich in [der Kopf] gesetzt, sich auf [kein Fall] seine Pläne über [der Haufen] werfen zu lassen.
5. Setzen Sie sich doch neben [ich].
6. Wenn man sie neben [ihr Mann] hergehen sieht, wirkt sie noch kleiner als sonst.
7. Als sie endlich an [der Bahnhof] ankamen, war der Zug schon weg.
8. Plötzlich kam eine riesige Spinne hinter [der Schrank] hervor.
9. Befestigen Sie einen Haken an [das Bild], bevor Sie es an [die Wand] hängen.
10. Immer wenn es an [die Tür] klopft, erschrecke ich mich fürchterlich.

4 Prepositions and cases (see *Hammer* 20.1 – 20.4)

Supply the correct endings for the noun phrases in brackets.

Vor [unser letzter Urlaub] hatten wir sehr viel zu tun. Zuerst gingen wir auf [das Reisebüro] und erkundigten uns bei [die Angestellten] nach [verschiedene Reisemöglichkeiten]. Als wir uns endlich nach [langes Überlegen] für [ein Urlaub] auf [die Malediven] fernab [jegliche moderne Zivilisation] und inmitten [eine wunderbar tropische Umgebung] entschieden hatten, mußten wir leider feststellen, daß der

Urlaub schon ausgebucht war. Neben [ich und mein Mann] waren natürlich auch die Kinder über [alle Maßen] enttäuscht. Entgegen [alle Erwartungen] fand sich dann aber doch noch eine Lösung. Ohne [langes Zögern] buchten wir einen zweiwöchigen Urlaub auf [die Seychellen]. Außerdem war der Urlaub um [einige hundert Mark] billiger, und wir waren mit [alles] sehr zufrieden. Nun wollen wir unseren Urlaub immer auf [diese Weise] verbringen.

5   Prepositions and cases (see *Hammer* 20.1 – 20.4)

Supply the correct prepositions and endings.

1. Er ist ____ [seine eigene Schuld] ums Leben gekommen. Er ist ____ [ein Baum] gefahren, weil er zu viel getrunken hatte.
2. Jetzt fällt mir aber ein Stein ____ [das Herz], daß dir nichts passiert ist. Ich hatte solche Angst ____ [du].
3. Meine Mutter arbeitet schon seit einiger Zeit ____ Hertie ____ [die Lederwarenabteilung].
4. Heute haben wir wieder rund ____ [die Uhr] gearbeitet.
5. Gib doch zu, daß du es ____ Absicht getan hast.
6. Ich glaube, deine Uhr geht vor. ____ [meine Uhr] ist es erst zehn nach zehn.
7. Soll ich Ihnen die Unterlagen persönlich vorbeibringen, oder kann ich sie Ihnen ____ [die Post] schicken?
8. Können Sie das ____ [andere Worte] ausdrücken?
9. Dieser Film wurde ____ [ein Roman] von E.M. Forster gedreht.
10. Ich habe ____ [mein Entsetzen] festgestellt, daß ich an dem Tag schon etwas vorhabe.
11. Sei heute bitte etwas freundlicher ____ [er].
12. ____ [der bloße Gedanke] ans Autofahren wird mir schlecht.
13. Er ist ziemlich groß ____ [sein Alter].
14. Selbst ____ [das Alter] von 80 Jahren hatte er noch gern junge Mädchen ____ sich.
15. Er tat es nur ____ Liebe ____ [sie].
16. [Meine Meinung] ____ ist es schade ____ [das schöne Geld].
17. ____ [die Abwechslung] werden die Vokabeln heute mal [die Reihe] ____ abgefragt.

6 Prepositions and cases (see *Hammer* 20.1 – 20.4)

Complete the passage with the listed prepositions.

auf, Auf, aus, Außer, außerhalb, gegenüber, im, Im, in, in, In, innerhalb, mit, ohne, über, um, unter, von, vor, zu, zu, zu, zufolge, Zum

____ einer öffentlichen Sitzung ____ bundesdeutschen Parlament äußerte sich der Bundeskanzler ____ Zuhörern ____ aller Welt ____ mehreren Punkten. ____ seinen Äußerungen ging es ____ erster Linie ____ die Frage, wie sich die europäische Zusammenarbeit ____ und ____ der deutschen Grenzen gestalten könnte. ____ Zwecke einer Klärung dieser Frage würde er ____ zwei Wochen ____ Gesprächen ____ Vertretern anderer europäischer Länder zusammentreffen. ____ dem Bundeskanzler kam noch der Bundesarbeitsminister ____ Wort, der hauptsächlich ____ die Situation ____ dem Arbeitsmarkt sprach. Seinen Aussagen ____ hätten sich die Arbeitslosenzahlen ____ dem Vorjahr zwar leicht verschlechtert, jedoch könne ____ einer Rezession nicht die Rede sein. ____ kommenden Jahr könne man ____ jeglichen Zweifel wieder einen Aufschwung erwarten, der ____ anderem natürlich auch den anderen europäischen Ländern zugute komme.

7 Prepositions and cases (see *Hammer* 20.1 – 20.4) ☺☺☺

Complete the passage with the listed prepositions.

ab, am, auf, auf, auf, auf, auf, Auf, aus, aus, bei, bei, bis, bis, für, für, im, im, in, in, in, In, mit, mit, mit, nach, um, um, vor, zum, zur

**Problem ____ Deutschlands Straßen: Alkohol ____ Steuer
Neues Motto: ____ Ihr Wohl – kein Alkohol**

Günther Krause, Naturwissenschaftler ____ Wismar und ____ Bonn derzeit Verkehrsminister, will diesem Malheur ____ breiter Basis begegnen, und wenn es ____ ihm geht, werden viele Bundesbürger ihre Seelenkräfte woanders finden müssen. Die 0,8-Promille-Grenze, ____ deren Überschreitung der Kraftfahrer ____ Bußgeld und Führerscheinentzug und oft auch ____ Strafe rechnen muß, soll ____ 0,5 Promille gesenkt werden. Ein paar Züge zuviel und ____ falschen Stunde, und ____ der Fortbewegung wird es schwierig. Und seit Freitag letzter Woche hat Krause einen starken Partner: Der Bundesrat verabschiedete einen Gesetzentwurf, wonach ____ 1993 das 0,5-Limit ＿＿＿ Straßenverkehr einheitlich ＿＿＿ ganz Deutschland gelten soll.

Krause und seinen Länderkollegen geht es nicht nur ＿＿＿ die Sicherheit ＿＿＿ den Straßen, sondern auch ＿＿＿ die Rechtssicherheit ＿＿＿ allen Dingen ＿＿＿ Ostdeutschland. Dort stand ＿＿＿ zur Einheit die Barriere ＿＿＿ 0,0 Promille – eine Differenz ＿＿＿ Westen, die ＿＿＿ zum Jahresende behoben sein muß. Und so könnte es dahin kommen, daß die Deutschen ＿＿＿ Ost und West, die es ＿＿＿ vielen Feldern so schwer miteinander haben, ＿＿＿ diesem einen Punkt wirklich beisammen sind: ＿＿＿ der Einheitsstrafe ＿＿＿ das Fahren ＿＿＿ Suff.

Der Spiegel, 16.3.1992, S. 32-33

8 Prepositions with similar usage (see *Hammer* 20.2 – 20.5)

Answer the following questions deciding whether to use the first or second preposition of each pair. Sometimes you have to add an article in the correct case.

1. **aus or von?** (see *Hammer* 20.2.1 and 20.2.8)
Woher kommt Alexander gerade? Er kommt . . .
a. Einkaufen b. Haus c. Berlin d. Bett e. Wald f. weither
g. Flughafen h. Marktplatz

2. **an or bei?** (see *Hammer* 20.2.3 and 20.3.2)
Wo hast du ihn getroffen?
a. Arzt b. Donau c. Arbeit d. Bahnhof e. Frau Schmidt f. Skifahren
g. Strand h. diese Stelle

3. **nach or zu?** (see *Hammer* 20.5.2 – 20.5.3)
Wohin gehst du?
a. Peter b. Post c. oben d. Hause e. Schule f. Arbeit g. Bäcker
h. Frankreich

9 *vor* or *aus*? (see *Hammer* 20.2.1 and 20.3.15)

Decide whether to use *vor* or *aus* to indicate cause, reason or motive.

1. Bodybuilder können ____ lauter Kraft kaum laufen.
2. ____ Angst, daß seine Eltern ihn bestrafen würden, ging er tagelang nicht nach Hause. – Ihm zitterten ____ Angst die Knie.
3. Er konnte ____ Aufregung kaum schlafen.
4. Er war ____ Liebe blind. – ____ Liebe zu ihm verzichtete sie auf ihre Karriere.
5. Man kann ____ Lärm sein eigenes Wort nicht mehr verstehen.
6. Er wußte ____ Verzweiflung nicht mehr ein noch aus. – ____ lauter Verzweiflung über seine schlechten Noten beging er Selbstmord.
7. Euthanasie ist Mord, den man ____ Mitleid begeht.
8. Als seine Tochter geboren wurde war er außer sich ____ Freude. - ____ Freude über seine Beförderung lud er uns alle zum Essen ein.
9. Sie erstarrten alle ____ Ehrfurcht, als sie die Königin erblickten.
10. ____ Dankbarkeit für Ihre Leistungen wird Ihnen das Bundesverdienstkreuz erster Klasse verliehen.

10 Prepositions with similar usage
(see *Hammer* 20.3.2 – 20.3.5 and 20.3.8 – 20.3.9)

Make sentences with the following words, and decide whether to use *in*, *auf* or *an* with the words in brackets. Make sure you use the correct case with the preposition.

1. ich / unterrichten / [ein Gymnasium]
2. nächstes Jahr / ich / gehen / [ein Wirtschaftsgymnasium]
3. Kinder / sein / vormittags / [die Schule]
4. mein Sohn / kommen / bald / [die Schule]
5. es / geben / zu viele Studenten / [deutsche Universitäten]
6. sie / sich einschließen / [ihr Zimmer]
7. wir / sich bringen lassen / das Frühstück / [das Zimmer]
8. es / werden / sehr heiß / [mein Zimmer]
9. es / geben / eine Toilette / [der Bus]
10. ich / schlafen / immer / [das Flugzeug]

11   Prepositions with similar usage
(see *Hammer* 20.1.2 and 20.3.12)

Complete the following sentences using *durch* or *über* with the words in brackets. Remember also to use the correct case with these prepositions.

1. Bei Rot darf man nicht [die Straße] gehen.
2. Tausende flanierten am Tag der deutschen Einheit [die Straßen von Berlin].
3. Er kam [der Marktplatz] gelaufen.
4. Um von Belgien nach Polen zu kommen, muß man quer [Deutschland] fahren.
5. Wenn es sehr heiß ist, gehe ich lieber [ein Wald] als [eine Wiese] spazieren.
6. Die Karawane zog [die Wüste].
7. Ich bin schon oft [der Ärmelkanal] gefahren.
8. Jesus konnte [das Wasser] laufen.
9. Wir wurden sehr naß, weil wir [das Wasser] laufen mußten.
10. Hoffentlich läuft mir mein Chef nicht [der Weg].

12   German equivalents for English 'to'   (see *Hammer* 20.5)

Supply one of the prepositions *an, auf, in, nach* or *zu* as appropriate to complete the following sentences. Articles should be supplied where necessary. Sometimes you will have to use the reduced form of the preposition + article (e.g. *ins, zum* etc.).

1. *Mein Bruder fliegt* _____.
   a. USA   b. Mond   c. sonniger Süden   d. Bahamas   e. Nordpol
   f.   Florida   g.   Elfenbeinküste   h.   Kongo   i.   seine Verwandten

2. *Fährt diese Straßenbahn* _____?
   a. Zoo   b. Waldstadion   c. Depot   d. Marktplatz
   e. Schottentor   f. Hauptwache   g. Kurpfalzstraße   h. Dom

3. *Ich gehe* _____.
   a. Post   b. meine Schwester   c. Theater   d. Universität
   e. Turnen   f. Zahnarzt   g. Militär   h. Telefon   i. Straße
   j. Toilette   k. Wald   l. Rathaus   m. Party   n. Schloß
   o. Polizei

4. *Heute abend gehen wir _____.*
    a. Konzert   b. Kirche   c. Schmidts   d. ein Lokal   e. ein Steakrestaurant   f. Kneipe

5. *Fahren Sie _____.*
    a. Bachstraße   b. Stuttgart   c. Meer   d. Strand   e. Recyclinghof   f. Berge   g. Land   h. Zugspitze   i. Bahnhof

6. *Ich möchte im Sommer _____.*
    a. Polen   b. USA   c. Türkei   d. Tirol   e. Elsaß   f. Ostsee   g. Süden   h. Alpen   i. Bodensee   j. Mittelmeerküste

7. *Ich muß morgen wieder _____.*
    a. Zahnarzt   b. Universität   c. Schule   d. Berlin.

8. *Wir machten einen Ausflug _____.*
    a. Taunus   b. Schwarzwald   c. Umgebung von Neumünster   d. Eifel   e. Hamburger Hafen

9. *Sie trat _____.*
    a. Tisch   b. Fenster   c. Bett

10. *Maria will ____ ihre Heimat ____ ihren Eltern zurück.*

13   Prepositions (see *Hammer* 20)

Insert the listed prepositions and adverbs in the appropriate gaps, to complete Max and Moritz's fifth trick. If you read it out loud, you may find that rhyme and rhythm give you clues as to what needs to go in certain gaps.

an, an, aus, aus, damit, darin, für, her, her, herum, herunter, hin, Hin, Im, in, in, in, in, In, In, In, it, mit, Mit, Unter, vom, zu, zu

Max und Moritz: fünfter Streich

Wer _____ Dorfe oder Stadt
Einen Onkel wohnen hat,
Der sei höflich und bescheiden,
Denn das mag der Onkel leiden. [. . .]
Max und Moritz ihrerseits
Fanden _____ keinen Reiz.
Denkt euch nur, welch schlechten Witz,

Machten sie _____ Onkel Fritz!
Jeder weiß was so ein Mai-
Käfer _____ ein Vogel sei.
_____ den Bäumen _____ und _____
Fliegt und kriecht und krabbelt er.
Max und Moritz, immer munter,
Schütteln sie _____ Baum _____.
_____ die Tüte von Papiere
Sperren sie die Krabbeltiere.
Fort _____, und _____ die Ecke
_____ Onkel Fritzens Decke!
Bald zu Bett geht Onkel Fritze
_____ der spitzen Zippelmütze;
Seine Augen macht er _____,
Hüllt sich ein und schläft _____ Ruh.
Doch die Käfer, kritze, kratze!
Kommen schnell _____ der Matratze.
Schon faßt einer, der voran,
Onkel Fritzens Nase _____.
„Bau!" – schreit er – „Was ist das hier?"
Und erfaßt das Ungetier.
Und den Onkel, voller Grausen,
Sieht man _____ dem Bette sausen.
„Autsch!" – Schon wieder hat er einen
_____ Genicke, _____ den Beinen.
_____ und _____ und rund _____
Kriecht es, fliegt es _____ Gebrumm.
Onkel Fritz, _____ dieser Not,
Haut und trampelt alles tot.
Guckste wohl! Jetzt ist's vorbei
_____ der Käferkrabbelei!
Onkel Fritz hat wieder Ruh
Und macht seine Augen _____.
Dieses war der fünfte Streich,
Doch der sechste folgt sogleich.

Wilhelm Busch, *Max und Moritz* (1865)

21

Word order

In a German newspaper they put their verb away over on the next page; and I have heard that sometimes after stringing along on exciting preliminaries and parentheses for a column or two, they get in a hurry and have to go to press without getting to the verb at all. (Mark Twain)

1 Word order in main clauses (see *Hammer* 21) 😃😃😃

Look at the table in *Hammer*, p.469, and see if you can systematically define the order of the elements in the caption to *Motorrad-Boom* – all 4 sentences (i-iv) are main clauses. Identify the following, sentence by sentence:

1. **The verb(s), and the beginning and end of the verbal bracket** (see *Hammer* 21.1.2 – there may be no second part to the verbal element).
2. **The subject** – is it in the *Vorfeld*? If not, identify where it comes in the *Mittelfeld* and what it consists of.
3. **The *Vorfeld*** – what it consists of, if not the subject.
4. **The *Mittelfeld*** – the number and nature of the elements.
5. **The *Nachfeld*** – any elements, and if so, which.

DIE HERSTELLER und Importeure von Motorrädern konnten ein kräftiges Umsatzplus verzeichnen. Allein in den ersten vier Monaten dieses Jahres wurden 63 253 Neuzulassungen registriert, 18,5 Prozent mehr als in den Vorjahresmonaten. Insgesamt sind in den alten und neuen Bundesländern 5,6 Millionen motorisierte Zweiräder registriert. Davon entfallen auf die neuen Bundesländer fast 2 Millionen Bikes mit höchstens 50 ccm, aber nur 1,3 Millionen hubraumstärkere Maschinen.

Süddeutsche Zeitung, 17.9.1991

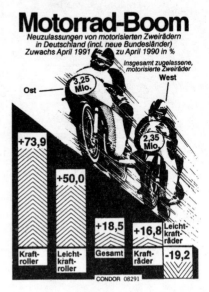

Motorrad-Boom
Neuzulassungen von motorisierten Zweirädern in Deutschland (incl. neue Bundesländer)
Zuwachs April 1991 zu April 1990 in %
Insgesamt zugelassene, motorisierte Zweiräder
Ost — 3,25 Mio.
West — 2,35 Mio.
+73,9 Kraftroller
+50,0 Leichtkraftroller
+18,5 Gesamt
+16,8 Krafträder
Leichtkrafträder
-19,2
CONDOR 08291

2 Verb position in subordinate clauses (see *Hammer* 21.1)

Form one sentence from each of the following pairs of sentences with the conjunction given.

e.g. Er möchte dort bleiben [zumal] Er hat jetzt eine gute Stelle
Er möchte dort bleiben, *zumal er jetzt eine gute Stelle hat*

1. Ich konnte es ihr erzählen [weil] Ich habe sie zufällig in der Stadt gesehen
2. Sie müssen sich aber beeilen [wenn] Sie wollen den Zug noch erreichen
3. Du weißt natürlich [daß] Der Zug aus Berlin kommt erst gegen sechs in Bremen an
4. Mit Entsetzen sahen wir [wie] Sie ließ den Brief plötzlich fallen
5. Sie haben sich geärgert [weil] Er hätte doch längst an sie schreiben sollen
6. Sie hörten [wie] Die beiden jungen Mädchen kamen die Treppe herunter
7. Wir haben ihn noch nicht gesehen [obwohl] Er muß vor ein paar Tagen angekommen sein
8. Er wohnt in einem Hotel [seitdem] Er hat seine Wohnung verkauft
9. Er sprach sehr laut [damit] Alle Anwesenden konnten ihn gut verstehen
10. Sie waren vierzehn Tage in Pilsen geblieben [bevor] Sie waren nach Karlsbad geschickt worden

3 Verb position in subordinate clauses (see *Hammer* 21.1)

See if you can get the word order in the captions right, and insert the punctuation in the right places.

ES WIRD DRINGEND ZEIT FÜR EINE EIGENE BUDE, WENN . . .

. . . Zimmer Mal du auf gehört zum hast dein Räum 999. Satz den „ ! " !

. . . stets Unterwäsche mußt Winter wollene tragen du im !

. . . kommt schon mußt Uschi Mal zum in wieder zu Jahr dein Besuch diesem dritten räumen weil Tante Zimmer du , !

. . . 21 Feten müssen deiner zur um enden Uhr Eltern deine Bettzeit ! –

MAD, Nr. 278, Juli 1992, S. 10-11

4   Clause structure and the position of the verb

(see *Hammer* 21.1) ☺☺☺

Work out the clause structure in Kafka's description of Odradek in the short story 'Die Sorge des Hausvaters'. See if you can identify the type of clause, and its main verb(s). Use square brackets to indicate the beginning and end of the verbal bracket:

e.g.   Die einen [**sagen** + *indirect speech clause* (das Wort stamme aus dem Slawischen)]

You should end up with the number of clauses given after each type of clause.

1.   Main clause statements (13)
2.   Indirect speech clauses without *daß* (see *Hammer* 21.1.1a.iii) (3)
3.   Subordinate clauses starting with a conjunction (e.g. *daß*) (4)
4.   Relative clauses (1)
5.   Non-finite clauses with *zu* + infinitive (see *Hammer* 21.1.1c.i) (1)

Die einen sagen, das Wort Odradek stamme aus dem Slawischen, und sie suchen auf Grund dessen die Bildung des Wortes nachzuweisen. Andere wieder meinen, es stamme aus dem Deutschen, vom Slawischen sei es nur beeinflußt. Die Unsicherheit beider Deutungen aber läßt wohl mit Recht darauf schließen, daß keine zutrifft, zumal man auch mit keiner von ihnen einen Sinn des Wortes finden kann.

Natürlich würde sich niemand mit solchen Studien beschäftigen, wenn es nicht wirklich ein Wesen gäbe, das Odradek heißt. Es sieht zunächst aus wie eine flache sternartige Zwirnspule, und tatsächlich scheint es auch mit Zwirn bezogen; allerdings dürften es nur abgerissene, alte, aneinander geknotete, aber auch ineinander verfitzte Zwirnstücke von verschiedenster Art und Farbe sein. Es ist aber nicht nur eine Spule, sondern aus der Mitte des Sternes kommt ein kleines Querstäbchen hervor, und an dieses Stäbchen fügt sich dann im rechten Winkel noch eines. Mit Hilfe dieses letzteren Stäbchens auf der einen Seite und einer der Ausstrahlungen des Sternes auf der anderen Seite kann das Ganze wie auf zwei Beinen aufrecht stehen. [. . .] Näheres läßt

sich übrigens nicht darüber sagen, da Odradek außerordentlich
beweglich und nicht zu fangen ist.

> Franz Kafka, aus 'Die Sorge des Hausvaters', in *Sämtliche
> Erzählungen* (Fischer Taschenbuch Verlag,
> Frankfurt/M. , 1970), S. 139

5   Clause structure and the position of the verb
(see *Hammer* 21.1) 😟😟😟

PROJECT: Take a passage of modern German prose with about 50
sentences.

- What proportion follow the word order pattern given in table
  21.1 (p.469) in *Hammer*?
- How can you explain the deviations from this pattern which
  you have found?

6   Various types of element in initial position
(see *Hammer* 21.2.3)

Combine the following elements making the second main clause
into a *zu*-construction. Make three sentences, each time starting
with a different element.

e.g.   Meiner Ansicht nach / es ist völlig überflüssig / man stellt zwei
  Sekretärinnen ein.

  a. *Meiner Ansicht nach ist es völlig überflüssig, zwei Sekretärinnen
  einzustellen.*
  b. *Es ist meiner Ansicht nach völlig überflüssig, zwei Sekretärinnen
  einzustellen.*
  c. *Zwei Sekretärinnen einzustellen ist meiner Ansicht nach völlig
  überflüssig.*

1.   Offensichtlich / es ist verboten / man betritt den Rasen.
2.   Meines Wissens / es ist sehr gefährlich / man läßt sich in Afrika eine
  Bluttransfusion geben.
3.   Auf alle Fälle / es ist unhöflich / man ignoriert einen Gast.

4. Selbstverständlich / es war eine Unverschämtheit / man hat ihn übergangen.
5. Genau genommen / es ist rücksichtslos / man verschmutzt die Umwelt.
6. Bei schönem Wetter / es ist herrlich / man liegt im Garten.
7. Zugegebenermaßen / es war unzulässig von der Geschäftsleitung / man hat so etwas von den Mitarbeitern verlangt.
8. Wahrscheinlich / es ist zwecklos / man wartet noch länger auf ihn.

7   Initial position in main clauses: the *Vorfeld*
(see *Hammer* 21.2.4) ☺☺☺

PROJECT: Take a 1000-word passage of modern German prose.

- Establish how often main clauses begin with something other than the subject.
- With reference to *Hammer* 21.2.4, examine in each case why the author has begun the sentence in this way.
- Take ten of the main clauses you have found and show how they can be rendered most idiomatically in English.

8   German equivalents for English cleft sentence constructions (see *Hammer* 21.2.5)

Give idiomatic German equivalents for the following English sentences, using a single German main clause.

e.g. It was only yesterday that I saw her.
       Erst gestern habe ich sie gesehen.

1. That is exactly what I mean.
2. Why is it that men always disappear when lunch is being served?
3. This is where the historical Battle of Hastings is said to have taken place.
4. This is what I call civilised.
5. It was only for his money that she married him.
6. It's the thought that counts.
7. That's the girl I wanted to meet.
8. That's where we're going on holiday this year.
9. That's the sort of book it is.
10. It's tomorrow I'll be leaving for Vienna.
11. That's what she said.
12. This is the way to change a wheel.

13. That was when it happened.
14. It was the old man she remembered most.

9 The order of elements in the *Mittelfeld* (see *Hammer* 21.3.2)

Referring to the table in *Hammer* (p. 469), form main clause sentences from the words given, with the subject in initial position. The verb should be in the perfect tense unless otherwise indicated.

e.g. der Schwerverbrecher / entweichen / aus dem Polizeigefängnis / am Montag
Der Schwerverbrecher ist am Montag aus dem Polizeigefängnis entwichen.

 1. die Studentin / kommen / gestern / trotz ihrer Erkältung
 2. Roland / fahren / in die Kurve / mit großer Geschwindigkeit / trotz der nassen Fahrbahn
 3. die Familie Müller / wohnen / in dieser schönen alten Villa / seit 1985 / wohl [PRESENT TENSE]
 4. der Professor / anbieten / ein Glas Wein / seine Kollegen / an dem Abend / zunächst
 5. der Zug / halten / auch / in Erbach / kurz / wahrscheinlich [PRESENT TENSE]
 6. der Unfall / passieren / gestern abend / doch / vor unserem Haus
 7. es geht / jetzt / dein Vater / besser / finanziell [PRESENT TENSE]
 8. der Brief / ankommen / noch nicht / wegen des Poststreiks / vielleicht
 9. Georg / können / sich erinnern / der Vorfall / kaum / jedoch
10. Jürgen / verschweigen / die Wahrheit / der Nachbar / trotzdem
11. sie / zurückstellen / die Bücher / ins Regal / dann
12. Peter / wollen / mitteilen / sein Chef / diese Information / schon gestern
13. der Schaffner / abnehmen / die Fahrkarte / der Reisende / jedoch / nicht

10   The place of the pronouns   (see *Hammer* 21.4)

Answer the following questions replacing the demonstrative pronoun *das* with the pronoun *es*. Do not place *es* in initial position.

e.g.   Wann ist Ihnen das eingefallen? [heute morgen]
Heute morgen ist *es mir* eingefallen.

1. Wann hat er dir das erzählt? [schon vor einer Woche]
2. Hast du dir das selber ausgedacht? [Ja]
3. Können wir ihm das erlauben? [Ja]
4. Wer hat dir das gegeben? [ein Freund in der Schule]
5. Ich habe mir das alles anders vorgestellt. Du auch? [Ja]
6. Wo hast du ihr denn das gekauft? [in Italien]

11   The position of noun objects and pronoun objects
(see *Hammer* 21.4 – 21.5)

Answer the following questions replacing the subject and objects with personal pronouns.

e.g.   Hast du deiner Tochter die Geschichte erzählt?
Ja, *ich* habe *sie ihr* erzählt.

1. Hat dein Sohn seinem Lehrer das Buch zurückgegeben?
2. Hat deine Schwester ihrer Tochter die Haare schneiden lassen?
3. Wirst du deinen Kollegen gegenüber das Fest erwähnen?
4. Hat dir dein Mann wirklich den Mercedes zum Geburtstag geschenkt?
5. Hat dieser Mann Ihrer Mutter die Handtasche gestohlen?
6. Würdest du einem Freund dein Auto leihen?
7. Kann mein Chef mir so viele Überstunden zumuten?
8. Können Sie mir bitte die Fotos zurückschicken?

12   The order of objects   (see *Hammer* 21.4 – 21.5)

Replace the personal or prepositional pronouns in the following sentences by the nouns given in brackets, making adjustments to the order of all words and phrases where necessary.

e.g.   Dein Vater hat es ihr gestern gegeben. [das Buch, meine Schwester]
Dein Vater hat *meiner Schwester gestern das Buch* gegeben.

1. Warum hast du sie nicht davor gewarnt? [deine Freunde, diese Gefahr]
2. Sie hat sie ihnen schon am Wochenende telefonisch mitgeteilt. [diese Nachricht, ihre beiden Brüder]
3. Manfred wollte sie ihr eigentlich heute abend bringen. [die Blumen, seine Freundin]
4. Die Eltern haben ihm noch nicht darauf geantwortet. [ihr Sohn, sein Brief]
5. Der Großvater hat es ihm zum Geburtstag geschenkt. [sein Enkelkind, dieses Fahrrad]
6. Er wollte sie schließlich nicht zu lange davon abhalten. [seine Schwester, die Arbeit]
7. Kannst du ihn ihnen wirklich empfehlen? [dieser Film, die Kinder]
8. Du wirst sie leicht daran erkennen können. [meine Nichte, ihr rotes Haar]
9. Hast du sie ihnen in der Tat schon erzählt? [diese Geschichte, alle deine Freunde]
10. Er hat es ihr letzten Endes geopfert. [sein Glück, seine Karriere]
11. Der Händler hat mir doch versichert, er könne sie ihm noch vor dem Wochenende liefern. [diese Möbel, mein Sohn]

13 The order of elements inside and outside the verbal bracket
(see *Hammer* 21.3 – 21.6)

Construct sentences from the following elements, putting them in an appropriate order.

1. Der Angeklagte / wurde / verurteilt / einstimmig / von zwei Jahren / von den Geschworenen / um 16 Uhr / auf Bewährung / gestern / zu einer Freiheitsstrafe / in seiner Abwesenheit.
2. Er / hat / erzählt / bis in die frühen Morgenstunden / am Lagerfeuer / gern / anderen Kindern / Gruselgeschichten / als Kind / schon damals.
3. Mein Führerschein / wurde / gestohlen / aus dem Handschuhfach / vorige Woche / mir / von jugendlichen Rowdies / in meinem Auto / in diesem Jahr / schon zum zweiten Mal.
4. Ich / habe / gedacht / bei dem Telefongespräch / mir / schon heute morgen / das.
5. Ich / fahre / in Urlaub / morgen / auf Wunsch meiner Kinder / nach Venedig / mit meinem Mann / für eine Woche.
6. Sie / mußte / gehen / in der Gartenstraße / öfter / mit ihrer Tochter / zu dem Arzt / danach.

7. Ich / habe / vorgestellt / sicher / meinen Mann / dir / auf dem Empfang / letzte Woche.
8. Er / gratulierte / mit einem Kuß / überschwenglich / auf der Treppe / seiner Oma / zu ihrem 80. Geburtstag / schon.
9. Du / hast / erwähnt / den Lehrern gegenüber / diese Krankheit / noch nie / in der Schule.
10. Ich / lese / vor / meistens / eine Geschichte / abends / meiner Tochter / vor dem Einschlafen.

14　The order of adverbials　(see *Hammer* 21.6)

Rewrite the following main clauses as *daß*-clauses beginning *Tatsache ist aber, daß* ____ . The adverbial in initial position in the original main clause will have to be placed in an appropriate position within the *daß*-clause.

e.g.　Gestern ist Ulrike mit dem Zug nach Essen gefahren.
　　　Tatsache ist aber, daß Ulrike *gestern* mit dem Zug nach Essen gefahren ist.

1. Leider konnten wir unseren Kindern nicht helfen.
2. Im amerikanischen Außenministerium hat es einen Personalwechsel gegeben.
3. Zwei Stunden lang habe ich vor dem Bahnhof auf sie gewartet.
4. Damals hat er seinem Großvater nicht die ganze Geschichte erzählt.
5. Im Durchschnitt arbeiten diese Angestellten über vierzig Stunden in der Woche im Geschäft.
6. Gegen Kriegsende wurden viele dieser Städte im Osten des Landes dem Erdboden gleich gemacht.
7. Wegen des schlechten Wetters mußten sie etwas früher aus ihrem Urlaub zurückkommen.
8. Dorthin ist er gestern mit seiner Freundin gegangen.
9. Ganz unerwartet gab es am folgenden Tag großen Ärger in der Familie.
10. Finanziell hatte sie von dem Tag an keine Schwierigkeiten mehr.
11. Von den einmarschierenden Truppen wurde die einheimische Bevölkerung auf gräßlichste Weise mißhandelt.
12. Schließlich hat man meiner Großmutter doch noch Briketts geliefert.

15   The order of adverbials   (see *Hammer* 21.6)

Most of the adverbials have been omitted from the following text and placed at the end of the clause in which they should appear. Insert them in an appropriate place in the text.

Carol pflegte nach Berlin zu den Rennen in Karlshorst zu fahren [jeden freien Sonntag], wo er seine Freunde traf und selbst in den Sattel stieg [auch, gelegentlich]. Auch der Kommandeur fuhr zum Rennen nach Karlshorst [am Sonntag, gern]. Er brach nach dem Hauptrennen auf [stets], um den letzten Zug nicht zu versäumen, und es verwunderte ihn [sehr], daß Carol auf dem Rennplatz blieb [stets seelenruhig] und dennoch zur Stelle war [pünktlich um 6 Uhr, am nächsten Morgen]. Des Rätsels Lösung: Carol benutzte einen Güterzug, der in die gewünschte Richtung fuhr [nachts]. Dieser aber nahm Leute mit [nur], die Vieh beförderten. Darum ließ er sich durch seinen Burschen ein Schaf besorgen [jedesmal] und reiste als dessen Begleiter [dann].

Als der Kommandeur, der sich über die merkwürdige Ansammlung von Schafen wunderte [im Pferdestall], den kausalen Zusammenhang seiner beiden Verwunderungen ergründet hatte, beschloß er, den Frühdienst vorzuverlegen. Der Güterzug traf ein [immer, um 5.30 Uhr], der Dienst begann [um 6 Uhr]; also setzte er den Dienst auf 5.30 Uhr an [von nun an].

Aber, oh Wunder, in Karlshorst spielte sich die übliche Szene ab: Der Kommandeur brach auf, der Leutnant blieb sitzen und machte keinerlei Anstalten, den Rennplatz zu verlassen. Aus irgendeinem Grunde wurde der Kommandeur aufgehalten [auf dem Weg zum Bahnhof], so daß er den letzten Zug verpaßte. Ratlos wandte er sich an den Bahnhofsvorsteher: „Sie haben Pech", sagte der, „normalerweise fährt ein Leutnant mit einem Schaf mit [immer, in dem Güterzug], da hätten Sie sich anschließen können [natürlich], aber der kommt an [in Ihrem Standort, erst um 5.30 Uhr]." Nach einigem Nachdenken fiel dem Bahnhofsvorsteher die Lösung ein: „Der Leutnant fährt [gegen Mitternacht, heute, mit einem Extrazug], und wenn Sie ihn bitten, nimmt er Sie mit [gern, sicher]."

Marion Gräfin Dönhoff, *Kindheit in Ostpreußen* (Wolf Jobst Siedler Verlag, Berlin, 1988), S. 73-74.

16   The order of adverbials (see *Hammer* 21.6) ☺☺☺

PROJECT: Many grammar books claim that the order of adverbials within the *Mittelfeld* in German follows the rule of **time – manner – place**. Take a passage from a modern play or novel. You will need a longer passage to obtain enough relevant examples, and you might prefer to work with one or two friends to find two or three passages which will provide a large enough sample.

- Check whether this rule is valid.
- Examine the exceptions which you find and give reasons for them.

17   The position of *nicht* (see *Hammer* 21.7.1)

Negate the following sentences (i.e. the whole action) by inserting *nicht* in the appropriate place.

1. Von hier aus kann man die Alpen gut sehen.
2. So etwas habe ich von ihm erwartet.
3. Er hat den Grund seines Anrufs erwähnt.
4. Schreib den Brief!
5. Du hättest es mir versprechen sollen.
6. Ich bin heute morgen zur Arbeit gegangen.
7. Das war eigentlich der Sinn der Sache.
8. Am Wochenende haben die Frankfurter in Leverkusen gut gespielt.
9. Das hat sie wahrscheinlich damals gewußt.
10. Ich kann mich an sie erinnern.
11. Ich kann mich sehr gut an sie erinnern.
12. In unserer Jugend sind wir im Sommer gern mit meinem Onkel im Wald spazierengegangen.
13. Die Innenstadt wurde im Krieg zerstört.
14. Die Innenstadt wurde im Krieg durch Bombenangriffe zerstört.
15. Diese Bücher hat Brigitte gestern abend ins Regal gestellt.
16. Sie brauchte meinen Rat.
17. Sie brauchte meinen Rat gestern.
18. Sie brauchte gestern meinen Rat.
19. Eigentlich haben mich ihre Gedanken über die Rolle der Justiz in der modernen Gesellschaft interessiert.
20. Ich sah auf die Uhr.
21. Ich konnte die Bedeutung des Wortes aus dem Kontext erkennen.
22. Wir wollen morgen ans Meer fahren.

18   The position of *nicht* (see *Hammer* 21.7) 😀😀😀

PROJECT: The simplest 'rule' for the position of *nicht* in German is
that it occurs **after** objects and all adverbs **except** those of manner,
and **before** adverbs of manner and all other complements. Take a
passage of modern prose consisting of at least 1000 words to give
you a reasonable sample – at least 20-30 occurrences of *nicht* are
required.

● Check how useful this rule is.
● In how many cases does the rule not apply because *nicht* is
  referring to one particular element in the clause rather than to
  the clause as a whole (see *Hammer* 21.7.2)?

19   The position of prepositional objects (see *Hammer* 21.8.1b)

Prepositional objects, like other complements, normally occur at
the end of the *Mittelfeld*. Form sentences as in the example.

e.g.   antworten auf [ich / mein Sohn / sein Brief / sofort]
      Ich antwortete meinem Sohn sofort auf seinen Brief.

1. sich freuen über [mein Vater / mein Erfolg / sehr]
2. abraten von [ich / meine Schwester / diese Reise / dringend]
3. erkennen an [wir / können / leicht / den Chef / sein Bart]
4. bestehen aus [dieser Apparat / sicher / mehrere Einzelteile]
5. danken für [Helmut / die alte Frau / sehr / ihre Hilfe]
6. erkranken an [unser Sohn / plötzlich / eine Lungenentzündung]
7. sich freuen auf [wir / sehr / der Urlaub auf Mallorca]
8. betrügen um [der Verkäufer / der Tourist / auf die gemeinste Weise /
   zweitausend Mark]
9. sich fürchten vor [mein Onkel / außerordentlich / dieser Besuch beim
   Zahnarzt]
10. sich erkundigen nach [wir / wollen / der Weg zum Bahnhof /
    natürlich]
11. sich abfinden mit [ich / müssen / leider / ein sehr geringer Lohn]
12. bitten um [Monika / ihr Vater / Geld / kürzlich / wohl]

20   The placing of elements after the final portions of the verb   (see *Hammer* 21.9) 😃😃😃

PROJECT: It is asserted that *Ausklammerung* (see *Hammer* 21.9) is becoming increasingly frequent in modern written German. Take a recent page from a German newspaper.

• See how many examples of *Ausklammerung* you can find.
• What proportion of possible cases do they represent?

21   Word order   (see *Hammer* 21) 😃😃😃

See how close you can get to being the perfect flirt – by putting the words in the multiple choice answers in the right order. Heterosexual men will first have to modify any gender-specific words. The number of marks you can allocate yourself for each correct sentence is given on page 188 – the maximum is 58. Deduct one mark for each misplaced word. You get no marks if you cannot work out the drift of a sentence.

WIE MACHEN SIE DIE MÄNNER SCHWACH?

Wenn Sie wissen wollen, zu welchem Flirt-Typ Sie gehören: Mit unserem Test finden Sie heraus, ob Sie schon perfekt sind oder noch was dazulernen können.

1   Im Park begegnet Ihnen ein toller Mann mit einem Hund an der Leine.
A   spielen. an, Sie mit Hund fangen zu dem
B   an. Sie beide lächeln
C   welchem von stammt. fragen, der Züchter Hund Sie

2 Im Aufzug lächelt Sie ein Mann an, der das gewisse Etwas hat.
A nettesten Aufzug man im die kennenlernt. Sie Leute daß sagen,
B weg. zurück, schauen aber lächeln dann Sie schnell
C sich, er vierten auch im will. Sie erkundigen Stock aussteigen ob

3 Der neue Kollege gefällt Ihnen. Aber er scheint ein bißchen schüchtern zu sein.
A ihm Kompliment ein Krawatte. machen wegen Sie seiner
B vor, Ecke mit Sie den Ihnen die auszuprobieren. um mittags schlagen „Italiener"
C eine bringen Kaffee. ihm Tasse Sie

4 Im Supermarkt steht vor dem Nudelregal ein Mann, der Ihnen auf Anhieb gefällt. Er fragt Sie nach den Tortellini.
A Tortellini er ihm dazu die fragen, ausprobiert holen Basilikumsoße ob Sie hat. und schon
B und ihn zeigen an ihm beste lächeln auch die gleich Sorte. Sie
C auf deuten Fach. Sie das

5 In der anderen Bistro-Ecke sitzt ein Mann, der mit Ihnen immer mal wieder Blickkontakt aufnimmt. Mehr passiert aber leider nicht.
A nicht sein denken, sind. Sie Sie Typ daß
B prosten er zu. rüberschaut, Sie ihm wieder Wenn
C mich an Ihnen und setzen?" fragen: seinen zu Sie gehen Tisch ich „Darf

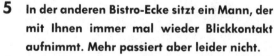

TESTAUFLÖSUNG

Zählen Sie Ihre Punkte zusammen.

Frage	A	B	C
1	4	3	6
2	6	2	4
3	2	6	3
4	6	4	2
5	1	3	6

Unter 17 Punkte: Jammerschade! Da taucht Ihr Traummann auf, und nichts, aber auch gar nichts läuft.

18 bis 39 Punkte: Weiter so! Sie überlassen Ihr Glück nicht dem Zufall.

Über 40 Punkte: Phantastisch! Sie haben das Talent zum Flirten mit in die Wiege bekommen.

Freundin, 3.6.1992, S. 170-172

22

Word formation

July 1. – *In the hospital yesterday, a word of thirteen syllables was successfully removed from a patient – a North-German from near Hamburg.*
(Mark Twain)

1 The formation of nouns (see *Hammer* 22.2)

Form as many nouns as possible from the verbs, adjectives and nouns below using the suffixes *-chen/-lein, -e/-ei/-erei, -er/-ler/-ner, -heit/-keit, -ling, -nis, -schaft, -tum, -ung*.

1. a. erzeugen   b. ernennen   c. bedürfen   d. helfen   e. spritzen
   f. erfinden
2. a. heiter   b. schwach   c. frech   d. reich
3. a. Buch   b. Liebe   c. Tisch

2 The formation of adjectives (see *Hammer* 22.3)

Form as many adjectives as possible from the nouns, adjectives, adverbs and verbs below using the suffixes *-bar, -haft, -ig, -isch, -lich, -los, -mäßig, -sam*.

1. a. Arbeit   b. Kind   c. Tag   d. Gewissen   e. Schuld   f. Gewalt
   g. Fehler   h. Leben
2. a. kurz   b. lang
3. a. gestern
4. a. machen   b. verzeihen   c. erhalten   d. verstellen   e. biegen

3 The formation of adjectives (see *Hammer* 22.3)

Distinguish between different adjectives derived from the same root
by linking each up with a noun it might be used with.

1. furchtsam, fürchterlich   (Drohung, Kind)
2. schmerzhaft, schmerzlich   (Verletzung, Abschied)
3. glaubhaft, gläubig   (Bericht, Katholik)
4. kindisch, kindlich   (Mädchen, Greis)
5. golden, goldig   (Armband, Baby)
6. genießbar, genüßlich   (Gefühl, Früchte)
7. brauchbar, gebräuchlich   (Sprichwort, Vorschlag)
8. herrlich, herrisch   (Person, Schloß)
9. dreistündig, dreistündlich   (Verspätung, Abstand)
10. wählerisch, wählbar   (Abgeordneter, Kunde)

4 The formation of verbs (see *Hammer* 22.4)

Form as many verbs as possible from the nouns, adjectives and
verbs below using the prefixes *be-, ent-, er-, ver-, zer-*.

1. a. Gift b. Hunger c. Gold d. Wurzel e. Siegel
2. a. sicher b. starr c. kurz d. taub e. hart
3. a. suchen   b. fallen   c. laden   d. arbeiten   e. sprechen   f. achten
    g. sagen

5 Prefixes (see *Hammer* 22.4 – 22.6)

Fill the appropriate gaps using the verbs in brackets.

1. Da er mehrere Gesetze _____ [übertreten] hatte, wurde er
   _____ [verhaften] und dem Gericht _____ [übergeben].
2. Wir haben endlich in der Firma _____ [durchsetzen], daß nicht
   immer bis 8 Uhr abends _____ [durcharbeiten] werden muß.
3. Als mir klar wurde, daß mein Plan nicht richtig _____
   [durchdenken] war, habe ich ihn sofort _____ [fallenlassen].
4. Man war _____ [übereinkommen], daß das Musical in Berlin
   _____ [uraufführen] werden sollte.
5. Nachdem der Fall _____ [untersuchen] worden war und
   sich _____ [herausstellen] hatte, daß er Geld _____

[unterschlagen] hatte, blieb ihm nichts anderes übrig, als sein Amt
_____zu_____ [niederlegen].

6. Nachdem wir auf dem Flughafen _____ [ankommen] waren und
unsere Koffer _____ [durchsuchen] worden waren, konnten wir
endlich in unserem Hotel _____ [unterbringen] werden.

7. Ich glaube, es wäre besser, das bisher Gesagte nochmals gründlich
_____zu_____ [überdenken] und jetzt zu einem anderen Thema
_____zu_____ [übergehen].

8. Ich finde es etwas _____ [übertreiben], jede Woche die Möbel
_____ zu_____ [umstellen].

9. Der Spion entschloß sich, zur Gegenseite _____zu_____[über-
laufen], weil diese weniger von zwielichtigen Elementen _____
[durchsetzen] war.

10. Der Verletzte war von einem Auto _____ [überfahren] worden
und mußte sofort ins Krankenhaus _____ [einliefern] werden.
Derselbe Autofahrer hatte vor zwei Jahren schon einmal einen
Passanten _____ [anfahren], weil er eine Ampel _____
[mißachten] hatte.

6 The formation of verbs: inseparable prefixes
(see *Hammer* 22.4) ☺☺☺

PROJECT: Take one of the prefixes *be-*, *er-* or *ver-*. Collect a sample of 20
verbs with that prefix from a dictionary (DUDEN, *Das große Wörterbuch
der deutschen Sprache*. Dudenverlag: Mannheim, 1976-81 is ideal if you can
find a copy in a library).

• Classify the verbs you have found in terms of the meaning
patterns given in *Hammer* 22.4.
• Which meaning is the most frequent?
• Did you find any verbs which did not fit into these meaning
patterns?

7 KREUZ+WORT+RÄTSEL (see *Hammer* 22)

(For umlauts write AE, OE, UE, and for ß write SS. In some cases, different clues have the same answer. You'll find *Hammer* and a bilingual dictionary a help if necessary.)

1	2	3	4	5	6	7	8	9		10	11	12	13	14
15			16		17		18		19	20				
21		22		23				24					25	26
27			28		29	30	31		32					
33	34			35				36		37	38			
39			40							41	42	43	44	45
46	47	48	49			50		51	52		53		54	
	55			56		57			58					
59	60	61			62	63	64	65		66				
67			68		69	70		71		72	73	74	75	76
77	78			79		80					81			
82		83		84		85	86	87	88		89			
	90		91					92	93					

Across

1   Makes a noun into the main one.
7   Likes joining up with prepositions.
9   The noun derived from *warm*.
15   Swiss cows like grazing on it.
16   Added on to *direkt*, it would give you a powerful person.
17   Commonly and productively forms adjectives from nouns like *Staub*.
18   A suffix that makes *Hoffnung* hopeless.
20   The short form of an outward-bound compound verbal prefix of direction.
21   Zero. If it were joined with *Tarif*, travel would cost you nothing.
23   Turns hundred into a hundredth.
24   A prefix that makes *Erfolg* gigantic.
26   It's the ending for many feminine nouns from verbs like *bremsen*.
27   An infrequent prefix in verbs like *bleiben* and *stehen*.
28   A common suffix in feminine nouns – try it for friendship.
32   Variable prefix that makes a verb repeat or go back.
35   A separable directional prefix that takes verbs somewhere.
36   An inseparable prefix you might find attached to *antworten* or *zahlen*.
38   You'd get 90 if you added -*zig* to it.
39   The most frequent productive suffix for making verbal action into a noun - and it's feminine.
40   A suffix for deriving adjectives from nouns - so productive that a book on German style calls it 'unser scheußliches Allerwelts-Anhängsel' (Wolf Schneider, *Deutsch für Kenner*, Hamburg, 1987, p. 57).

41   A suffix that weakens the action of a verb like *husten*.
46   A separable prefix that makes verbs cooperative.
49   You need this to make a country and a man into a countryman.
51   You hear this little suffix a lot in Switzerland.
53   The abbreviation of *im Auftrag* - equivalent to 'pp'.
54   You need this to make a farmer and a yard into a farm.
55   It's good.
56   The eggy suffix that makes a baker into a bakery.
57   A prefix on wheels that can't decide whether it's still a noun.
58   The parent noun of the verb *übernachten*.
59   A prefix with *drehen* that's a right turn-off.
61   It's boredom itself if you put it together with *Weile*.
64   A prefix to make nouns and adjectives negative.
66   Use it with *frei* to create freedom.
67   An inseparable prefix used when recommending and receiving.
68   A variable prefix that tends to go under.
71   Smokers avoid carriages with this prefix.
75   *In + dem.*
77   A prefix for backward nouns.
79   An adverb related to *Ring*.
81   Short form of *Universität*.
82   Use it to make something unknown from *bekannt*.
83   A preposition that can join the club of separable prefixes and be attached to *treten*.
84   Infinitives used as nouns have this ending.
85   When joined up with *Wind*, it comes from the east.
88   You need this element if you want to join up *Kind* and *Garten*.
89   Rather mushy, and likes to be joined to apples.
90   You'll usually need this syllable to create a past participle.
91   A basic prefix for nouns.
92   A rather unusual prefix that makes *sozial* antisocial.
93   A prefix - but it's after.

Down

1   You use it for handling things.
2   The short form of what kitchen foil is made of.
3   A verbal prefix that goes round not knowing if it's separable or inseparable.
4   The earth has two of them.
5   The final letter of weak verbal participles.
6   It makes a worker into a colleague.
8   Makes *gemein* more common.
9   What this is all about.
10   Makes a pig into a disgusting mess.
11   You're often prohibited from stepping on it, and you cut it by adding *Mäher*.
12   *Müdigkeit* derives from it.
13   A neuter pronoun.
14   A prefix that makes other nouns into collectives.
19   A linking element in compound words.
22   A productive suffix to form nouns from verbs or adjectives - used for old-style apprentices.
23   What's the damage? Join it to *Freude* if you want to gloat.
25   With *-igkeit* you could make it into news.
26   A suffix that makes wood wooden.
28   A suffix that makes *Gewalt* violent.

29   The adjective derived from *hier*.
30   *An + das*.
31   Joins a ball to make a popular sport.
32   A verbal prefix that takes people and things away.
33   With the suffix *-heit* you'd get stupidity.
34   A common, simple, productive and approachable separable prefix.
37   Could mean precision with the suffix *-igkeit*.
42   A common adjectival suffix with a wide range of functions.
43   An unusual preposition related to *nah*. It takes the dative.
44   An escapist inseparable prefix.
45   This adjectival suffix makes *Helden* heroic.
47   It makes *Haar* hairy.
48   A type of spring flower from the same family as the English one.
49   A noun related to *sich stauen* - you get it a lot with cars.
50   A productive masculine suffix.
52   It turns men into women.
59   A destructive verbal prefix.
60   As a separable prefix, it can kill, and as an inseparable one it's used to embrace.
62   Use this and an umlaut to make *groß* into a noun.
63   Use this to make a city into a sausage.
65   This suffix creates abstract nouns from verbs like *erkennen* or adjectives like *geheim*.
69   It's the indigenous cousin of *loyal*.
70   A simple separable prefix related to the preposition *in*.
72   It makes things small.
73   A separable directional prefix that makes verbs move towards you.
74   A suffix for creating neuter institutions, collectives and characteristic features, such as the papacy, civil servants or German ethos.
75   Use it to make the teacher female.
76   It's nothing to do with fog, and often comes in *Haufen*.
78   Use it to form a noun from *bedeuten*.
80   You need this linking element to send a message via *Flasche* and *Post*.
82   A prefix that takes nouns back to their origins.
83   Use this inseparable prefix to make *antworten* into a transitive verb.
86   It can stand on its own or join up with *bald, dann, daß, eben, fern, sehr* or *weit* to form conjunctions.
87   This can be added on to *Komma* and *Schema* to make them plural.

23

Spelling and punctuation

In German, all the Nouns begin with a capital letter. Now that is a good idea; and a good idea, in this language, is necessarily conspicuous from its lonesomeness. (Mark Twain)

1 The use of capitals (see *Hammer* 23.1)

Decide whether to use small letters or capitals.

1. Mein Sohn hat vor K/kurzem in einer Klassenarbeit über Friedrich den G/großen eine E/eins geschrieben.
2. Es ist das B/beste, wenn du dir ein P/paar neue Schuhe kaufst.
3. Beim ersten L/lesen eines Aufsatzes fällt mir im A/allgemeinen nichts W/wesentliches in B/bezug auf den Inhalt auf.
4. Ich schreibe meine Gedichte zuerst auf D/deutsch und übersetze sie anschließend ins E/englische.
5. Auf alles W/weitere soll im F/folgenden näher eingegangen werden.
6. Die B/brechtschen Gedichte der frühen Schaffensperiode befassen sich im W/wesentlichen mit dem Gedanken des Vitalismus.
7. Sprecht ihr zu H/hause E/englisch oder F/französisch?
8. Von allen Mitarbeitern im A/auswärtigen Amt ist mein Vater sicher der B/beste.
9. Vor dem Chef muß man sich in A/acht nehmen, da er K/kraft seines Amtes immer R/recht hat.
10. Nachdem Martin Luther sich geweigert hatte zu widerrufen, fiel er in A/acht und B/bann.
11. Da ich gern R/radfahre, fahre ich auch morgen mit dir R/rad.
12. Liebe Tante Frieda,
    Z/zu D/deinem Geburtstag wünsche ich D/dir A/alles L/liebe und G/gute und besonders Gesundheit für das kommende Jahr und alle W/weiteren.
13. Du hast R/recht, und ich habe meine R/ruhe.

2   The use of the comma   (see *Hammer* 23.5)

In the following, all commas have been omitted. Can you replace them? And can you explain why each of the commas you are inserting is necessary?

1.   Eine Entscheidung vorzubereiten wird nicht einfach sein denn der Ausschuß hat nur noch wenige Tage Zeit diese Entscheidung zu fällen mit der aller Voraussicht nach niemand zufrieden sein wird und die deshalb auch niemand respektieren wird.

2.   Ich habe durchaus den Eindruck daß Bundeskanzler Helmut Kohl der sich als ein Mann des Volkes versteht und in historischen Zusammenhängen denkt Verständnis für die Erörterung plebiszitärer Fragen hat und die historische Dimension des Neuanfangs sieht (*Der Spiegel*, 10.6.1991, S. 21).

3.   Direkt an der Straße gelegen konnte dieses Hotel jedoch nicht mit fünf Sternen ausgezeichnet werden wofür trotz des unbestreitbaren Komforts den das Hotel bietet eine ruhigere Lage notwendig gewesen wäre.

4.   Alles in allem ging es mir letzte Woche auf gut deutsch gesagt ziemlich bescheiden und ich bin froh daß es mir jetzt besser zu gehen scheint und ich endlich wieder anfangen kann zu arbeiten.

5.   Ich hätte schon Lust mit dir ins Kino zu gehen jedoch nicht wenn dein Bruder mitkommt.

6.   So wichtig es auch sein mag seine Erfahrungen die man natürlich besonders als älterer Mensch hat mit in die Diskussion einzubringen so müssen wir doch auch anerkennen daß die Jugend ein Recht darauf hat ernstgenommen zu werden und zwar besonders dort wo es um Dinge geht die sie direkt unmittelbar und deshalb vielleicht auch ausschließlicher betreffen als die ältere Generation es wahrhaben möchte.

7.   Zunächst war es das Wichtigste den Mann nicht aus den Augen zu verlieren. Emil versteckte sich hinter einer großen breiten Dame die vor ihm ging und guckte manchmal links und manchmal rechts an ihr vorbei ob der andere noch zu sehen war und nicht plötzlich im Dauerlauf davonrannte. Der Mann war mittlerweile am Bahnhofsportal angelangt blieb stehen blickte sich um und musterte die Leute die hinter ihm her drängten als suche er wen. Gleich würde Emil an ihm vorbei müssen und dann war es aus mit den Heimlichkeiten. (Erich Kästner, *Emil und die Detektive* (1930), Cecilie Dressler Verlag, Berlin, O.D., S. 68-69)

3   The use of capitals, ß and commas
(see *Hammer* 23.1, 23.3 and 23.5)

These two prose pieces by Stefan George are written without
commas, without capitals for nouns and with ss instead of ß.
Rewrite the pieces according to standard German rules of spelling
and punctuation, and consider whether you agree with those who
think that initial capital letters for nouns should be abolished.

Der tote See (1894)

Der ganze boden über den sich ein niedriger verfinsterter himmel
dehnt ist mit spärlichem versengtem gestrüpp bedeckt und weite
strecken wächst auch dieses nicht einmal. Nackte ungestalte steine
kreuz und quer liegend deuten auf einen weg der kein ende zu nehmen
scheint. Da taucht in der einöde auf einmal ein dunstumhüllter flacher
hügel auf an dessen saum ein verwitterter pfahl mit einem zeiger steht.
Da droben muss der tote see liegen. Er ist gewiss schwarz und zäh
und von ihm steigt der brenzliche geruch der ringsum wahrnehmbar
ist. Meinen einen fuss zieht es hinauf · den andern aber hält ein
schmerzliches grausen ab am pfahl vorüberzuschreiten.

Ein Quentin Massys: Das frühere Löwener Altarbild (1894)

In einer säulenhalle die den blick in eine grünblaue landschaft mit
geschlängelten wegen und flüssen gestattet sizt im vordergrunde rechts
die Maria in goldbraunem herabwallendem haar in einem weissen
kleid mit ganz zartblauer randfärbung und goldnen saumnähten. Auf
ihrem schooss trägt sie das göttliche kind das einen kleinen vogel
halb zärtlich halb ängstlich an die wange zum kusse hält wobei es
mit dem einen auge blinzelt. Die alte frau links in braun-rotem gewand
und schwarzer haube bietet dem enkel eine traube an nach der er
ohne hinzuschauen den finger streckt. Weiter unten sitzen zwei junge
mütter: die eine schlingt ihre hand um den knaben der neben ihr betet
und hält einem anderen eine frucht verweisend weg ohne zu bemerken
dass er inzwischen gewährung erbittend eine neue hervorgeholt hat.
Die beiden knaben über den knieen der zweiten mutter blicken
fragend und andächtig in ein buch und ein dritter eilt herbei und
hebt glücklich über den fund eine nelke empor. Zu ihren füssen lehnt
auf der erde ein ganz kleines mädchen mit einer grossen bunten bibel

aus der einige blätter fallen und liest mit seitwärts geneigtem kopf und abgelauschter frömmigkeitsmiene vom verkehrten blatt. Die männer im hintergrund sehen vertrauend und still glücklich auf die ihrigen und aus dem boden spriessen windröschen und dreifarbige veieln.

Stefan George, *Gesamt-Ausgabe der Werke. Endgültige Fassung*, Bd. 17 (Berlin, 1933), S. 31 und 46-47.

Answers to the exercises

1 Nouns

1   **Gender** Overall, about 45% of German nouns are masculine, 35% are feminine and 20% are neuter. Your figures should be close to these, but if you selected a newspaper passage you will probably have found a higher proportion of feminine nouns (because a lot of abstract nouns are feminine). But what is striking is that such a relatively small proportion of German nouns are neuter!

2   **Gender** 1. die deutsche 2. ein künstliches 3. das schwere 4. das zehnte 5. der häufige 6. eine akute 7. ein fürchterliches 8. ein junger 9. ein strenges 10. der bittere 11. ein politisches 12. ein kluger 13. ein lyrisches 14. eine feste 15. eine zierliche 16. eine leichte 17. ein prickelndes 18. ein bescheidener

3   **Gender** 1. ein historisches 2. die offizielle 3. eine wichtige 4. ein offenes 5. ein schreckliches 6. ein öffentliches 7. das dringende 8. ein feierliches 9. ein offenes 10. ein vollständiges 11. die nächtliche 12. die eingehende 13. ein offenes 14. ein neues 15. ein freundschaftliches 16. ein altes

4   **Gender** 1. die Französische 2. ein neuer 3. ein künstliches 4. ein amtliches 5. der junge 6. ein deutsches 7. das bayerische 8. die schöne 9. der weite 10. die allgemeine 11. das deutsche 12. das teure 13. das gefährliche 14. eine englische 15. die preisgünstige 16. die moderne 17. ein bequemes 18. ein gewisses 19. ein großes 20. das alte 21. ein amerikanisches 22. der teure 23. das große 24. ein irischer 25. ein elektrisches 26. der holländische 27. das angelegte 28. der unerforschte 29. der schnellbindende 30. ein wertvolles 31. ein schönes 32. das ungefähre 33. ein starkes 34. ein empfindliches 35. ein deutschsprachiger 36. ein schnurloses 37. ein gelbliches 38. ein deutscher 39. ein neues 40. ein schönes

5   **Gender** 1. der 2. der 3. das 4. die 5. das 6. der 7. die 8. die 9. die 10. das 11. der 12. der 13. das 14. der 15. das 16. die 17. die 18. das 19. das (*not* die, even though Foto *is short for* die Fotografie) 20. der 21. das 22. das 23. das 24. die 25. der 26. die

6   **Gender** 1. ein starkes Interesse [n] 2. ein alberner Gedanke [m] 3. Der Geruch [m] 4. Der gute Wille [m] 5. Der Wald [m]; der Waldrand [m] 6. Das Jahr [n] 7. deine Hand [f] 8. Die Stadt [f] 9. die deutsche Geschichte [f] 10. Das Angebot [n]

7   **Gender** Relevant information can be found in *Hammer* in the section given in brackets after each noun.

Masculine	Feminine	Neuter
Fall (1.1.5b)	Bedeutung (1.1.6)	Auge (1.1.8b)
Humor (1.1.5a)	Droge (1.1.8b)	Bürgertum (1.1.7)
Kommunismus (1.1.5a)	Gelegenheit (1.1.6)	Drama (1.1.7)
Lehrling (1.1.5a)	Löwin (1.1.6)	Gebirge (1.1.8c)
Schnee (1.1.1c)	Marktwirtschaft (1.1.7)	Gemetzel (1.1.8c)
Sommer (1.1.1b)	Oder (1.1.2c)	Gymnasium (1.1.7)
Sprung (1.1.5b)	Panik (1.1.6)	Hähnchen (1.1.7)
Stand (1.1.5b)	Revolution (1.1.6)	Kalb (1.1.3a)
Student (1.1.1a)	Stufe (1.1.8b)	Messing (1.1.3b)
Wurf (1.1.5b)	Treulosigkeit (1.1.6)	Pfund (1.1.3c)
Zwilling (1.1.5a)	Universität (1.1.6)	Ventil (1.1.7)

8   **Varying and double gender** 1. Der 2. Der 3. Die 4. Der; das 5. Das 6. Die 7. Der 8. das 9. der [*f. dative*]; den 10. der; Das

9   **Double genders with different meanings** 1a. Der erste Band [m], *volume* 1b. ein schwarzes Samtband [n], *ribbon* 2a. ein großes Bund [n], *bunch* 2b. Der Bund [m], *federal union* 3a. Der einzige Erbe [m], *heir* 3b. Das kulturelle Erbe [n], *(inheritance), heritage* 4a. Der Vitamingehalt [m], *content* 4b. Das ihm angebotene Monatsgehalt, [n], *salary* 5a. Die Kiefer [f], *pine* 5b. Der Kiefer [m], *jaw* 6a. eine Leiter [f], *ladder* 6b. Der Leiter [m], *director* 7a. ein scharfes Küchenmesser [n], *knife* 7b. Der Geschwindigkeitsmesser [m], *(gauge), speedometer* 8a. Der größte See [m], *lake* 8b. die offene See [f], *sea* 9a. das Steuer [n], *steering-wheel* 9b. Diese Steuer [f], *tax* 10a. Sein größtes Verdienst [n], *(merit), achievement* 10b. Der durchschnittliche Verdienst [m], *earnings*

10   **Noun plurals** You will probably find that the rules apply best in the case of feminine nouns (probably 95%) and that masculine nouns are the least predictable. Nevertheless, if you chose a passage of fiction with a lot of fairly common nouns, it will not be surprising if up to two-thirds of the masculine and neuter nouns follow the rule.

11   **Noun plurals** The means of forming the plural is given for each noun, followed by the paragraph in *Hammer* where relevant information is to be found.

Masculine	Feminine	Neuter
Computer (-;1.2.2a)	Bedeutung (-en;1.2.3a)	Fenster (-;1.2.4a)
Onkel (-;1.2.2a)	Diskette (-n;1.2.3a)	Gebirge (-;1.2.4a)
Boden (";1.2.2b)	Frage (-n;1.2.3a)	Mädchen (-;1.2.4a)
Hammer (";1.2.2b)	Gelegenheit (-en;1.2.3a)	Dach ("er;1.2.4b)
Geist (-er;1.2.2c)	Geschichte (-n;1.2.3a)	Lamm ("er;1.2.4b)
Wald ("er;1.2.2c)	Landschaft (-en;1.2.3a)	Geschäft (-e;1.2.4c)
Arm (-e;1.2.2d)	Möhre (-n;1.2.3a)	Heft (-e;1.2.4c)
Hund (-e;1.2.2d)	Revolution (-en;1.2.3a)	Jahr (-e;1.2.4c)
Punkt (-e;1.2.2d)	Schwäche (-n;1.2.3a)	Lineal (-e;1.2.4c)
Rock ("e;1.2.2d)	Stätte (-n;1.2.3a)	Lokal (-e;1.2.4c)
Stall ("e;1.2.2d)	Lehrerin (-nen;1.2.3a.i)	Mal (-e;1.2.4c)
Stuhl ("e;1.2.2d)	Axt ("e;1.2.3b)	Stück (-e;1.2.4c)
Gedanke (-n;1.2.2e)	Gans ("e;1.2.3b)	Vitamin (-e;1.2.4c)
Staat (-en;1.2.2e)	Hand ("e;1.2.3b)	Hemd (-en;1.2.4e)
Strahl (-en;1.2.2e)	Stadt ("e;1.2.3b)	Labor (-s;1.2.5a)
Streik (-s;1.2.5a)	Kenntnis (-se;1.2.3c)	Auto (-s;1.2.5b)

12   **Two plurals with different meanings** Die Bande *f* – Bänder *n*; Die Bänke *d* – Die Banken *p*; Mütter *o* – Die Muttern *q*; Die Abdrucke *b* – (Die) Abdrücke *c*; Stöcke

m – Die Stockwerke *h*; Die Wörter *a* – Die Worte *r*; Die Dinge *g* – Die Dinger *i*; Strauße *k* – Die Sträuße *e*; Die Räte *j* – Die Ratschläge *l*

13   Discrepancies in the use of singular and plural between German and English Other tenses may be possible in most of these sentences. 1. Die Masern sind; können sie 2. Ihre Brille ist; eine neue 3. Die Kosten . . . liegen; Sie müssen 4. Die Wirren . . . dauerten 5. sind umfangreiche Kenntnisse 6. die Treppe; Sie war/ist 7. Unser Urlaub beginnt; Er dauert 8. wurde das Volk; Es begann 9. kosten zehn Pfund

14   Discrepancies in the use of singular and plural between German and English Different translations may be possible, except for the words in italics. 1. *Meine Brille* ist neu. *Meine alte* ist letzte Woche kaputtgegangen. 2. Ich habe *meine schwarze Hose* schmutzig gemacht. Ich werde *die/meine graue* tragen müssen. 3. Ich habe *mein Fernglas* fallen lassen und *es* kaputtgemacht. 4. *Die Polizei kam* zu spät, weil *sie* durch den Verkehr aufgehalten *worden war.* 5. Er kaufte *drei Brote* und *fünf Pfund Kartoffeln.* 6. Ich würde einen Kredit (*OR* ein Darlehen) aufnehmen, aber *die Zinsen werden* sehr hoch sein. 7. *Ostern ist/fällt* dieses Jahr sehr spät. 8. *Sein Verdacht* erwies sich als gerechtfertigt.

15   Singular and plural nouns in English and German Different translations may be possible, except for the words in italics. 1. *Meine Familie ist* wunderbar. *Sie hat* sehr viel für mich getan. 2. *Das dänische Volk* hat gegen den Vertrag gestimmt. 3. *Die Mannschaft hat* schon seit Wochen nicht mehr gut gespielt (*OR spielt* schon . . . gut). *Sie hat* gestern abend gegen München verloren. 4. *Die Regierung hat* gesagt, daß *sie* jetzt handeln *wird.* 5. *Die sozialdemokratische Partei hat* einen neuen Parteiführer gewählt. 6. *Die Klasse 9C fährt* in den (*OR* während der) Osterferien nach London. 7. *Die Jugend von heute ist* ziemlich rücksichtslos. 8. *Italien hat* Deutschland in Mailand geschlagen.

16   Noun plurals 1. Vögel; Lüfte; Scharen; Äcker 2. Arbeiter; Bauern 3. Mütter; Töchter; Väter; Söhne 4. Schecks; Banken; Konten 5. Kontinente; Länder; Städte; Dörfer 6. Autofahrer; PKWs; Straßen; Parkplätzen 7. Regenfälle; Bergen; Tälern; Schäden 8. Worte; Zuhörer; **Ministern**; Staatsoberhäuptern; Länder 9. Fotoalben; Fotos; Bilder; Postkarten; Museen; Galerien 10. Bänken; Fingerabdrücke; Haare; **Mördern**; Stadtstreicher

17   Noun plurals 1. der Antikschmuck, die Bekleidung, der Hobby- und Bastelbedarf, die Keramik, das Kochgeschirr, die Ladenorganisation, das Porzellan, das Spielzeug, das Toilettenpapier, die Verpackung
2. der Abfalleimer, das Accessoire, das Album, das Band, die Brille, die Decke, der Dosenöffner, das Duftwasser, die Fachzeitschrift, der Fleischwolf, das Gemälde, die Grablaterne, das Juwel, die Kaffeemaschine, das Kinderbuch, die Kuckucksuhr, das Küchengerät, der Massage-Artikel, das Möbel, der Ordner, das Poster, das Regal, das Reinigungsmittel, der Spiegel, die Tasche, der Teppich, das Thermometer, die Waage, das Wappen
3. Accessoire (pl. Accessoires – the table in *Hammer*, p. 11 does not include the plural ending -*s*); Album (pl. Alben – see *Hammer* 1.2.6a), Juwel (pl. Juwelen – see *Hammer* 1.2.4e).

18   Noun plurals *Ohrenbeuteldachse sollen Osterhasen ersetzen.* In Australien *sollen die* aus Europa *importierten Osterhasen* durch *die heimischen Bilbys, die langnasigen Ohrenbeuteldachse,* ersetzt werden. . . . *der Bilbys, die wie die Känguruhs ihre Jungen*

in *Beuteln tragen* . . . *Die Osterhasen* hat die Partei indes *zu Ausländern* abgestempelt. Hinzu kommt, daß *die Bilbys, ausgesprochene Wüstenbewohner,* vom Aussterben bedroht *sind.* . . . von *den Osterhasen* auf *die Bilbys* umschaltet. . . . Die Hasen verdienen . . . wegen *ihrer* weiten Verbreitung . . .

19 **Weak and strong nouns** 1. Elefanten; Menschen; Wals 2. Namen; Vaters; Sohnes; Geistes 3. Morgen; Januar(s); Herrn Braun; Ufern des Nil(s) 4. Vereinigung Deutschlands; Gedanken; Europa(s) 5. Willen; Monarchen; Fürsten 6. Frieden; Herzen 7. Glaubens; Stimme; Herrn 8. Patienten; Chirurgen; Verwandten; Verstorbenen 9. Rolle; Mephisto; Karriere; Klaus Maria Brandauers 10. Franzosen 11. Gottes Namen; Narren 12. Schwabe; Bayern; Preußen 13. Buchstaben; Präsidenten

20 **Dative singular in -e** 1. Falle 2. Laufe; Grunde; Haus 3. Tisch 4. Anblick; Halse 5. Sinne; Kind; Mann(e) 6. Rate 7. Maße; Haus(e); Zug 8. Jahre 9. Tag 10. Rande

21 **Declension of proper names and titles** 1. die Werke Rainer Maria Rilkes; die Werke von Rainer Maria Rilke; Rainer Maria Rilkes Werke 2. das Gesetz Fürst von Bismarcks; das Gesetz von Fürst von Bismarck; Fürst von Bismarcks Gesetz 3. die Niederlage Hitlers; die Niederlage von Hitler; Hitlers Niederlage 4. das Zentrum von Koblenz 5. die Zeitschrift des Allgemeinen Deutschen Automobilclubs; die Zeitschrift vom Allgemeinen Deutschen Automobilclub; des Allgemeinen Deutschen Automilclubs Zeitung* 6. die Hauptstadt der Bundesrepublik; die Hauptstadt von der Bundesrepublik; der Bundesrepublik Hauptstadt* 7. die Aktentasche des jüngeren Herrn Walter; die Aktentasche von dem jüngeren Herrn Walter; des jüngeren Herrn Walters Aktentasche* 8. die Geschichte des geteilten Deutschland(s); die Geschichte vom geteilten Deutschland; des geteilten Deutschlands Geschichte*

22 **Noun declension: genitive singular** You may have chosen different pronouns or tenses to those given below; there are a number of possible alternative sentences. 1. Sie freute sich über den Besuch ihres Freundes. 2. Der Kultusminister dieses Bundeslandes eröffnete die neue Schule. 3. Die Haut eines Elefanten ist sehr dick. 4. Man führt selten die Werke dieses zeitgenössischen Komponisten auf. 5. Das ist ein Grundsatz des christlichen Glaubens. 6. Die Mündung dieses Flusses ist sehr breit. 7. Das Haus meines Nachbarn/Nachbars ist baufällig. 8. Der Hof dieses Bauern ist viel zu klein. 9. Das sind eben die Schwächen des Liberalismus. 10. Der Mantel dieses unbekannten Herrn war aus Lodenstoff.

23 **Noun declension: plural** 1. seit Jahren 2. die Vögel; in den Apfelbäumen 3. die ersten drei Bände 4. die Steuern 5. viele neue Wörter (*in colloquial usage also* Worte) 6. seiner Sprachkenntnisse 7. in den Ländern 8. meine Schwestern 9. mit zwei Autos 10. Jahre lang

24 **Gender, noun plurals and noun declension** 1. der; des Philosophen; Philosophen 2. die; der Party; Partys 3. der; des Gartens; Gärten 4. das; des Knies; Knie 5. das; des Mädchens; Mädchen 6. der; des Stuhls; Stühle 7. das; des Herzens; Herzen 8. das; des Prinzips; Prinzipien 9. das; des Kissens; Kissen 10. der; des Monats; Monate 11. der; des Waldes; Wälder 12. der; des Charakters; Charaktere

25 **Noun declension** Rache (c) [f. nom]; Sommer (b) [m. dat]; Bauer (b) [m. nom]; Torfstechen (b) [n. dat]; Moor (b) [n. dat]; Leichnam (b) [m. acc]; Mannes (a) [m. gen]; Tote (a) [m. nom]; Jahrtausend (b) [n. dat]; Kleidung (c) [f. nom]; Körper

(c) [m. nom]; Wissenschaftler (c) [m. pl. nom]; Tod (b) [m. acc]; Mann (b) [m. dat]; Schädel (b) [m. nom]; Moor (b) [n. dat]; Schuld (c) [f. nom]; Ende (b) [n. dat]; Historiker (c) [m. pl. nom]; Beruf (b) [m. nom]; Mannes (a) [m. gen]; Tote (b) [m. nom]; Steuereintreiber (b) [m. nom]

26 **Noun declension** 1a. **Rüssels** (sg.); **Krokodile** (pl.); **Zähne** (pl.); **Familie** (sg.); **Bäume** (pl.); **Reinlichkeit** (sg.); **Murmeltieren** (pl.); **Mensch** (sg.); **Rasieren** (sg. *– infinitive used as noun*); **Jahren** (pl.); **Tageswachstum** (sg.); **Halsband** (sg.); **Putzkolonne** (sg.); **Zustand** (sg.); **Rasur** (sg.); **Welt** (sg.); **Zeit** (sg.).
1b. **Elefanten** (*pl., ending of the verb* duschen); **Schimpansen** (*pl., ending of the verb* achten); **Menschen** (*sing., article* dem); **Soldaten** (*pl., article* die); **Barbaren** (*pl., preposition* von, *which is followed by the dative – here the dative pl. article* den). *These are all weak masculine nouns (see Hammer 1.3.2).*
2a. **Rüssels** (gen.); **Murmeltieren** (dat.); **Mensch** (nom.- *weak masculine*); **Jahren** (dat.).
2b. **Rasieren** (dat. – dem); **Tageswachstum** (dat. – einem); **Zustand** (dat. - im, *i.e.* in dem); **Menschen** (dat. – dem); **Barbaren** (dat. – den).
2c. **Familie** (der Familie – gen./dat.? Aus *is followed by dative.*); **Bäume** (gefällte Bäume – nom./acc./gen.? An *is followed by accusative or dative, so the case here is* accusative); **Reinlichkeit** (der Reinlichkeit – gen./dat.? An *is followed by accusative or dative, so the case here is* dative); **Putzkolonne** (einer Putzkolonne – gen./dat.? In *is followed by accusative or dative, so the case here is* dative.); **Zeit** (jeder Zeit – gen./dat.? Zu *is followed by dative, so the case here is* dative.)
2d. **Elefanten** (nom./acc./gen./dat.? Nominative. *Absence of another noun/pronoun in the nominative.*); **Krokodile** (nom./acc./gen.? Nominative. *Sense, position.*); **Zähne** (die Zähne – nom./acc.? Accusative. *Sense, position.*); **Schimpansen** (nom./acc./gen./dat.? Nominative. *Absence of another noun/pronoun in the nominative.*); **Halsband** (ein Halsband - nom./acc.? Accusative. *Sense, position.*); **Rasur** (die Rasur – nom./acc.? Nominative. *Absence of another noun/pronoun in the nominative.*); **Welt** (die halbe Welt – nom./acc.? Nominative. *Sense, position.*); **Soldaten** (die Soldaten – nom./acc.? Nominative. *Absence of another noun/pronoun in the nominative, though this can be misleading in a passive sentence, see Hammer 15.1.5.*)

2 Case

1 **The nominative** 1. Ich will später ein berühmter Fußballer werden 2. Peter ist ein unzuverlässiger Mensch. 3. Du bist und bleibst ein unverbesserlicher Optimist. 4. Friedrich II von Preußen wird auch der Große genannt. 5. Deine neue Freundin scheint mir nicht der richtige Umgang für dich. 6. Sein Verhalten ist mir ein absolutes Rätsel. 7. Er wird bald der erste männliche Vorsitzende des Frauenverbandes. 8. Das scheint mir eine ausgezeichnete Idee. 9. Er wird nicht umsonst der beste Pianist aller Zeiten genannt. 10. Der Vater von Karl dem Großen heißt Pippin der Kleine oder der Jüngere. 11. Sein Tod bleibt ein ewiges Geheimnis.

2 **The accusative** The accusative phrases are given followed by an indication of the relevant paragraph in *Hammer*. 1. meine Hand (2.2.1); ihre Schulter (20.3.5) 2. Für zwanzig Mark (20.1.3); kein gutes Hotelzimmer (2.2.1) 3. Diese Stadt (2.2.1) 4. eine Nacht (2.2.5a) 5. anderthalb Meter (2.2.5b) 6. jedes Jahr (2.2.5a) 7. fünfzig Kilometer (2.2.5c) 8. mich (2.2.1); Französisch (2.2.1) 9. diesen Antrag (2.2.1) 10. ins Kino (20.3.9); viel Vergnügen (2.2.3) 11. Wen (2.2.1) 12. lange Reisen (2.2.4)

3 **The accusative** The form of the noun remains the same in these examples, with the exception of *Diamant* and *Affe*, which are weak masculine nouns (see Hammer

1.3.2). 1. der süße; ein süßer 2. das helle; ein helles   3. die kleine; eine kleine 4. den frischen; einen frischen 5. die billigen; billige 6. die grüne; eine grüne 7. das gestreifte; ein gestreiftes 8. den schwarzen; einen schwarzen 9. die roten; rote 10. die reife; eine reife 11. das einfache; ein einfaches 12. den preisgünstigen; einen preisgünstigen 13. das große; ein großes 14. den blauen; einen blauen 15. das schnurlose; ein schnurloses 16. den neuen; einen neuen 17. die bequemen; bequeme 18. den elektrischen; einen elektrischen 19. die langen; lange 20. die saftigen; saftige 21. den großen Diamanten; einen großen Diamanten 22. den grauen Plüschaffen; einen grauen Plüschaffen

4   **The accusative** 1. Messen; eine zwingende Notwendigkeit; irgendwelche Dinge; ein Thermometer; die Zeitmessung; ein Chronometer; das Gewicht; kurze Strecken; ein Metermaß; ein Lineal; die Geschwindigkeit; ein Tachometer; die Luftdruckmessung; ein Barometer; einige Beispiele; die erforderlichen Meßgeräte; Spannung; Stromstärke; Widerstand; Meßgeräte; die Spannung; ein Voltmeter; die Stromstärke; ein Amperemeter; 3 verschiedene Geräte; 2. irgendwelche Dinge; die Zeitmessung; das Gewicht; kurze Strecken; die Geschwindigkeit; die Luftdruckmessung; ein Barometer; Spannung; Stromstärke; Widerstand; die Spannung; die Stromstärke; 3 verschiedene Geräte; Meßgeräte; alle 3 Größen. 3. irgendwelche Dinge (messen); das Gewicht (bestimmen); die Geschwindigkeit (messen); ein Barometer (benötigen); Spannung (messen); Stromstärke (messen); Widerstand (messen); die Spannung (messen); die Stromstärke (messen); 3 verschiedene Geräte (kaufen); Meßgeräte (geben: es gibt); alle 3 Größen (messen).

5   **The genitive** Here is the correct order and form: des Allgemeinarztes; der Fachzeitschrift; aller Frauen; ihres Lebens; der fünfziger Jahre; der Epoche; der Pillenkuren; der Pharmaindustrie; einer sogenannten Depressionsskala; der Schwermütigen; akuter Seelenkrisen; ihrer offenbaren Mängel

6   **The genitive** 1. die Ankunft des Zuges 2. die Anerkennung ihrer Leistungen 3. der Bau eines neuen Kraftwerk(e)s 4. die Erschießung der Geiseln 5. die mündliche Prüfung der Studenten 6. die gründliche Untersuchung des Patienten 7. die Bitte des Beamten um Verständnis 8. die starke Beleuchtung des Zimmers 9. die Begrüßung des Fremden 10. die Annahme des Vorschlags 11. die genaue Kenntnis der Gegend 12. die Entwicklung der Filme durch den Fotografen 13. die Teilnahme der Abgeordneten an der Sitzung

7   **The genitive linking nouns or noun phrases** Here are the noun phrases in the genitive (italicised) with the noun phrases on which they depend (not italicised), followed by (a), (b) etc. to indicate the function of the genitive (though you may have reached different conclusions as to some of the functions!): die unendlichen Leiden *des Rudi V.* (c); (dem) Freitag *dieser Woche* (f); Kapitän *der deutschen Nationalmannschaft* (a); den Ort und den genauen Zeitpunkt *der operativen Maßnahme* (f); eine Völkerwanderung *der Fans* (c); der „Doc" *des Weltmeisters* (a); die ungeheure Beliebtheit *des volkstümlichsten und populärsten deutschen Fußballspielers* (perhaps (a), or similar to (c) if *beliebt* is taken as a predicate complement of *sein* (*Hammer* 18.8)); des . . . Fußballspielers *der vergangenen zehn Jahre* (f); das Symbol *unserer Mannschaft* (a); den Verlust *der integrativen Kraft* (d); (den Verlust) *des kämpferischen Vorbilds* (d); (den Verlust) *des noch immer stürmischen Leistungsvermögens* (d); *Völlers* Ausfall (c); das Idealbild *eines Kapitäns* (f); das Blondieren *seiner über Stirn und Schläfen schon leicht ergrauten Lockenpracht* (d). You will probably have found that it is often not at all easy to define the function of the genitive!

8   **Genitive or *von*?** 1. der Effekt von etwas Alkohol 2. das Auto meines Vaters 3. viele meiner Freunde / (*spoken:*) von meinen Freunden 4. der Geruch von

frisch gemahlenem Kaffee 5. der Geruch von Kaffee 6. der Gipfel des Matterhorns
7. die frühen Romane Thomas Manns / von Thomas Mann 8. die Meinung vieler
Deutschen 9. die Straßen von Nürnberg / Nürnbergs Straßen / die Straßen
Nürnbergs 10. etwas von ihrem Guthaben 11. Ende nächster Woche 12. drei meiner
Bekannten / (*spoken:*) von meinen Bekannten 13. der Geschmack von französischem
Rotwein 14. die Verbesserung meiner Englischkenntnisse 15. nichts von meinem
Guthaben 16. manche dieser Schlangen / (*spoken:*) von diesen Schlangen 17. wer
von deinen Lehrern

9   **The dative** The dative phrase is followed by an indication of the relevant section in
     Hammer: 1. meiner Schwester (2.5.2); zum Geburtstag (20.2.9) 2. Beiden Mädchen
     (2.5.7) 3. ihm (2.5.4) 4. ihr (2.5.7) 5. Wem (2.5.2) 6. Meiner Tochter (2.5.1) 7. mir
     (2.5.6) 8. uns (2.5.11) 9. mir (2.5.11) 10. Ihr (2.5.5) 11. Uns (2.5.2)

10   **The dative** Other tenses of the verb are possible in most of these sentences.
     1. Manfred sah seinem Bruder ähnlich. 2. Dem Jungen war es auf dem Eis sehr
     kalt. 3. Das rote Kleid paßt der jungen Frau sehr gut. 4. Die Frau wäscht sich
     die Hände. 5. Du hast dir den grünen Pullover angezogen. 6. Margot hat sich
     in den Finger geschnitten. 7. Herbert hat sich das Bein gebrochen. 8. Dieses
     Parfüm war ihrer Bekannten viel zu teuer. 9. Ich schenkte meinem Onkel Wein
     nach. 10. Der Hausschlüssel fiel meinem Vater dann durchs Gitter. 11. Rehe
     liefen dem Wanderer über den Weg. 12. Dieser Rock war meiner Schwester nicht
     lang genug. 13. Andreas brachte seiner Freundin diese schönen roten Rosen mit.
     14. Den Kindern verging die Zeit viel zu langsam. 15. Der Schlag tat der alten Frau
     sehr weh. 16. Die Frau zog dem Kleinen die Hose an. 17. Der dicke Mann wischte
     sich den Schweiß von der Stirn.

11   **The genitive and the dative** In general, the genitive is almost only used nowadays
     to link nouns (2.3.1). The use of the dative as an indirect or sole object (2.5.1 &
     2.5.2), the benefactive use (2.5.3), the possessive use (2.5.7) and the use with adjec-
     tives (2.5.11) are all common. Some of the other uses of these cases are specific to
     particular styles and registers. The 'ethic dative' (2.5.6), for example, is barely found
     outside colloquial speech.

12   **Apposition** 1. dem ehemaligen Bundespräsidenten 2. Friedrich den Schönen;
     Ludwigs des Bayern 3. Friedrichs des Großen; Friedrich Wilhelms des Ersten;
     der Soldatenkönig 4. dem heutigen; Herrn Grotewohl, dem Direktor 5. den
     fünfundzwanzigsten Oktober 6. einem kleinen, unbedeutenden Städtchen; der
     Stadt 7. deinem 8. die angeblich letzte überlebende russische 9. der jetzigen;
     dem Zweiten, dem letzten deutschen 10. hiesigen; oberstem; normale

13   **Apposition** 1. Im Dezember 1989 traf Ronald Reagan mit Michail Gorbatschow,
     dem damaligen Präsidenten der Sowjetunion, zu Gesprächen in Malta zusammen
     (*OR* traf R. Reagan M. Gorbatschow, den damaligen Präsidenten der Sowjetunion,
     zu Gesprächen in Malta). 2. Bisher ist nur einer der Bände aus dem Portugiesischen,
     der Muttersprache des Autors, ins Deutsche, eine Sprache, die immer wichtiger
     wird, übersetzt worden. 3. Sie gaben Herrn Samuel, dem Vorsitzenden des
     Ausschusses, das Protokoll. 4. Meine Tante, eine angesehene Politikerin, lebt in
     Regensburg, einer wunderschönen mittelalterlichen Stadt. 5. Hier sehen Sie eine
     der Schnupftabak(s)dosen von Friedrich dem Großen (*OR* Friedrichs des Großen).

14   **Apposition** . . . Stasi-Zuträger wie Heinrich Fink, *den Rektor der Berliner Humboldt-*
     Universität, und Alexander Anderson, *den Literaten.* Günter Grass, *der westdeutsche*

Schriftsteller ... Wolf Biermann, *den DDR-Dissidenten* ... Alexander („Sascha") Anderson, *den früheren ostdeutschen Untergrund-Poeten* ... Und Stefan Heym, *der früher regimekritische ostdeutsche Literat* ... mit Heinrich Fink, *einem ausgewiesenen Fellow-traveller des SED-Regimes* ...

15 **Measurement phrases** 1. sechs Flaschen deutschen Wein (deutschen Weines *would sound archaic*) 2. zwanzig Tonnen russischem Eisenerz 3. mit einem Haufen alter/alten/alte Zeitschriften 4. die wachsende Anzahl von Asylsuchenden / Anzahl Asylsuchender 5. eine Menge ernsthafter Probleme / von ernsthaften Problemen 6. der Preis von drei Kilo französischen Äpfeln 7. der Preis von einem Kilo frische/frischen/frischer Erbsen 8. eine Gruppe japanischer Touristen / von japanischen Touristen 9. mit einer Art (von) italienischem Salat 10. zwei Pfund guten Bohnenkaffee 11. Ich brauche einen halben Liter frische Milch

16 **Measurement phrases** 1. Er wurde nach 25 Jahren ununterbrochener Mitarbeit (*OR* ununterbrochenen Dienstes) entlassen. 2. Man kann ihn immer mit einer Flasche irischem/irischen Whiskey bestechen 3. Der Preis von einem Pfund geräuchertem/geräucherten Schinken (*OR* Räucherschinken) hat sich in den letzten zehn Jahren verdoppelt. 4. Aus/Von zwei Kilo Äpfeln kann man einen guten/schönen Nachtisch (*OR* eine gute/schöne Nachspeise) zubereiten/machen. 5. Tausende von begeisterten Fans sahen/schauten sich das Halbfinale im Fernsehen an. 6. Der Interviewer stellte dem/der Prominenten eine Reihe von Fragen. 7. Es gibt in Deutschland immer noch mehrere/einige Millionen Arbeitslose. 8. Dieser Film beschreibt den Lebensraum verschiedener Arten von Vögeln (*OR* Vogelarten *OR* von verschiedenen Vogelarten). 9. Sein neues Stück ist eine Art Satire. 10. Für ein halbes Dutzend kleine Eier mußte man auf dem Schwarzmarkt (*OR* schwarzen Markt) mindestens sechs Schachteln/Packungen Zigaretten bezahlen. 11. Kann ich Sie zu einer Tasse heiße(r) Schokolade überreden?

17 **Case** In order of appearance, these are the cases of the nouns and pronouns:
1. **Nominative**: Nachwuchsmanager; viel Freizeit; [viel] Sicherheit; eine vielseitige Tätigkeit; selbständiges Arbeiten; die hohen Erwartungen; Träumereien; die Grafik; sie; die jungen Ingenieure; Informatiker; Kaufleute; die Hochschüler; [die] jungen Führungskräfte; Karriere; Aufstieg; die Praktiker; die Studenten; Gesichtspunkte; die Nachwuchsmanager.
2. **Accusative**: was; hochqualifizierte Nachwuchskräfte; eine vielseitige und eigenständige Tätigkeit; Freiräume; eigene Ideen; einen kooperativen Führungsstil; ihr starkes berufliches Engagement; entsprechende Aufstiegsmöglichkeiten; weniger Wert; Freizeit; flexible Arbeitszeit; die Finanzkraft; die Krisensicherheit; das Renommee.
3. **Genitive**: der Studenten; der Sicherheit; der Solidität; des Unternehmens; des Arbeitsplatzes; der Firma.
4. **Dative**: der Arbeitsplatzwahl; dem universitären Elfenbeinturm; den ersten Berufserfahrungen; den Unternehmen; zunehmender Berufserfahrung.

18 **Case** In order of appearance, these are the cases of the nouns and pronouns:
1. **Nominative**: unberechenbare Gäste; ich; ich; ich; die Katze; es; sie; das kleine Nilpferd; die Kaninchen; die; ich; meine Frau; meine Frau; eine gute Frau; sie; die Floskel; Herr.
2. **Accusative**: nichts; Tiere; sie; es; das Fell; Spaß; die Schildkröte; [da]s Herz; mich; unerwarteten Besuch; ein piepsendes Küken; einen herrenlosen Hund; Unterkunft; niemanden; Mensch; Tier; Bettler; Tiere.

3. **Genitive**: unseres Hundes; unserer Kinder.

4. **Dative**: [de]m Gegenteil; meinem Schoß; mir; den Kindern; der Wohnzimmerecke; unserer Badewanne; mir; unserer Wohnung; dem; der Tür; dem Abendgebet; uns.

19   **Case** You can compare your results with those given on page 118 of the following book: Werner König, *dtv-Atlas zur deutschen Sprache*, 9th ed. (dtv 3025, Munich, 1989). This shows clearly how and why the use of the cases varies in different registers. In general, the more formal and abstract the writing, the more the genitive tends to be used.

3 Personal pronouns

1   **Personal pronouns** 1. dir; Es; es mir; es 2. ihnen; Sie; sie sie 3. sie Ihnen; Sie 4. Ich; Ich; dich; dir 5. du; ihm; Es; ihn 6. Er; mir; ich; ihm (*OR* Ich; ihm; er; mir) 7. Es/Sie; es/sie 8. Sie sie mir

2   **Accusative and dative reflexive pronouns** 1. mir; mich; mir 2. dich; dir 3. mich; dir 4. mir; mich 5. dir; dich 6. mir; mich 7. mir; mir 8. mir; dich   9. mir; mich 10. mir; dich 11. mich 12. mir 13. mich; mir; mich; mich

3   **Reflexive and reciprocal pronouns** 1. euch 2. zueinander 3. sich 4. uns/einander 5. miteinander   6. sich   7. mir   8. sich   9. mir   10. sich   11. miteinander 12. sich/einander 13. uns; aufeinander

4   **Forms of the third person pronoun** 1. ihr 2. sie 3. ihn 4. ihnen 5. Sie/Es 6. ihnen 7. Sie 8. er 9. sie 10. sie 11. er 12. ihm

5   **Third person pronoun or prepositional adverb?** 1. d(a)rüber 2. d(a)ran; außer ihr; für ihn 3. d(a)rauf 4. auf die; Mit ihnen 5. d(a)rauf 6. auf sie 7. d(a)rauf 8. dazu 9. ohne es 10. vor uns 11. auf ihn 12. darüber 13. daran; auf ihn

6   **The use of *es* to anticipate a following clause** Other tenses than those given may make sense. 1. Ich habe (es) versäumt, meine Frau anzurufen. 2. Ich habe es abgelehnt, mit ihr in die Schweiz zu fahren. 3. Ich bedaure (es), daß Sie umsonst gekommen sind. 4. Ich habe (es) schon gewußt, daß sie fließend Spanisch spricht. 5. Ich halte es für unmöglich, daß Silke das Abitur schafft. 6. Ich habe meiner Mutter doch versprochen, morgen mit ihr einkaufen zu gehen. 7. Ich habe es Anna nicht übelnehmen können, daß sie es mir deutlich gesagt hat. 8. Ich habe beschlossen, einen neuen BMW zu kaufen. 9. Ich habe (es) sehr bereut, daß ich Germanistik studiert habe. 10. Ich liebe es, im Sommer im Bikini im Garten zu sitzen. 11. Ich habe es unterlassen, dem Bewerbungsbrief die notwendigen Unterlagen beizufügen. 12. Ich habe (es) nicht verhindern können, daß Helmut gegen den Baum gefahren ist.

7   **The pronoun *es*** 1. es; es 2. – ; es 3. (es); es 4. es; es; (es); es 5. (es) 6. es; es 7. Es; es 8. (es) 9. es; es 10. (es); es 11. es

8   **Third person pronoun** 1. Er 2. Es 3. es 4. es 5. sie/es 6. Es 7. Es/Er 8. Sie 9. es 10. es 11. es 12. es 13. Er 14. es 15. es 16. es/sie

9   **Special uses of the pronoun *es*** A number of these are more likely to be encountered in more formal kinds of German, and this may emerge from your choice of passage. In general, the uses of *es* as a pronoun or a 'dummy' or impersonal subject (3.6.1 – 7) are by far the most frequent.

4 The articles

1 **Contractions of the definite article** 1. Zu der 2. Am; aufs 3. übers; übers 4. Von dem; zur 5. beim; im; auf der 6. Bei dem; im; Am; auf den; im; an der 7. bei dem; ums 8. zu der; ins

2 **Forms of the definite article** auf der Richter-Skala . . . in den frühen Morgenstunden des Montags . . . die Benelux-Staaten und den Norden und Osten Frankreichs . . . Das Epizentrum des Bebens . . . im niederländischen Roermond . . . an der deutschen Grenze . . . die Kreisstadt Heinsberg . . . die rheinischen Grossstädte . . . am Montag . . . am Mittel- und Niederrhein . . . aus dem Schlaf . . . der Wissenschafter der Erdbebenwarte der Universität Köln . . . im Rheinland . . . ins Freie . . . Der Sachschaden . . . in den Aussenmauern . . . die Fachleute das Epizentrum . . . In der niederrheinischen Kreisstadt . . . die Polizei den Bewohnern den Zugang . . . Zu den am schwersten in Mitleidenschaft gezogenen Gebäuden . . . ums Leben . . . das Beben in den Grossstädten längs des Rheins . . . die Wasserversorgung . . . Der Kölner Dom . . . von den Domspitzen . . . in das gerade erst reparierte Dach . . . der deutschen Bundesbaudirektion . . . am Regierungssitz . . . die Villa . . . das Kanzleramt und das 29stöckige Abgeordnetenhochhaus . . . Am *(in the original;* An dem *also possible)* noch im Bau begriffenen neuen Bonner Plenarsaal . . . die Decke . . . der für den Oktober geplante Einzug des Bundestags . . . des Kernkraftwerks. *(NB In case you thought the use of* ss *instead of* ß, *and* Wissenschafter *instead of* Wissenschaftler *were misprints: this is standard Swiss usage.)*

3 **Definite article or possessive?** 1. Ich muß mir zuerst die Hände waschen. 2. Ihm klopfte das Herz, als er ihr über das Gesicht strich. 3. Die Mütze fiel ihm vom Kopf *(OR* Ihm fiel die Mütze vom Kopf). 4. Er zog sich die Handschuhe an. 5. Hast du dir die Zähne geputzt? 6. Seit Wochen zerbreche ich mir den Kopf, was ich ihm zum Geburtstag schenken könnte. 7. Ihm zitterten die Knie vor Aufregung. 8. Viele Leute brechen sich beim Skifahren die Beine 9. Der Hals tut mir weh, und mir läuft ständig die Nase *(OR* Mir tut der Hals weh, und ständig läuft mir die Nase). 10. Ich muß mir noch die Haare trocknen.

4 **Definite article or possessive?** In most cases, other tenses than those given will make sense. 1. Der Arzt verbindet dem Patienten die Wunde. 2. Ich legte meine Hand auf ihre Schulter *(OR* Ich legte ihr meine/die Hand auf die Schulter). 3. Die Kindergärtnerin putzte den Kindern die Nase. 4. Sie sprang ihm an den Hals. 5. Sie zog (sich) eine/ihre neue Bluse an. 6. Er schnitt sich in den Finger. 7. Sein Hut lag auf dem Tisch. 8. Langsam hoben sie alle die/ihre rechte Hand. 9. Die Vase fiel mir aus den Händen. 10. Sie trat mir auf die Füße. 11. (Der) Schweiß tropfte ihr von der Stirn.   12. Monika nahm aus Versehen meinen Mantel mit. 13. (Die) Tränen rollten meinem Onkel über die Wangen *(OR* Meinem Onkel rollten . . .). 14. Sie stieß mir mit dem Schirm in die Rippen.

5 **Uses of the articles** 1. der; — 2a. der 2b. —/Die 2c. Die 2d. —; 3a. den 3b. — 3c. —; das/— 4a. -/Das 4b. das 5a. Der 5b. —; —; — 6a. —; — 6b. das; den 6c. —; der 6d. Die; -/den; am 7a. Die; dem 7b. -; — 8a. — 8b. dem; ins; das 8c. —; der 9a. der; vom 9b. —/Die; der 10. der; das 11. der; der 12. im; der 13. —; der; den 14. der 15. der; —; im

6 **Miscellaneous uses of the zero article** 1. —/eine; —; eine/die; ein 2. —; — 3. ein; —; —; — 4. — 5. einen; — 6. —; ein 7. eine 8. ein; — 9. —; ein 10. ein 11. Eine 12. ein; — 13. einer 14. —; eine 15. ein

7 **The articles** 1. Wenn es ein Leben nach dem Tode gibt, dann können wir uns alle im Himmel oder in der Hölle treffen. 2. Heute abend kommt ein Film mit der Garbo, in dem sie die Königin Christine spielt. 3. Laut Vorschrift darf ich Sie ohne Paß nicht ins Land lassen. 4. Gemäß Artikel 1 der deutschen Verfassung darf niemand aufgrund seiner Religion, Rasse, Geschlecht oder politischen Überzeugung diskriminiert werden. 5. Sie finden das Ulmer Münster in der Nähe der Neuen Straße neben dem Marktplatz. 6. Die Verhandlungen wurden erfolgreich zu Ende geführt. 7. Die Ideen des Christentums haben einen großen Einfluß auf die Menschheit gehabt. 8. Ich habe ihn seit Ende des Krieges nicht mehr gesehen. 9. Der Bodensee ist ein See zwischen Deutschland, Österreich und der Schweiz. 10. Ist es nicht erstaunlich, wie die Zeit vergeht? 11. Der Mensch ist ein seltsames Tier. 12. Du mußt dir die Haare kämmen? 13. Bis Montag. 14. Ich halte den Kommunismus für tot. 15. Das Finnische ist mit dem Ungarischen verwandt (*OR* Finnisch ist mit Ungarisch verwandt). 16. Im viktorianischen England ging eine Dame (*OR* gingen die Damen) nie ohne Hut aus. 17. Ich spreche als Lehrer. 18. Er ist ein sehr guter Lehrer.

8 **Uses of the articles** Other tenses than those given will make sense in most of the following sentences. 1. (Die) dänische Butter kostet sechs Mark das Pfund. 2. Die norddeutschen Bauern bauen hier Weizen an. 3. Das malerische Bern ist die Hauptstadt der Schweiz. 4. Andrea fährt im Winter mit dem Auto in die Schule. 5. Der Vater meiner Freundin geht erst um Mitternacht ins Bett. 6. Im Jahre 1950 wurde Lothar Albrecht ins Parlament gewählt. 7. Thomas studiert Spanisch an der Freien Universität Berlin. 8. Nach ihrem letzten Besuch sprach Erika ein akzentfreies Englisch (*OR* sprach Erika akzentfrei Englisch). 9. Die Uhr geht nun auf die Minute genau. 10. Deine Mutter ist schon mit dem Kofferpacken fertig. 11. Herr Schuhmacher ist schon lange Lehrer in der Schweiz (*OR* ist in der Schweiz schon lange Lehrer *OR* ist schon lange in der Schweiz Lehrer). 12. Frau Nowak ist seit fünf Jahren Mitglied der kommunistischen Partei. 13. Die Prüfung findet am kommenden Freitag statt. 14. Der größte Planet in unserem Sonnensystem ist der Jupiter. 15. Die meisten ihrer Freunde kommen erst am Abend.

9 **Uses of the articles** Note that some available translations of modern German novels are quite free. It is quite likely that you will find yourself disagreeing with the translator's versions.

5 Other determiners and pronouns

1 **Demonstrative *der*** 1. den 2. derer 3. die 4. dem 5. deren 6. dem 7. Die 8. dem 9. dem 10. Das 11. dem 12. der

2 **Demonstrative pronouns** 1. diese; die; einem solchen 2. derer 3. demjenigen 4. demselben; dieselbe 5. dieser; jener 6. dies(es); jenes 7. solchem; diejenigen; denselben guten 8. solch einen; einem derartigen 9. einem derartig niedrigen; so einen 10. ein(e)s; diesen; ein(e)s; derselben

3 **Possessive determiners and pronouns** 1. meinem eigenen 2. Ihren 3. meine 4. sein(e)s; mein(e)s 5. dein 6. ihren tollen 7. seine alten 8. meine; ihre 9. eurer alten; unserer 10. ihrer besten

4 **Personal and possessive pronouns** ich; deinen; du; mir; ich; deine; deine; deiner; ich; deinen; meinem; ich; deinen; deinen; deinen; deinen; deine

5 **Demonstrative and interrogative pronouns** 1. a. Welche Bluse hätten Sie gern? – Ich nehme diese da; die sieht sehr modern aus. b. Welche Handtücher hätten Sie

gern? – Ich nehme diese da; die sehen sehr schön aus. c. Welchen Wagen hätten Sie gern? – Ich nehme diesen da; der sieht sehr schnell aus. d. Welches Buch hätten Sie gern? – Ich nehme dieses da; das sieht sehr interessant aus.
2. a. Ich habe mir diesen neuen Ball gekauft. – Der sieht aber toll aus. Mit dem würde ich auch gern mal spielen. b. Ich habe mir diesen neuen Computer gekauft. – Der sieht aber toll aus. Mit dem würde ich auch gern mal arbeiten. c. Ich habe mir diese neue Schreibmaschine gekauft. – Die sieht aber toll aus. Mit der würde ich auch gern mal tippen. d. Ich habe mir diese neuen Skier gekauft. – Die sehen aber toll aus. Mit denen würde ich auch gern mal fahren.
3. a. Wie gefällt Ihnen diese Lampe hier an der Wand? – Die gefällt mir sehr gut. Die gleiche haben meine Eltern. b. Wie gefallen Ihnen diese Schuhe hier im Regal? – Die gefallen mir sehr gut. Die gleichen hat meine Tante. c. Wie gefällt Ihnen dieser Mantel hier im Schaufenster? – Der gefällt mir sehr gut. Den gleichen hat mein Freund. d. Wie gefällt Ihnen dieses Bild hier neben dem Spiegel? – Das gefällt mir sehr gut. Das gleiche hat meine Schwester.

6   **Demonstrative and interrogative pronouns** 1. solch ein teures 2. welcher; dieselbe; die 3. dies; das; dasselbe 4. welchem; demjenigen; der 5. eine solch(e) bodenlose; eine 6. solcher; solchen 7. dies(es); jenes; selben; dieselben 8. das gleiche; dasselbe 9. einem solchen fürchterlichen 10. diesen; den; Welcher; Solch einen großen; denselben; dieselbe 11. Welch unglaublichen; eine unangenehme 12. wen; einem; welcher; welche

7   **Relative pronouns** 1. Was; über die 2. mit denen 3. an die 4. worüber 5. Worauf; die 6. Wer 7. den; was 8. womit; was 9. Wer 10. Wie 11. wie; was; die 12. an denen; die 13. der; dessen

8   **Relative pronouns** 1. worüber 2. was 3. was 4. was 5. was 6. worauf 7. was 8. was 9. was 10. worüber 11. was 12. was

9   **Relative pronouns** 1. Der Mann, den ich dir letztes Jahr vorgestellt habe, ist jetzt mein Mann. 2. Die Frau, mit der Sie gestern gesprochen haben, ist gerade beim Mittagessen. 3. Ich möchte einen Unfall melden, der sich gerade auf der B12 ereignet hat. 4. Das ist für Gerry, ohne dessen Hilfe ich dieses Buch niemals hätte schreiben können. 5. Sie heiratete einen Ausländer, was ihrer Familie mißfiel. 6. Ich bin mit allem zufrieden, was er tut. 7. Wenn ich meine Prüfung bestehen will, was ich natürlich will, dann kann ich es mir nicht leisten, einen Tag freizunehmen.

10   **Relative pronouns** 1. Ich machte mit zwei Cousinen, die aus Berlin gekommen waren, einen Ausflug. 2. Wir wollten den Mädchen, die wir seit zwei Jahren kannten, etwas zeigen. 3. Wir wollten den Mädchen das Boot zeigen, von dem wir gesprochen hatten. 4. Das Boot, das der russischen Kriegsmarine gehörte, steckte im Eis. 5. Den Tag, auf den wir uns so gefreut hatten, hat Horst verpatzt. 6. Die Jungen sprachen nicht mehr über den Tag, an den sie sich kaum mehr erinnern konnten. 7. An heißen Tagen badeten wir in dem kleinen Bach, dessen Wasser kalt und klar war. 8. Seine Eltern, in deren Haus die Mädchen ihre Ferien verbrachten, waren 1946 aus Ungarn geflohen. 9. Wir konnten nun das Ufer sehen, an dem die beiden Mädchen standen und uns zuwinkten.

11   **The uses of *der/die/das*** 1. **das** [n. sg. acc.] (a: Hmm); **das** [n. sg. acc.] (c: Hmm); **dem** [m. sg. dat.] (a: Filius); **den** [m. sg. acc.] (a: Dow-Jones-Index); **dem** [m. sg. dat.] (a: Stehempfang); **dem** [n. sg. dat.] (b: *the list from* Motorhaube *to* Golf); **den** [m. sg. acc.] (a: Schimmer); **der** [m. pl. gen.] (a: Männer).
2. **das** [n. sg. acc.] (b: Halt – *This is a play on the words* Halt! *(stop!) and der* Halt *(hold, support). You might then expect* den (Halt), *but the neuter* das *is here also being used as part of the idiom* Das hat man davon *(That's what you get).); **dem** [n. sg. dat.]

(a: Design); **den** [m. sg. acc.] (a: Haarlack); **der** [m. sg. nom.] (b: Haarlack); **das** [n. sg. acc.] (b: sein Haar mit Gel in Topform zu halten); **das** [n. sg. nom.] (a: Gel); **den** [m. sg. acc.] (a: Weltrekord); **den** [m. sg. acc.] (a: Schaum-Lack); **der** [m. sg. nom.] (b: Schaum-Lack); **die** [f. sg. acc.] (a: Locke); **der** [m. sg. nom.] (c: jeder); **den** [m. sg. acc.] (a: Kopf); **den** [m. sg. acc.] (a: Kopf).
3. **die** [f. sg. nom.] (a: Atmosphäre); **der** [m. sg. nom.] (a: Schauplatz); **die** [f. pl. nom.] (c: Wetterveranstaltungen); **das** [n. sg. acc.] (a: Jahr); **der** [m. sg. nom.] (a: Planet); **die** [f. sg. nom.] (c: Atmosphäre); **die** [f. sg. acc.] (a: Entstehung); **des** [n. sg. gen.] (a: Lebens); **dem** [m. sg. dat.] (a: Planeten); **den** [m. sg. acc.] (a: Sauerstoff); **der** [f. sg. dat.] (a: Atmosphäre); **dem** [n. sg. dat.] (a: Kohlendioxid); **der** [f. sg. dat.] (a: Atmosphäre); **die** [f. pl. nom.] (a: Pflanzen); **der** [f. sg. gen.] (a: Sonnenenergie); **der** [f. sg. dat.] (a: Assimilation); **das** [n. sg. acc.] (a: Wettergeschehen); **der** [m. sg. nom.] (a: Gehalt); **der** [f. sg. gen.] (a: Luft).
4. **der** [m. sg. nom.] (a: Idealzustand); **die** [f. sg. nom.] (a: Verbrennung); **des** [m. sg. gen.] (a: Kraftstoffs); **die** [m. pl. acc.] (a: Zylinder); **die** [f. pl. nom.] (a: Temperaturen); **der** [n. pl. gen.] (a: Bauteile); **die** [m. pl. acc.] (a: Brennräume); **die** [f. pl. nom.] (a: Zeiten); **die** [f. sg. acc.] (a: Verbrennung); **die** [f. pl. nom.] (a: Verbrennungsendtemperaturen); **die** [m. pl. nom.] (a: Gründe); **die** [m. pl. acc.] (a: Schadstoffe); **der** [f. sg. dat.] (a: Verbrennung).

12   *all-* 1. alles 2. all 3. alle 4. allem 5. allem 6. aller 7. all 8. alle 9. alles 10. all(e) 11. aller 12. Aller 13. allen 14. Aller 15. alle 16. allem 17. allem 18. alles

13   **The pronoun *einer*** 1. eines 2. einer 3. eine 4. Eine 5. einer 6. einer 7. Einen 8. Eines 9. Einen 10. einer

14   *kein* 1. Nein, ich habe (leider) keinen Schraubenzieher. 2. Nein, ich habe deinen Morgenmantel nicht gesehen (*OR* Nein, deinen Morgenmantel habe ich nicht gesehen). 3. Nein, ich kann dir (leider) kein Geld leihen. 4. Nein, ich mache den Fernseher nicht aus. 5. Nein, der Täter befand sich nicht mehr am Tatort. 6. Nein, ich hatte (*OR* wir hatten) (im Urlaub) (leider) kein schönes Wetter. 7. Nein, heute will ich nicht Golf spielen gehen. 8. Nein, ich habe (*OR* wir haben) (leider) keine großen Tomaten mehr (*OR* Nein, große Tomaten habe ich (*OR* haben wir) (leider) nicht mehr). 9. Nein, Herr Kempinski hat meiner Meinung nach nicht recht (*OR* Nein, meiner Meinung nach hat Herr Kempinski nicht recht). 10. Nein, ich glaube nicht, daß die Karin Lust hat, ins Kino zu gehen. 11. Nein, er möchte (*OR* will) nicht mit uns Kaffee trinken. 12. Nein, ich habe keinen Hunger. 13. Nein, sie hat dabei keine Freude empfunden (*OR* Nein, Freude hat sie dabei nicht empfunden).

15   **The declension of the possessives, *einer* and *keiner*** 1. Ihrer 2. deinem; seinem 3. ein; ein(e)s 4. ein(e)s 5. einen; meinem; einer 6. unserer 7. einen; keiner 8. euer; unserer 9. ein; ein(e)s 10. keiner

16   **German equivalents for English *some* and *any*** Alternative translations may be possible, except for the words in italics. 1. Gestern habe ich *keinen Kaffee* gekauft. 2. Gestern mußten wir *Kaffee* kaufen. 3. *Einige dieser Romane* sind ja wirklich ziemlich lang. 4. Hast du (überhaupt) *irgendeinen* dieser Romane (*OR* von diesen Romanen) gelesen? 5. Er hatte kaum *Geld* bei sich. 6. Wir haben (*etwas*) *amerikanisches Geld* mitgenommen. 7. *Vor einiger Zeit* ist sie nach Ägypten abgereist/ gefahren. 8. Komm doch vorbei, wenn du *Probleme* hast. 9. Ich brauche *Kaffee.* Hast du *welchen*? 10. Die Jungen wollten Käse (essen), also bin ich *welchen* kaufen gegangen. 11. *An manchen Tagen* ist sie überhaupt nicht in die Schule gegangen/gekommen. 12. Hat er dir überhaupt *eine Antwort* gegeben? 13. *Ein paar/Einige* kleine Jungen liefen vorbei. 14. Er bat (mich) um *Streichhölzer*, aber ich hatte *keine* dabei/bei mir. 15. Das sollte doch *jeder gebildete Mensch* verstehen.

17 **Pronouns** a) **es** (Es war einmal) [nom.]; **er** (besorgte er sich) [nom.]; **er** (wie er sich . . . zu schaffen machte) [nom.]; **er** (da merkte er) [nom.]; **ihm** (daß diese ihm nicht sonderlich frommen wollte) [dat.]; **sie** (so bedienungsschwer, wie sie (i.e. die Neu-Erwerbung) war) [nom.]; **Du** (Du brauchst) [nom.]; **er** (hielt er) [nom.]; **ihm** (der Erfolg begegnete ihm) [dat.]; **Dir** (Dir fehlt) [dat.]; **es** (sprach's (i.e. sprach es)) [acc.]; **ihm** (gab ihm) [dat.]; **er** (dann sucht er) [nom.]; **es** (Es war einmal) [nom.]; **er** (So ging er) [nom.]; **er** (Dort ließ er) [nom.]; **ihn** (der ihn von der Sekunde des Kaufes an) [acc.]; **Sie** (bei denen Sie . . . sind) [nom.]
b) **sich** (besorgte er sich) [dat.]; **sich** (er sich . . . zu schaffen machte) [dat.]; **sich** (ehe Hans sich's versah) [acc.]; **sich** (Dort ließ er sich . . . beraten) [acc.]
c) **der** (der (i.e. Hans) wollte) [nom.] (NB easily confused with a relative pronoun. Note that this is a main clause, not a relative clause, in which *wollte* would have been at the end.); **diese** (daß diese (i.e. die Neu-Erwerbung) ihm nicht . . . frommen wollte) [nom.]; **der** (der sprach) [nom.] (could also be interpreted as a relative pronoun in a relative clause)
d) (**der** (der sprach) [nom.] (could be regarded as a relative pronoun, but has been counted as a demonstrative pronoun like *der* in line 1)); **der** (ein junger Manager, der . . . hieß,) [nom.]; **der** (einen Service, der ihn . . . nie alleine ließ.) [nom.]; **denen** (die Adressen, bei denen Sie wie Hans im Glück sind.) [dat.]
e) **alles** (dann geht alles) [nom.]; **beide** (Da tauschten beide)

6 Adjectives

1 **The use of the strong and weak declensions** unserem letzten; herrliches; den sonnigen; unser sehnlichster; Den ganzen; nichts anderes; der glühenden; braun; möglich; das Wichtigste; schlechtem; zahlreiche; interessante; viele nette; die wunderschönen, milden; einigen wenigen; dem ausländischen; zufrieden; Alles in allem; einer der schönsten

2 **The use of the strong and weak declensions** 1. Frisches; viele; jeden vernünftigen; der täglichen 2. Edel; hilfreich; gut 3. einem fürchterlichen; deine jüngere 4. einem herrlichen; keine schönere; lauter guten; einem kleinen; vorbeilaufenden 5. Einer alten; unheilbar kranken; keine alljährlichen 6. Welches der beiden; Das rosafarbene (*colloquial:* rosane); Das lilafarbene (*colloquial:* lilane); Rosa; meiner ungewöhnlichen 7. mancher praktizierende; seinem eigenen; sämtliche medizinischen; diesem einen 8. viel kaltem; alle; viel grelles 9. eine gute; einen langen; einen; vielen schönen 10. diesem ausgezeichneten; zartes 11. ein; schwarzen; frischer; frisches 12. sein bestes weißes; schwarze 13. einzig möglichen; folgenden; herzlosen; unvermeidlichen; aller überflüssigen Angestellten 14. meine beiden großen; jedes wichtige und unwichtige 15. viele interessante; manch eines deutschen; einigen wenigen; viel

3 **The use of the strong and weak declensions** The variation in the declension of adjectives following these words is due to continuing uncertainty about their status. They are in some ways still not 'real' determiners like the articles, but simply adjectives. Thus, both kinds of ending may still be found with them.

4 **Adjective declension** dem Fremden; dem schmalen norddeutschen Horizont; des Fremden; Unter gewaltigen Rohrleitungen; an giftigen gelben Flammen, roten Feuern vorbei; ihre pathetische Kulisse; dunkle Siedlungen; weniger häßliche Siedlungen; auf so engem Raum; eine saure Sentimentalität; dieses gewaltige Pathos; diese giftige Sentimentalität; aus Gründen nackter Nützlichkeit; dem

Fremden so vorkommen; durch uralte Tarifverträge; mit puritanischer Strenge; die eheliche Treue; Die beiden Partner; hinter gewaltigen Kulissen; dem Fremden; die norddeutsche Ebene; die schönen niedersächsischen Bauernhöfe; von behäbiger Eleganz; eine große Fläche

5 **Declension of adjectives after plural determiners** 1. alle meine Bücher 2. anderer bewohnter Himmelskörper 3. Viele ausländische Firmen 4. Einige deutsche Touristen 5. Der Preis beider angebotenen Gemälde 6. alle deutschen Staatsbürger 7. mit mehreren ausländischen Diplomaten 8. wenige Jugendliche 9. Solchen unbestätigten Berichten 10. Manche älteren Elsässer 11. irgendwelche anderen Äußerungen 12. Solche schnellen Züge 13. vieler Gelehrter 14. aller Gelehrten 15. Sämtliche alten Gebetbücher 16. einiger deutscher Verwandter (*OR* Verwandten) 17. Beide bekannten Politiker 18. viele solche angeblich unlösbaren Probleme

6 **Adjective declension BMW 318i:** gute; zulässigem; maximal belasteter; gutes; glatten; Problemloses; trockener; nasser; Kurze, beschleunigungsstarke; plötzlichem; schnell gefahrenen; geringer; abruptes; unruhiger, nervöser; höheren; hohe **Fiat Tempra:** gute; kürzesten; Gutes; eisglatten; Moderate, beherrschbare; Kurze, beschleunigungsstarke; Mäßige; zufriedenstellende; trockener; nasser; Stark untersteuerndes, relativ träges; Deutliche, beladungsabhängige; Unruhiger, nervöser; hoher; Unpräzise, schwammige **Honda Accord:** Guter; hohem; Geringe; Gewöhnungsbedürftiges; überzeugendes; längsten; geprüften **Peugeot:** Guter; hohen; Geringe; zulässiger; winterglatten; Lange; geringer; winterlich glatten; relativ geringe

7 **Adjectives and the noun phrase** The main exception is in the genitive singular masculine and neuter, where the case is usually shown twice, with the ending *-s* or *-es* on the determiner *and* the noun, but there are a few other instances which you will have found.

   Weak masculine nouns tend to provide several instances of possible ambiguity: *den Affen* 'the monkey' could be accusative singular *or* dative plural, for instance. Again, you will have discovered a number of other instances.

   Note, too, that nominative and accusative are only consistently distinguished for masculine singular nouns, masculines and neuters are not distinct in the dative and genitive singular, and feminine singular nouns do not differentiate between dative and genitive.

8 **Adjectives used as nouns** 1. Abgeordnete; Gesandten 2. Geistlichen; Neues 3. Gefangenen; Schlimmsten 4. Vorgesetzte; Angestellten 5. Erwachsenen; Jugendlichen 6. Bekannten; Verwandten; Beamte 7. Verlobten 8. Reisenden; Hinzugestiegenen 9. Angenehme; Nützlichen 10. Vorsitzenden; Industriellen 11. Illustrierten; Finnische; Ungarischen 12. Erreichten; Liebe; Gute 13. Linke; Rechten 14. Schwäbischen; Hochdeutsche 15. Unbekannten; Verbotenen

9 **Adjectives used as nouns** 1. Abgeordneter; Abgeordnete 2. Bekannte; Illustrierten 3. Angestellte; Vorgesetzten 4. Fremde; Interessantes

10 **Adjectives used as nouns, and weak masculine nouns** 1. Der Fremde; des Franzosen 2. Ein Beamter; einem Bürokraten 3. Unser Abgeordneter; von nichts Neuem 4. ein Nachkomme 5. Der Vorsitzende; die Anwesenden 6. Ein Jugendlicher; mit dem Polizisten 7. Alles Gute; diesem Fremden 8. in den Automaten 9. Ein Deutscher; des Präsidenten 10. Der Astronom; einen neuen Planeten 11. Meine Kollegen; ins Grüne 12. Einige Mitreisende 13. Alle Mitreisenden 14. Mein Vorgesetzter 15. Mein Neffe 16. aus Freiwilligen 17. einiger Experten

11 **Adjectives used as nouns** Where two forms are given, the first refers to a man, the second to a woman; where a third form is given, this is plural. 1. Der/Die Fremde 2. den Fremden / die Fremde / die Fremden 3. dem/der/den Fremden 4. des/der/der Fremden 5. Ein Fremder / Eine Fremde 6. kein Fremder / keine Fremde 7. keinen Fremden / keine Fremde / keine Fremden 8. Fremde (*pl.*) 9. Die Fremden (*pl.*) 10. eines/einer Fremden 11. einem/einer Fremden 12. Diesem/Dieser/Diesen Fremden

12 **Names of languages** 1. Spanier/Spanisch 2. Engländer/Englisch 3. Sachsen/Sächsisch 4. Türken/Türkisch 5. Franzosen/Französisch 6. Japaner/Japanisch 7. Portugiesen/Portugiesisch 8. Franken/ Fränkisch 9. Russen/Russisch 10. Hessen/Hessisch 11. Chinesen/ Chinesisch 12. Holländer/Holländisch (*OR* Niederländer/Niederländisch) 13. Amerikaner/Englisch 14. Italiener/Italienisch 15. Bayern/Bay(e)risch 16. Griechen/Griechisch

13 **Cases with adjectives** 1. meines Fehlers 2. dessen 3. mir und meinem Bruder 4. der deutschen Sprache 5. der westlichen Welt 6. dem Alkohol; ihm 7. mir eine Erklärung 8. des Hochverrat(e)s 9. mir; ihm; ihn 10. mir; Ihnen; meiner Hilfe 11. meinem Chef; seinen Anforderungen 12. mir 13. das feuchte Klima; seiner Gesundheit 14. deinen übertriebenen Ehrgeiz; deiner Karriere 15. dir; mir 16. mir; jemand(em); meinem Vater

14 **Adjectives with prepositions** 1. vom Benehmen 2. für alle; zu nichts anderem 3. von meinem neuen Auto 4. Für diese Angelegenheit 5. vor Neid; auf irgend jemanden 6. von deiner Unschuld; mit deiner Vorgehensweise 7. für diese Stelle; zu selbständigem Arbeiten 8. worauf 9. auf solch eine unverschämte Reaktion; auf ihn 10. auf deinen neuen Mann 11. Aus seinem Lebenslauf; für unsere Stelle 12. um ihren Sohn; vor den Angriffen; zu viel besseren Leistungen 13. für Kinder 14. für die heutige Jugend; auf ihre Eltern; daran

7 Adverbs

1 **The use of adjectives as adverbs** 1. wichtigsten, gesetzten, eigenes, starkes, erkennbar, bedeutenden, ganzen 2. konsequent, voll, (am) besten, deutlich, überzeugend, klar, häufig 3. *Adverbs are in italics. The position of the adverb is sometimes flexible, and where it could come in a different position to that suggested here, that position has been marked by an asterisk.* Der Manager muß/soll/sollte . . . a. Informationen *klar* erteilen. b. Leistungsnormen *präzise* festlegen. c. erarbeitete Richtlinien *entschlossen* anwenden. d. * die Mitarbeiter *regelmäßig* belobigen. e. * Arbeitsabläufe *ständig* verbessern. f. sich * den Mitarbeitern gegenüber *beispielhaft* verhalten (*OR* sich * gegenüber den Mitarbeitern *beispielhaft* verhalten). g. * Unfälle *systematisch* reduzieren. h. sich * bei der Schaffung optimaler Arbeitsvoraussetzungen *stark* engagieren. i. * die Mitarbeiter *wirksam* kontrollieren.

2 **Adverbs of direction** Examples of possible answers are given. In many cases, other words may also make good sense. 1. hinaus 2. herein 3. hervor (*OR* heraus) 4. hinab 5. hinzu 6. herauf 7. heraus 8. herein 9. herbei 10. hindurch 11. hinüber 12. herunter; hinein; hinauf

3 **Adverbs of direction** 1. Woher 2. her 3. hin 4. her; hin 5. hinab 6. hin 7. her 8. hin 9. her 10. herbeigeeilt; herum 11. hinterher 12. hingerichtet 13. hergefahren 14. hinfahren 15. hin 16. her

4 **Adverbs of place and direction** 1. draußen; drinnen 2. draußen 3. raus 4. innen; außen 5. Draußen 6. innen; außen 7. rein; raus 8. rein; raus 9. außen; drinnen

5   **Adverbs of place and direction**   1. Er ist mitten in einer wichtigen Besprechung. 2. Sollen wir woandershin/anderwohin gehen? 3. Er muß woanders/anderswo wohnen. 4. Das Badezimmer ist oben, aber wir haben auch unten eine Toilette. 5. Ich mußte ihn nach oben tragen (*OR* ihn die Treppe hinauftragen/hochtragen). 6. Wir fahren diesen Sommer nirgendwohin. 7. Ich habe überall geguckt, sogar in deinen Taschen, aber ich kann den Schlüssel nirgends (*OR* nirgendwo) finden. 8. Sie war von oben bis unten mit Schlamm bedeckt (*OR* von oben bis unten dreckig). 9. Würden Sie bitte draußen warten? 10. Woher weißt du das? 11. Es ist sehr schwer zu sagen, was auf diesem Bild oben und unten ist. 12. Ich war schon so oft da (*OR* dort). Ich möchte nicht schon wieder dahin (*OR* dorthin) gehen/fahren. 13. Du kannst hingehen, wo du willst (*OR* du kannst gehen, wohin du willst).

6   **Adverbs of manner**   Different translations may be possible, except for the words in italics. 1. Sie wurde *allmählich* wütend. 2. Wir machen *gern* lange Spaziergänge. 3. Wir sehen abends *lieber* fern. 4. Die Firma stellt *keine* ungelernten Kräfte *mehr* ein. 5. Sie spielte *weiter* mit ihren Marionetten. 6. *Bekanntlich* ist sie über vierzig. 7. *Leider* ist dieses Buch vergriffen. 8. *Möglicherweise* hat sie einfach *weiter*gearbeitet. 9. Wir haben Ihren Brief *anscheinend* nicht erhalten. 10. *Hoffentlich* werde ich dich diesen Sommer sehen können. 11. Harald hat *wohl/vermutlich* schon wieder angerufen. 12. Sie hat die Formulare *angeblich* vorige Woche abgeschickt. 13. Weißt du / Wissen Sie *zufällig*, wie spät es ist? 14. Er ist *allerdings/freilich* ziemlich aufdringlich/penetrant.

7   **Adverbs of manner**   1. Die Firma stellt dieses Modell nicht mehr her. 2. Vermutlich sind alle Insassen ums Leben gekommen. 3. Das können wir nur ausnahmsweise akzeptieren. 4. Möglicherweise kommen wir noch rechtzeitig an. 5. Anscheinend hat es in der Nacht geregnet. 6. Das hat sie nur andeutungsweise behauptet. 7. Die Angelegenheit konnte größtenteils am nächsten Tag aufgeklärt werden. 8. Hoffentlich werde ich ihn nächstes Jahr hier wiedersehen. 9. Hier können Sie beliebig lange sitzen. 10. Lieber schwieg sie (*OR* Sie schwieg lieber). 11. Bedauerlicherweise können wir Ihnen nicht helfen. 12. Er hat wohl teilweise recht gehabt. 13. Gewöhnlich arbeitet er am Wochenende im Garten. 14. Es wurde polizeilich festgestellt, wer der Täter war. 15. Zufällig wurde sie Zeugin dieses Unglücks. 16. Bekanntlich ist er ein widerlicher Typ. 17. Die Kinder stellen sich paarweise auf.

8   Comparison of adjectives and adverbs

1   **Comparative and superlative**   If alternatives are possible the more frequent is given first.   1. dunklere; dunkelste   2. jüngere; jüngste   3. klügere; klügste   4. tapferere; tapferste   5. frischere; frischeste   6. höhere; höchste   7. größere; größte   8. nassere/nässere; nasseste/nässeste   9. ärmere; ärmste   10. ältere; älteste   11. kältere; kälteste   12. leichtere; leichteste   13. höhergelegene; höchstgelegene   14. näherliegende; nächstliegende   15. altmodischeren; altmodischsten   16. gelungenere; gelungenste   17. schnellere; schnellste   18. dümmere; dümmste   19. längere; längste   20. gesündere/gesundere; gesündeste/gesundeste   21. bessere; beste   22. weitere; weiteste

2   **Comparative and superlative**   Some of the following constitute a surmise or broad generalisation rather than absolute fact!   1. Der Main ist *länger als* der Neckar. Der Main ist etwa *so lang wie* die Mosel. Der Rhein ist *am längsten*. 2. (Der) „Stern" ist *billiger als* „Der Spiegel". (Der) „Stern" ist etwa *so billig wie* (*OR* kostet etwa *so viel wie*) die „Bunte". (Die) „Hör zu" ist *am billigsten*. 3. Rom ist *heißer als* Berlin. Rom ist etwa

so heiß wie Athen. Kairo ist *am heißesten.*   4. Ein Audi ist *teurer als* ein Polo. Ein Audi ist etwa *so teuer wie* ein BMW. Ein Mercedes ist *am teuersten.*   5. Ein Moselwein ist *trockener als* ein badischer Wein. Ein Moselwein ist etwa *so trocken wie* ein Rheinwein. Ein Frankenwein ist *am trockensten.*   6. Der Große Arber ist *höher als* der Vogelsberg. Der Große Arber ist etwa *so hoch wie* der Feldberg. Die Zugspitze ist *am höchsten.*   7. London ist *schmutziger als* Zürich. London ist etwa *so schmutzig wie* Amsterdam. Neapel ist *am schmutzigsten.*   8. Spanisch ist (für englische Muttersprachler) *schwieriger als* Niederländisch. Spanisch ist etwa *so schwierig wie* Italienisch. Chinesisch ist *am schwierigsten.*   9. Feuerstein ist *härter als* Graphit. Feuerstein ist etwa *so hart wie* Quartz. Diamanten sind *am härtesten.*   10. Indien ist *ärmer als* Singapur. Indien ist etwa *so arm wie* Pakistan. Bangladesch ist *am ärmsten.*

3   **Proportion expressed with *je . . . desto***   1. Je mehr ich davon esse, desto mehr habe ich Lust darauf.   2. Je besser das Wetter ist, desto mehr wandern wir.   3. Je länger die Geschichten sind, desto interessanter sind sie (auch).   4. Je öfter wir ihn treffen, desto mehr geht er uns auf die Nerven.   5. Je später ihr kommt, desto weniger Zeit haben wir.   6. Je besser ich Frau Schulze kenne, desto lieber (*or* mehr) mag ich sie (auch).   7. Je teurer die Schuhe sind, desto besser ist (auch) angeblich die Qualität.   8. Je später der Abend, desto schöner die Gäste (Redensart).

4   **Forms of the superlative**   1. am heißesten   2. am schnellsten   3. höchsten   4. am breitesten   5. der längste / am längsten   6. größte   7. das meiste / am meisten   8. der härteste / am härtesten   9. am billigsten   10. am ödesten   11. am schönsten   12. am wenigsten / das Wenigste

9   Numerals

1   **Equivalents for *half***   Various translations may be possible, except for the words in italics.   1. Sie hat *die Hälfte meines Geldes* / *von meinem Geld* genommen.   2. Ich habe ihr *die Hälfte von dem* gegeben, was ich verdiente.   3. Ich habe nur *ein halbes Brot* (OR *einen halben Laib*) übrig.   4. Er aß *die eine Hälfte* des Apfels (OR *den halben Apfel*) und gab die andere (*Hälfte*) seinem Kameraden.   5. Sie war nur *halb wach*, als das Telefon klingelte.   6. Die Forelle wog *eineinhalb/anderthalb Pfund*.   7. Ich kann *in einer halben Stunde* kommen.   8. *Halb London* ist gekommen, um zuzusehen.   9. Wir kommen nicht mehr *zum halben Preis* ins Kino.   10. Hoffentlich wird sie mir *auf halbem Weg(e)* entgegenkommen.

2   **Forms and phrases with *Mal***   Various translations may be possible, except for the words in italics.   1. Sie ist nur *einmal* nach Frankreich gefahren/gekommen.   2. Das war *das einzige Mal*, das ich sie in Paris sah.   3. *Das nächste Mal*, wenn sie kommt, müssen wir sie sehen.   4. Ich habe sie *kein einziges Mal* gesehen.   5. Ich habe sie heute *zum zweitenmal* gesehen.   6. *Beide Male* habe ich zu viel zahlen müssen.   7. Ich muß es *ein andermal* sehen.   8. *Das nächstemal* (OR *Nächstes Mal*) müssen wir aber unbedingt/wirklich den Louvre besuchen.   9. *Das vorige Mal* (OR *Voriges Mal*) waren nicht so viele Leute da.   10. Das ist wirklich *das letzte Mal*, das ich ihr helfe.   11. Heute mache ich es erst *zum zweitenmal*.   12. *Die letzten paar Male* war ich zu krank.

10   Modal particles

1   **Modal particles**   1. ja (c); also (e); allerdings/freilich (b); aber/doch (a); wohl (d);   2. eigentlich (c); etwa (d); denn (b); auch (a)   3. mal (b); nur (c); doch (a)   4. ja (b); aber/vielleicht (a)

2   **Modal particles** 1. du eigentlich nicht 2. mir mal das 3. ist aber heiß 4. ist ja faul
    5. Name doch gleich (*OR* war doch Ihr) 6. du denn nicht 7. findet also den 8. ist
    übrigens gesperrt 9. wart wohl schon 10. ihm auch gesagt 11. ist vielleicht ein
    12. ohne auch nur zu 13. war ja früher 14. es doch regnen 15. ihm mal, daß
    16. Picknick eben drinnen (*or* wir eben das) 17. man denn am 18. siehst vielleicht
    aus 19. du denn so 20. doch gar nicht   21. sollte doch heute 22. denn eigentlich
    gekommen 23. Katze etwa schon (*OR* du etwa die) 24. dazu auch sagen (*OR* man
    auch dazu) 25. war ja gestern 26. war einfach toll 27. es nun, daß 28. ihn denn
    nicht 29. sie nur so 30. sie eigentlich

3   **Modal particles** These are the sentences with the (dispensable) *modal* particle: 1a;
    2b; 3a; 4b; 5b; 6b; 7b; 8a; 9a; 10b

11   Expressions of time

1   **Times of the clock** 1. Viertel nach eins; dreizehn Uhr fünfzehn 2. zwanzig vor vier
    (*OR* zehn nach halb vier); drei Uhr vierzig 3. Viertel vor zehn (*OR* dreiviertel zehn);
    neun Uhr fünfundvierzig 4. Viertel nach sieben; neunzehn Uhr fünfzehn 5. halb
    sechs; fünf Uhr dreißig 6. zehn vor elf; zehn Uhr fünfzig 7. zwölf Uhr; zwölf Uhr
    8. fünf vor acht; neunzehn Uhr fünfundfünfzig 9. drei Minuten vor halb neun; acht
    Uhr siebenundzwanzig 10. fünf nach neun; einundzwanzig Uhr fünf 11. fünf Uhr;
    siebzehn Uhr 12. fünf nach halb sechs (*OR* fünfundzwanzig vor sechs); siebzehn Uhr
    fünfunddreißig 13. zwanzig vor eins (*OR* zehn nach halb eins); null Uhr vierzig
    14. halb sieben; achtzehn Uhr dreißig 15. sieben Minuten nach halb neun; zwanzig
    Uhr siebenunddreißig

2   **Time phrases** 1. einen ganzen Tag 2. seit zwei Jahren 3. Eines Tages (*OR* für einen
    Tag) 4. Am nächsten Tag 5. Bis nächsten Montag 6. um dreiviertel elf 7. (Im Jahre)
    1492 8. (Am) kommenden Donnerstag 9. (am/bis) Montag 10. Am Anfang 11. Anfang
    Januar 12. (Am) nächsten Montag; für/auf sechs Monate 13. Bei Sonnenuntergang
    14. Im Sommer 15. in der Nacht des 27. Juni 16. In/ Seit acht Tagen 17. seit meiner
    Kindheit 18. vor einem Jahr 19. (Zu/An) Pfingsten; dieses Jahr 20. Sieben Monate

3   **Adverbs of time** Various alternatives may be possible, except for the words in
    italics. 1. *Neulich/Vor kurzem* erhielt ich eine Büchersendung aus Österreich. 2. *Am
    Anfang/Anfangs* dachte ich, daß sie gern in Bayern wohnen würde. 3. *Heutzutage* ist
    das Wohnen in München sehr teuer. 4. Wir können uns *vorläufig* damit abfinden.
    5. *Zu der Zeit* war Bosnien Teil der österreichisch-ungarischen Monarchie. 6. Sie
    hatte *erst am Tag zuvor/vorher* eins gekauft. 7. Er starrte sie an, *dann* drehte er sich
    um und stolzierte/schritt weg. 8. Sie hatte ihn *einige Zeit vorher/zuvor* kennengelernt.
    9. *Nachher/Danach* können wir zum Spielplatz gehen. 10. Sie hat *bis vor kurzem* bei
    der Post gearbeitet. 11. Er sagte, daß wir *sofort* kommen müßten. 12. Wenn wir *am
    frühen Morgen* aufbrechen, kommen wir *rechtzeitig* an. 13. *Morgen (früh)* müssen wir
    früh/zeitig/frühzeitig aufstehen.   14. *Heutzutage* komme ich *selten* ins Theater.
    15. Könntest du *inzwischen* meinen Onkel anrufen? 16. *Bis jetzt/Bislang* ist er immer
    der beste Tormann gewesen.

12   Verbs: conjugation

1   **Weak and strong verbs** *Weak*: arbeiten, sich bewegen, dauern, entdecken, folgen,
    fragen, führen, glauben, holen, sich interessieren, kaufen, legen, machen, meinen,
    produzieren, reisen, sagen, setzen, stellen, wechseln. ***Strong***: essen, fahren, fallen,

geben, halten, kommen, lassen, laufen, lesen, nehmen, scheinen, schreiben, sehen, sprechen, trinken.

2   **Past and perfect tenses of weak and strong verbs** 1. kam ... an; ist ... angekommen 2. berichtete; hat ... berichtet 3. erschrak; ist ... erschrocken 4. begleiteten; haben ... begleitet 5. stieß ... auf; hat ... aufgestoßen 6. erkannte ... an; habe ... anerkannt 7. litt; hat ... gelitten 8. blieb ... sitzen; ist ... sitzengeblieben 9. studierte; hat ... studiert 10. veranlaßte; hat ... veranlaßt 11. klingelte; hat ... geklingelt 12. aßt; habt ... gegessen 13. hängte; hat ... gehängt 14. trauten; haben ... getraut 15. folgte; ist ... gefolgt 16. wuchsen; sind ... gewachsen 17. hieß; hat ... geheißen 18. brach; ist ... gebrochen 19. florierte; hat ... floriert 20. gabst ... an; hast ... angegeben 21. kam ... entgegen; ist ... entgegengekommen 22. fuhrst; bist ... radgefahren

3   **The conjugation of weak and strong verbs** 1. stirbt – starb – gestorben 2. läuft – lief – gelaufen 3. spielt – spielte – gespielt 4. denkt – dachte – gedacht 5. kauft – kaufte – gekauft 6. bringt – brachte – gebracht 7. sieht – sah – gesehen 8. weiß – wußte – gewußt 9. sagt – sagte – gesagt 10. schlägt – schlug – geschlagen 11. trifft – traf – getroffen 12. ist – war – gewesen 13. tut – tat – getan 14. findet – fand – gefunden 15. ißt – aß – gegessen 16. lädt ein – lud ein – eingeladen 17. schafft – schaffte – geschafft (*manage*) *and* schafft – schuf – geschaffen (*create*) 18. zerbricht – zerbrach – zerbrochen 19. nimmt – nahm – genommen 20. spricht – sprach – gesprochen 21. beginnt – begann – begonnen 22. leidet – litt – gelitten 23. schreit – schrie – geschrien 24. schleift – schleifte – geschleift (*drag*) *and* schleift – schliff – geschliffen (*grind, sharpen*) 25. mißt – maß – gemessen 26. klingt – klang – geklungen 27. gibt – gab – gegeben 28. sitzt – saß – gesessen 29. gelingt – gelang – gelungen 30. schmilzt – schmolz – geschmolzen *OR* schmelzt – schmelzte – geschmelzt (*weak conjugation only possible for transitive use, and even then less frequent*)

4   **Simple tenses of weak, strong and irregular verbs** 1. bringt – brachte 2. hört nie zu – hörte nie zu; erzählt – erzählte 3. denke – dachte; willst – wolltest 4. erschafft – erschuf 5. kann – konnte; will – wollte; schaffe – schaffte 6. scheint – schien; rufe ich den Arzt an – rief ich den Arzt an 7. schwört – schwor 8. weicht mir aus – wich mir aus; ist – war

5   **Weak, strong and irregular verbs**
   1. **A**   a–ä–i–a   blasen, braten, fallen, fangen, halten, lassen, raten, schlafen; *all have long* ie *in the past tense, except for*: fangen
              a–ä–u–a   fahren, graben, laden, schlagen, tragen, wachsen, waschen
                        The only form that differs is the past tense. The odd verb out is: schaffen (a–a–u–a)
   2. **E**   e–i–a–o   befehlen, bergen, bersten, brechen, empfehlen erschrecken, gelten, helfen, nehmen, schelten, sprechen, stechen, stehlen, sterben, treffen, verderben, werben, werfen
                        Of the other vowel patterns, that with the largest number of common verbs is:
              e–i–a–e   essen, fressen, geben, geschehen, lesen, messen, sehen, treten, vergessen
                        The remaining verbs follow these patterns:
              e–i–o–o   dreschen, fechten, flechten, quellen, schmelzen, schwellen
              e–e–o–o   bewegen, heben, scheren

3. **EI** ei–ei–i–i *Some verbs have short i in the past tense and past participle:*

ei–ei–i–i   beißen, gleichen, gleiten, greifen, kneifen, pfeifen, reißen, reiten, scheißen, schleichen, schleifen, schmeißen, schreiten, streichen, streiten, weichen

The other verbs have long i in the past tense and past participle:

ei–ei–ie–ie   bleiben, gedeihen, leihen, meiden, preisen, reiben, scheiden, scheinen, schreiben, schreien, schweigen, speien, steigen, treiben, verzeihen, weisen

The odd verb out is: heißen (ei–ei–ie–ei)

4. **I** i–i–a–u binden, dringen, finden, gelingen, klingen, ringen, schlingen, schwinden, schwingen, singen, sinken, springen, stinken, trinken, winden, wringen, zwingen

All these verbs with short i that conform to this pattern have **nd/ng/nk** *after the vowel. Verbs with* **nn/mm** *follow this pattern:*

i–i–a–o   beginnen, gewinnen, rinnen, schwimmen, sinnen, spinnen

The odd verb out is: bitten (i–i–a–e)

5. **IE** ie–ie–o–o biegen, bieten, fliegen, fliehen, fließen, frieren, genießen, gießen, kriechen, riechen, schieben, schießen, schließen, sprießen, verdrießen, verlieren, wiegen

The odd verb out is: liegen (ie–ie–a–e)

6. laufen (au–äu–ie–au), saufen (au–äu–o–o) gären, wägen (ä–ä–o–o), gebären (ä–ä–a–o), hängen (ä–ä–i–a) kommen (o–o–a–o), stoßen (o–ö–ie–o) erlöschen (ö–i–o–o), schwören (ö–ö–o–o) rufen (u–u–ie–u) trügen (ü–ü–o–o)

7. *Strong verbs with change in consonants as well as vowels:* leiden, schneiden; gehen; sitzen; stehen; ziehen
Verbs with vowel change and past participle ending in **–t**:
brennen, kennen, nennen, rennen; senden, wenden (*also weak verb*)
Weak verbs with past participle ending in **–en**:
backen (*also used with strong past tense*); hauen; mahlen; salzen
Very odd ones out:
bringen, denken; tun; wissen (*also irregular present tense*)

6 **The imperative** 1. Ja, helft mir. 2. Ja, nimm dir einen. 3. Ja, passen Sie auf ihn auf. 4. Nein, dreh dich nicht um. 5. Nein, werd(e) nicht böse. 6. Ja, pack deine Sachen und geh. 7. Nein, machen Sie sich keine Sorgen.

7 **The past and the pluperfect** 1. Nachdem wir angekommen waren, riefen wir unseren Bruder an. 2. Als Otto eine halbe Stunde gewartet hatte, verließ er das Restaurant. 3. Nachdem Siegfried Müller das erfahren hatte, schrieb er sofort an das Finanzamt. 4. Als die Bürgerinitiative eine Woche lang Unterschriften gesammelt hatte, gab sie den Protest auf. 5. Nachdem ich die Maschine ausgeschaltet hatte, vernahm ich plötzlich den Lärm. 6. Nachdem mein Onkel eine Stunde lang gelaufen war, wurde er müde. 7. Als die Kinder eingeschlafen waren, sahen sie sehr süß aus. 8. Nachdem er den Hut abgenommen hatte, begrüßte er uns herzlich.

8 **Compound tenses of weak and strong verbs** 1. Habt ihr schon zu Mittag gegessen?

2. Ein Mann hat meine Oma überfallen und ihr die Handtasche geraubt. 3. Mein Bruder hat nicht sehr oft geschrieben. 4. Ich bin gestern schon sehr früh eingeschlafen. 5. Er hat dunkle Geschäfte betrieben und ist deshalb zu 10 Jahren Gefängnis verurteilt worden. 6. Er ist immer betrunken gefahren, und letzte Woche hat er seinen Wagen gegen einen Baum gefahren. 7. Er ist Tänzer geworden, auch wenn er von seinen Freunden deshalb immer ausgelacht worden ist. 8. Hast du gewußt, daß ich im Urlaub gern gewandert bin? 9. Hast du zum Geburtstag bekommen, was du dir gewünscht hast? 10. Gestern hat sich ein schwerer Unfall auf der A8 ereignet. Außer Blechschaden ist jedoch nichts Schlimmeres passiert.

9 **The past tense** kam, stellten . . . fest, sich . . . interessierte, schlugen . . . vor, flog . . . raus, hatte . . . entdeckt, machte, hatten . . . (*first part of* hatten . . . geschenkt), aufwuchs, . . . geschenkt, verbrachte, entdeckte, war, losließ, versuchte, gründete, nannten sich, traten . . . auf, kamen, spielte, war, schwor

10 **Verb conjugation** Although there are only about 140 strong verbs and a handful of irregular verbs, you will almost invariably find that they make up nearly half the verbs in any given text.

11 ***haben* or *sein* in the perfect?** 1. habe 2. hat 3. ist 4. bin 5. haben 6. ist 7. habe 8. habe 9. ist; ist; ist; ist 10. sind 11. Hast; hast; sind; ist; hat 12. haben; ist 13. hat 14. ist; hat 15. hat (*South German:* ist); ist 16. ist; hat; hat 17. hat; ist 18. hast; hast 19. ist; ist; hat 20. haben; sind; haben; haben

12 ***haben* or *sein* in the perfect?** 1. sind . . . stehengeblieben 2. ist . . . ausgewichen 3. ist . . . eingeschlafen 4. habe es mir . . . vorgestellt 5. hat . . . gehandhabt 6. ist . . . mißlungen 7. haben (*South German:* sind) . . . gelegen 8. hat . . . gefroren 9. hat sich . . . angezogen 10. sind . . . getanzt 11. haben . . . getanzt 12. ist . . . gestoßen 13. ist . . . gerast 14. haben . . . reserviert 15. ist . . . zugefroren 16. ist . . . gelandet 17. hat . . . stattgefunden 18. habe . . . übersetzt 19. habe mich . . . erinnert 20. hat . . . gefahren

13 **The future and the passive** Sentence c is in each case identical with sentence b, except for the addition of the final auxiliary 'werden'. 1a. Wir werden die Hälfte unserer Produktion in die USA exportieren. (We shall/will export (*OR* will/shall be exporting) half our output to the US). 1b. Die Hälfte unserer Produktion wird in die USA exportiert. (. . . is exported to . . .) 1c. . . . wird . . . exportiert werden. (. . . will be exported . . .) 2a. Wir werden die Kosten energisch senken. (We will/ shall drastically reduce costs.) 2b. Die Kosten werden energisch gesenkt. (Costs are being/will be reduced drastically.) 2c. . . . werden . . . gesenkt werden. (. . . will be reduced . . .) 3a. Wir werden Personalreduzierungen durchführen. (We will/shall reduce (*OR* will/ shall be reducing) our staff). 3b. Personalreduzierungen werden durchgeführt (*OR preferably* Es werden Personalreduzierungen durchgeführt). (Personnel is being / will be reduced.) 3c. . . . werden durchgeführt werden (*OR* Es werden . . . durchgeführt werden). (. . . will be reduced.) 4a. Wir werden die Realisierung verschiedener Projekte fürs erste hinausschieben. (For the time being, we will/shall postpone (*OR* will/shall be postponing) the realisation of various projects.) 4b. Die Realisierung verschiedener Projekte wird fürs erste hinausgeschoben. (For the time being, realisation of various projects is being / will be postponed . . .) 4c. . . . wird . . . hinausgeschoben werden. (. . . will be postponed . . .) 5a. Wir werden unsere Ausgaben für Forschung und Entwicklung erheblich erhöhen. (We will/shall raise (*OR* will/shall be raising) our expenditure for research and development considerably.) 5b. Unsere Ausgaben für Forschung und Entwicklung werden erheblich erhöht. (Our expenditure . . . is being / will be raised . . .) 5c. . . . werden . . . erhöht werden. (. . . will be raised . . .) 6a. Wir werden 2 Mrd. DM für Investitionen einsetzen. (We will/shall spend (*OR* will/shall be spending) 2 thousand

million marks on investments.) 6b. 2 Mrd. DM werden für Investitionen eingesetzt.(2 thousand million marks are being / will be spent . . .) 6c. . . . werden . . . eingesetzt werden. (. . . will be spent . . .) 7a. Wir werden unsere Grundstrategie konsequent weiterverfolgen. (We will/shall pursue (OR will/shall be pursuing) our basic strategy resolutely). 7b. Unsere Grundstrategie wird konsequent weiterverfolgt. (Our basic strategy is being / will be pursued resolutely.) 7c. . . . wird . . . weiterverfolgt werden. (. . . will be pursued . . .) 8a. Wir werden unsere Position auf den besonders zukunftsträchtigen Wachstumsgebieten stärken. (We will/shall strengthen (OR will/shall be strengthening) our position in particularly future-oriented growth areas.) 8b. Unsere Position auf den besonders zukunftsträchtigen Wachstumsgebieten wird gestärkt (OR Unsere Position wird auf . . .). (Our position . . . is being / will be strengthened) 8c. . . . wird gestärkt werden (OR . . . wird auf . . . gestärkt werden). (. . . will be strengthened)

13 The infinitive and the participles

1 **The use of the infinitive with *zu*** Other tenses may be equally possible. 1. Hannes fing an(,) heftig zu weinen. 2. Den Chef zu überzeugen dürfte nicht leicht sein. 3. Der Lehrer forderte die Kinder auf, sich hinzusetzen. 4. Der Junge hörte auf, mit seiner Modelleisenbahn zu spielen. 5. Barbara riet ihrem Freund, sich möglichst bald um eine/die Stelle zu berwerben. 6. Manfred freute es, mit seinem Kameraden spielen zu dürfen. 7. Meine Schwester behauptet, den Klassenlehrer in der Stadt gesehen zu haben. 8. Wir haben uns vorgenommen, den Gipfel zu erreichen. 9. Ich bitte Sie, mir diese Bemerkungen nicht übelzunehmen. 10. Es gibt keinen Grund, dieses Angebot abzulehnen.

2 **The use of the infinitive with *zu*** 1. Ich erinnere mich nicht, Sie um Ihre Meinung gebeten zu haben. 2. Es freut mich sehr, Sie hier begrüßen zu dürfen. 3. Er behauptete, noch nie in Venedig gewesen zu sein. 4. Er versprach sogar, den Schatz mit ihm zu teilen. 5. Er zog es vor, zu Hause zu bleiben. 6. Ich konnte es nicht ertragen, ihn leiden zu sehen. 7. Ich verlasse mich darauf, dich zu Hause anzutreffen. 8. Es ist ein komisches Gefühl, plötzlich mit „Sie" angeredet zu werden.

3 **The use of the infinitive with *zu*** 1. dich hier wiedersehen zu können 2. schon bezahlt zu haben 3. mit ins Kino zu kommen 4. alles Notwendige getan zu haben 5. mich an einen Notar zu wenden 6. aufmerksam zuzuhören 7. das Fenster zerbrochen zu haben

4 **Prepositional adverbs with infinitive clauses** 1. darin, die Korrespondenz zu erledigen 2. daran, uns letzte Woche besucht zu haben 3. darauf gefreut, ihn wiederzusehen 4. darauf beschränken, die Ergebnisse kurz zusammenzufassen 5. darauf, mit dem Filialleiter zu sprechen 6. dagegen gewehrt, sich scheiden zu lassen 7. davon abhalten, meine Pflicht zu erfüllen 8. davon abgeraten, mich um diese Stelle zu bewerben 9. darüber nachgedacht, die Garage umzubauen 10. dazu, Blitze abzuleiten 11. dazu überreden, nach Australien zu fliegen (OR eine Flugreise nach Australien zu machen) 12. dazu, maßlos zu übertreiben 13. darauf, das Verfahren wieder aufzunehmen 14. dazu verleitet, ohne Führerschein zu fahren

5 **The use of infinitive clauses as the object of verbs** Other tenses may be equally possible. 1. Ute warnte ihn davor, an dieser Demonstration teilzunehmen. 2. Ich konnte es einfach nicht ertragen, ihn so leiden zu sehen. 3. Wir sind es lange gewohnt, früh aufzustehen. 4. Wir haben darauf verzichtet, unsere Tante bald

wiederzusehen. 5. Er hat es versäumt, einen Brief an seine Mutter zu schreiben.
6. Sie konnte es nicht leiden, belogen zu werden. 7. Er bemühte sich, die ängstliche
alte Dame zu beruhigen. 8. Sie hat sich nicht davor gescheut, ihm die Wahrheit
zu sagen. 9. Wir bedauern es sehr, so spät gekommen zu sein. 10. Das hat es
uns erst ermöglicht, nach Amerika zu fliegen. 11. Sie hat es abgelehnt, an dem
Projekt mitzuarbeiten. 12. Ihre Mutter hat (es) ihr untersagt, die Diskothek zu
besuchen.13. Wir haben sie dazu gezwungen, ihr Zimmer aufzuräumen. 14. Er hat
es vermieden, uns auf den Vorfall aufmerksam zu machen.

6 **Infinitive clauses with 'semi-auxiliary' verbs** 1. Ich habe noch viel zu arbeiten.
2. Dadurch sind höhere Gewinne zu erzielen. 3. Jetzt bleibt abzuwarten, wie sich
das Gericht entscheidet. 4. Es scheint ihm Spaß zu machen. 5. Das Auto geht
leider nicht mehr zu reparieren. 6. Er pflegte früher oft im Garten zu sitzen. 7. Er
vermochte sich nur mit großer Mühe an den Unfall zu erinnern.

7 **The infinitive with *zu* after prepositions** 1. . . ., ohne sich um das Schreien ihres
Kindes zu kümmern 2. . . ., außer in der Sonne zu liegen 3. . . ., um dich auf der
Bühne sehen zu können (*OR* auf der Bühne zu sehen) 4. * 5. Anstatt mir zu helfen,
. . . 6. * 7. * 8. . . ., anstatt dir immer diese Videofilme anzugucken 9. . . ., ohne mit
der Wimper zu zucken 10. *

8 **German equivalents for the English prepositions 'for' and 'with' used with the
infinitive** 1. Glaubst du, daß es dir möglich sein wird zu kommen? (*OR* daß du
kommen kannst) 2. Das kann ich nicht entscheiden. 3. Ich warte nur darauf, daß
er geht. 4. Da ich kein Zuhause hatte, mußte ich die Nacht im Park verbringen.
5. Wenn er das Haus geputzt hat, dann muß es schon wirklich schmutzig gewesen
sein. 6. Ich zeige dir das nur, damit du siehst, daß ich nicht übertreibe. 7. Es wäre
schön, wenn er mitkommen könnte. 8. Da er keine Qualifikationen nachweisen
konnte, konnte er nur Gelegenheitsarbeiten ausführen. 9. Es ist/wird Zeit für mich
zu gehen (*OR* es ist/wird Zeit, daß ich gehe).

9 **Infinitive clauses with *um . . . zu*** 1. um uns zu entspannen 2. um mir einen neuen
Fernseher zu kaufen 3. um deutscher Meister zu werden 4. um ein Eis zu kaufen
5. um darin zu baden 6. um ein Feuer zu machen.

10 **The infinitive without *zu*** 1. Wir gehen zum Bäcker Semmeln kaufen. 2. Kommst du
heute abend mit schwimmen? 3. Wir fahren gleich nach Köln einkaufen. 4. Carla half
ihrem Freund die Weinflaschen aufmachen. 5. Petra ließ ihre Haustür reparieren.
6. Angela hat einen Onkel in Düsseldorf wohnen. 7. Ich schickte meine Tochter in die
Stadt einkaufen. 8. Er ließ die Frau nicht reden. 9. Sie lehrte ihre beiden Enkelkinder
schwimmen. 10. Dieses Auto läßt sich nicht mehr reparieren.

11 **The infinitive with and without *zu*** 1. zu 2. zu 3. zu *optional*; zu *optional* 4. zu
5. – 6. zu (*often omitted in spoken German, but this is widely considered ungrammatical*);
zu 7. zu 8. –; zu 9. zu 10. –

12 **Uses of the infinitive** 1a.(i) aufbauen (ii) [geerntet] haben 1b.(i) erhalten [erhalten
bleibt] 2. werden [geerntet werden konnten], messen, stärken, schützen, helfen
3. Infinitives that help to form an infinitive clause with *zu*: bremsen, retten, fällen,
erhalten, schützen, unterstützen, helfen, informieren, erhalten, sichern, vermarkten
4a.(i) werden (konnten) (ii) stärken (will) (iii) schützen (will) (iv) helfen (muß) 4b.(i)
messen (sich lassen) 5a.(i) erhalten (sich bezahlt machen) (ii) schützen (sich bezahlt

machen) (iii) unterstützen (sein) (iv) helfen (sein) (v) informieren (sein) 5b.(i) retten (preisen) 5c.(i) bremsen (sein) (ii) erhalten (sein) (iii) sichern (sein) (iv) vermarkten (helfen) 5d.(i) fällen (ohne)

13 **Infinitival nouns** 1. Ich komme leider nicht mehr viel zum Lesen. 2. Das Wetter ist heute wieder zum Heulen. 3. Der Garten ist zu klein zum Fußballspielen. 4. Achten Sie beim Verlassen Ihrer Zimmer bitte darauf, daß Sie keine Gegenstände in den Schränken lassen. 5. Ich brauche das Messer zum Kartoffelschälen. 6. Ich habe gestern deine Schwester beim Einkaufen getroffen. 7. Wir hatten leider nicht genügend Schnee zum Skilaufen. 8. Mir fiel beim Durchlesen des Briefes sofort ihre seltsame Schrift auf. 9. Jetzt ist es leider zu spät zum Umkehren. 10. Ich habe mir beim Tennisspielen das Handgelenk gebrochen.

14 **Infinitival nouns used with prepositions** 1. Beim Klavierspielen 2. Beim Bezahlen der Rechnung 3. Beim Kartoffelschälen 4. Beim Betreten dieses Saales 5. Beim Lesen des Briefes 6. Beim Beantworten dieser Frage

15 **Infinitival nouns** 1. Das Mitbringen von Hunden 2. Das Füttern der Tiere 3. Das Betreten der Grünflächen 4. Das Benutzen der Parkbänke zu anderen Zwecken als zum Sitzen 5. Das Werfen jeglicher Gegenstände in die Käfige 6. Das Hören (von) lauter Musik

16 **The extended participial phrase** 1. Der in Europa verbotene Hahnenkampf erfreut sich in südamerikanischen Ländern großer Beliebtheit. 2. Jetzt erleben Sie eine noch nie dagewesene Attraktion. 3. Mit dem dadurch eingesparten Geld könnte man mehrere Krankenhäuser bauen. 4. Finden Sie eine auch stilistisch der englischen Vorlage entsprechende Übersetzung. 5. Für die im Krieg gefallenen Soldaten wurde ein Mahnmal errichtet. 6. Ein nicht vorauszusehendes, fürchterliches Gewitter zerstörte die gesamte Ernte. 7. Der vom Blitz getroffene Baum mußte gefällt werden. 8. Die im Schaufenster ausgestellten Waren sind nicht verkäuflich. 9. Der zu einer Freiheitsstrafe von zwei Jahren verurteilte Christian Meyer nahm das Urteil gelassen auf.

17 **The extended participial phrase** 1. Der von seinen Freunden rechtzeitig gewarnte Flüchtling verließ . . . 2. . . . gegen die im abgebrannten Haus lebenden Asylbewerber. 3. . . . über das schon am ersten Kriegstag von den Deutschen versenkte Boot. (OR – *with less likely emphasis* – . . . über das von den Deutschen schon am ersten Kriegstag versenkte Boot.) 4. . . . um eine nicht zu vermeidende Schwierigkeit. 5. . . . die von jedem Bewerber auszufüllenden Formulare. 6. . . . ein in entgegengesetzter Richtung fahrendes Auto. 7. Die um ihre Arbeitsplätze fürchtenden Arbeiter traten . . . 8. . . . , nicht mehr benötigte Kleider an . . . 9. . . . ein zwischen Deutschland, Österreich und der Schweiz liegender See. 10. In Deutschland hergestellte Panzer sollten . . . 11. Die durch Bomben zerstörte Stadt bot . . . 12. Die an ein warmes Klima gewöhnten afrikanischen und asiatischen Studenten haben . . . 13. Der von mir und meinem Kollegen untersuchte Fall erwies sich . . . 14. . . . mit dem für Ihren Antrag zuständigen Kollegen. 15. . . . die leider noch immer in vielen afrikanischen Ländern herrschende Hungersnot als . . . 16. Das normalerweise alle zwei Jahre stattfindende Festival sollte dieses Jahr wegen der dabei anfallenden und auf rund 2 Millionen Mark geschätzten Kosten abgesagt werden. 17. . . . die Menge des zu erwartenden Mülls auf . . . 18. . . . für das ihm entgegengebrachte Vertrauen.

18 **Uses of the present and past participles** 1. gemacht, zugedacht 2. abgesetzt, gelobt, verwirrend, gemäßigt 3. geboten, verfochten 4. offenbart, gehalten, gerichtet,

gedichtet, gesetzt, begleitet, vorgetragen, wiedergegeben, befördert, abgeschrieben, gehalten

19   German equivalents of English constructions with the *ing*-form   Alternatives may be possible, but the words in italics give the most likely idiomatic equivalents of the English constructions. 1. *Ihn anzugreifen* wäre nutzlos. 2. Dieses Problem *läßt sich nicht lösen.* 3. *Als er aus dem Haus kam,* bemerkte er das Mädchen, *das auf dem Bürgersteig/Trottoir saß.* 4. Es ist wichtig, *sich richtig ausdrücken zu können.* 5. Auf der Straße *wurde viel geschrieen.* 6. Es ist wirklich nicht warm genug, *um auf der Veranda zu sitzen.* 7. Sie erschraken *bei seinem Anblick (OR als sie ihn erblickten).* 8. Er raste zur alten Brücke hinunter, *und Magdalene folgte ihm.* 9. Er öffnete seine Post, *bevor er zur Arbeit ging.* 10. Sie war in das Haus gekommen, *ohne daß wir es bemerkt hatten.* 11. Was hast du gemacht, *(an)statt diesen Aufsatz zu schreiben?* 12. Ich saß in dem alten Sessel *und las ein Buch.* 13. Während der Vorstellung husteten sie *dauernd.* 14. Während der Vorstellung *mußte ich einfach husten.* 15. *Da ich wußte, daß sie nicht im Lande war,* ging ich ihre Mutter besuchen. 16. *Sie blieb* am Brunnen *stehen.* 17. *Er ließ mich* unten an der Treppe *warten.* 18. *Als sie erfuhren,* daß Paul schon fort war, beschlossen sie, Dietmar zu fragen. 19. *Er kam die Treppe herunter/herab* und *sah* zu seiner Überraschung Anna dort auf ihn *warten.* 20. *Da sie kein Geld mehr hatten,* mußten sie den ganzen Heimweg zu Fuß gehen.

20   German equivalents of English constructions with the *ing*-form   You will probably find that native speakers will suggest a number of alternative variants. It is invaluable to get to know all the different possibilities of expressing yourself in German.

14   The uses of the tenses

1   Present tense or perfect tense with *seit*   1. Seit sie ihn kennt 2. Seit ich das Haus gekauft habe 3. Seit er umgezogen ist 4. Seit du mit diesem Kerl befreundet bist 5. Seit er an dem neuen Projekt arbeitet 6. Seit Ost- und Westdeutschland wiedervereinigt sind 7. Seit sie sich das Bein gebrochen hat 8. Seit die Bundesrepublik besteht

2   Tenses in 'up-to-now' sentences   1. warten 2. regnet 3. Stehen 4. hat . . . besucht 5. bist 6. trägt 7. wohnt 8. habe . . . gesehen 9. lese/habe . . . gelesen 10. besuche

3   The present tense used to refer to future time   1. Ich bin gleich wieder da. 2. . . ., daß seine Freundin morgen kommt.* 3. Der Peter ruft sicher heute abend an.* 4. Die Bundesbahn bietet ab 1. Juni mit . . . an. 5. Voraussichtlich tritt nächstes Jahr eine . . . in Kraft.* 6. Die Zahl der Beschäftigten nimmt im nächsten Jahrzehnt zu. 7. Das Buch wird demnächst ins Englische übersetzt. 8. Das gibt es in Zukunft nicht mehr. 9. Annegret geht ab September in die Schule. 10. Diese Broschüren werden am Montag überall verteilt.

4   The present tense used to refer to the past   schlängelt . . . kommen . . . sind . . . gibt . . . sind . . . hält . . . preßt . . . kann . . . nimmt . . . führt . . . setzt . . . hebt . . . rückt . . . sind . . . sieht . . . ausschaut . . . ist . . . scheint . . . leuchtet . . . bleibt . . . glaubt . . . ist . . . freut . . . dauert . . . kann . . . ist . . . bewegen . . . wird . . . scheint . . . wechseln . . . warnt . . . wandert . . . zieht . . . bleibt . . . wendet . . . schmiegt . . . ist . . . ist . . . vereinen . . . kann . . . darf . . . sitzt . . . muß . . . kann . . . gibt . . . ist . . . stört . . . ist

5   **The past and the perfect**   Individual cases can be compared with the information in *Hammer* 14.3. There are likely to be proportionally more instances of the perfect tense in a play than a novel, as a play is reproducing spoken dialogue.

6   **The past and the perfect**   The English tenses are difficult for Germans because there is a much clearer difference in meaning between perfect and past in English than there is in German, where, as your data will have shown, the two tenses can replace one another in many contexts.

7   **The compound tenses: future perfect**   1. In zwei Wochen werde ich sie fertiggeschrieben haben.   2. Spätestens bis zum Sommer werden wir das neue Haus bezogen haben.   3. Nein, die wird schon abgeflogen sein.   4. Nein, er wird ihn verpaßt haben.   5. Ja, aber er wird zu viel zu tun gehabt haben.   6. Nein, sie wird (schon) ins Bett gegangen sein.   7. Sie wird es ihm gesagt haben.   8. Er wird allein gegangen sein.

8   **Future and future perfect to indicate a supposition**   In all these sentences, *wohl* and *wahrscheinlich* are interchangeable.   1.   . . . wird wohl schon angefangen haben. 2.   . . . wird wahrscheinlich inzwischen . . . fertig sein.   3. Er wird wohl keine Lust haben, . . .   4. . . . werden ihr Geld wahrscheinlich wieder . . . ausgegeben haben.   5.   . . . Wahl wird er wohl nicht wieder gewählt werden.   6.   . . . werden wahrscheinlich alle Kirschen aufgefressen haben.   7.   . . . wird wohl abgerissen worden sein.   8. Du wirst dich wohl daran gewöhnen müssen, . . .   9. Er wird sich wahrscheinlich ein Taxi genommen haben.   10.   . . . wird mein Chef wohl nicht einverstanden sein.   11.   . . . wird sich wahrscheinlich alleine etwas . . . gemacht haben.   12. . . . werden den Frost wahrscheinlich nicht vertragen haben.

9   **The future**   . . . in Deutschland wird in den nächsten 20 Jahren kaum steigen. Wohl aber wird sich . . . stark verändern . . . Heizöl wird stark zurückgehen . . . Auch wird die Förderung . . . eingeschränkt werden. Importkohle wird diese Rückgänge nur zum Teil ausgleichen. Erheblich zunehmen wird deshalb der Einsatz von Erdgas.

10   **The future**   From an English speaker's point of view, it is striking how little you need to use the future with *werden* in German, and your investigation will have borne this out.

11   **The pluperfect**   1. Nachdem er gegessen hatte, ging er spazieren.   2. Nachdem er ein Bad genommen und sich rasiert hatte, zog er sich an und ging aus.   3. Nachdem ich ihn besser kennengelernt hatte, war er mir sympathischer.   4. Nachdem wir in den Konferenzsaal gegangen waren und uns hingesetzt hatten, fing der Vorsitzende an zu sprechen.   5. Nachdem mein Büro aufgeräumt worden war, fühlte ich mich wohl.   6. Nachdem sie den Lehrerberuf aufgegeben hatte, machte ihr das Leben wieder Spaß.   7. Nachdem wir in Florenz angekommen waren und uns im Hotel einquartiert hatten, fing der Urlaub für uns an.   8. Nachdem der Verkehr hatte umgeleitet werden müssen, herrschte auf den Straßen (ein) totales Chaos.   9. Nachdem ihr Mann gestorben war, hatte sie keine Freude mehr am Leben.   10. Nachdem das Licht ausgegangen war, erzählten sich die Kinder (*OR* die Kinder sich) Gruselgeschichten.

12   **Ways of indicating continuous action in German**   1a. Sie aßen gerade, als . . .   1b. Sie waren gerade dabei zu essen, als . . .   1c. Sie waren beim Essen, als . . .   2a. Als . . ., telefonierte Herr Schulze gerade.   2b. Als . . ., war Herr Schulze gerade dabei zu telefonieren.   2c. Als . . ., war Herr Schulze beim Telefonieren.   3a. Ich las gerade die Zeitung, als . . .   3b. Ich war gerade dabei, die Zeitung zu lesen, als . . .   3c. Ich war beim Zeitungslesen, als . . .   4a. Als sie gerade einschlief, hörte sie . . .   4b. Als sie gerade dabei war einzuschlafen, hörte sie . . .   4c. Als sie beim

Einschlafen war, hörte sie . . . 5a. Wir spielten gerade Tennis, als . . . 5b. Wir waren gerade dabei, Tennis zu spielen, als . . . 5c. Wir waren gerade beim Tennisspielen, als . . .

13 **gerade/eben and (gerade/eben) dabei sein . . . zu + infinitive** 1. Ich bin gerade dabei, es aufzuräumen. 2. Ich bin gerade dabei, es fertigzumachen. 3. Das geht leider nicht. Ich habe gerade eine wichtige Besprechung. 4. Das geht leider nicht. Sie ist gerade nach Hause gegangen. 5. Ich bin gerade dabei, sie zu lesen. 6. Das geht leider nicht. Ich korrigiere gerade Klassenarbeiten. 7. Nein, ich arbeite gerade an einem wichtigen Projekt. 8. Ich bin gerade dabei, sie durchzusehen. 9. Er ist gerade dabei, sie zu untersuchen. 10. Das geht leider nicht. Ich repariere gerade mein Fahrrad.

14 **German equivalents for the English progressive tenses** The italicised phrases give the most likely equivalent for the English, but you may find other possibilities. 1. Als ich hereinkam, tat sie *gerade* Kohle in den Ofen. 2. Keine Sorge! *Sie geht schon.* 3. Sei doch nicht so ungeduldig. *Ich komm(e) ja schon (OR Ich komme)!* 4. Stör' uns doch nicht! Wir sind bei der Arbeit. 5. Ich *ziehe mich gerade um.* 6. Meine Schwester *war gerade beim Zeitunglesen (OR las gerade (die) Zeitung OR war gerade dabei, (die) Zeitung zu lesen)*, als das Dach einstürzte. 7. *Es regnet nicht mehr (OR Es hat aufgehört zu regnen).* 8. Peter nahm ein Stück Kuchen, als seine Mutter *gerade* wegblickte. 9. *Ich bin (gerade) dabei (OR Zur Zeit bin ich dabei)*, ein Buch zu schreiben. 10. Sie dachte *(gerade)* darüber nach. 11. Ich kümmere mich *gerade* darum.

15 **Use of the tenses** 1. kommen . . . an 2. erblickte 3. muß 4. fliege 5. gehörte 6. hat . . . geschneit 7. finde 8. geschlafen hat 9. treffen

16 **Use of the tenses** 1. Seit(dem) ich ihn kenne, bin ich ein völlig anderer Mensch. 2. Da er kein Alibi hatte, wurde er von der Polizei verhaftet. 3. Du wolltest das Stück Kuchen, und jetzt ißt du es (auch)! 4. Ich wohne seit etwa zehn Jahren hier. 5. Ich habe ihn eine ganze Weile (OR seit einiger Zeit) nicht gesehen. 6. Hör bitte damit auf! 7. Als seine Frau zurückkam, war er gerade beim Kochen. 8. Seit wann interessierst du dich für Fußball? 9. Wenn es mir wieder gut geht, werde ich viel lesen. 10. Abwaschen habe ich schon immer gehaßt. Ich mache es morgen. 11. Sie werden erfreut sein zu hören, daß ich an einem neuen Roman arbeite (OR schreibe).

17 **Use of the tenses** deckte; beschäftigte; liegt; ist . . . gesunken; ist . . . geschrumpft; war . . . geschmiert; ging . . . zurück; gewann; hat sich . . . verpflichtet; ist; dürfen

15 The passive

1 **The werden-passive** 1. Das Öl im Motor wird gewechselt. 2. Der Ölfilter wird erneuert. 3. Der Ölstand wird geprüft und ggf. Öl nachgefüllt (OR geprüft, und ggf. wird Öl nachgefüllt). 4. Die Muttern und Schrauben werden nachgezogen. 5. Der Reifenluftdruck wird geprüft und ggf. korrigiert. 6. Die Handbremse wird eingestellt. 7. Die Scharniere für Türen werden geölt. 8. Die Schlösser werden eingefettet. 9. Der Motortest wird durchgeführt. 10. Der Motor wird nachreguliert.

2 **The werden-passive** . . . Passionsspielen werden dieses Jahr eine halbe Million Menschen erwartet. . . . Eröffnung wurde vom Erzbischof . . . ein Gottesdienst zelebriert. Leider wurden die Passionsspiele durch einen mutmaßlichen Betrug überschattet. 20 000 ungültige Eintrittskarten waren von einem ortsansässigen Hotel an zwei englische Reisebüros verkauft worden. Inzwischen ist die Staatsanwaltschaft von der Gemeinde eingeschaltet worden, und die Ermittlungen zu dem mutmaßlichen Millionenbetrug

sind bereits aufgenommen worden. Eine Forderung der britischen Veranstalter, . . ., wurde vom Festspielkomitee abgelehnt.

3 **The *werden*-passive** 1. Nein, ich bin von einem Bekannten aufgehalten worden. 2. Nein, er ist festgenommen und vor Gericht gestellt worden (*OR* er wurde festgenommen und . . . gestellt). 3. Nein, er ist abgesetzt worden. 4. Nein, er wird erst morgen operiert. 5. Nein, zuerst wird dein Zimmer aufgeräumt. 6. Nein, ich bin entlassen worden. 7. Nein, sie wird nur einmal am Tag ausgetragen. 8. Nein, er wurde sofort ins Krankenhaus gebracht (*OR* Nein, er ist sofort . . . gebracht worden).

4 **The *werden*-passive with non-transitive verbs** 1. Ihm wurde geantwortet. 2. Ihr wurde zu ihrem Erfolg gratuliert. 3. Über die Möglichkeit eines Waffenstillstandes wurde leider erfolglos verhandelt. 4. Dem König von Preußen wurde gedient. 5. Ihm ist gestern (von seinem Chef) gekündigt worden. 6. Auf ihn wird sehr wenig geachtet. 7. Zunächst wurde es ihm nicht geglaubt. 8. Nach Ihnen ist überall gesucht worden.

5 **The *werden*-passive** 1. Mir wurde nicht geantwortet. 2. Sein Gehalt wird jedes Jahr um 10 Prozent erhöht. 3. * 4. Dem Patienten wurde empfohlen, die Medizin zu nehmen. 5. * 6. Mir wurde eine neue Tasche geschenkt. 7. Ihr wurde die Nachricht von der Ankunft ihres Bruders gegeben (*OR* Die Nachricht . . . wurde ihr gegeben). 8. Ihr wird heute noch Bescheid gesagt. 9. * 10. Ihr wird sicher geholfen werden. 11. * 12. Es wird viel über die Situation geredet. 13. Die Tür wird jetzt aufgemacht! 14. * 15. Auf deutschen Autobahnen wird im allgemeinen sehr schnell gefahren.

6 **The *werden*-passive** 1. Ja, vor den Hunden wird gewarnt. 2. Nächsten Montag wird mit den Bauarbeiten angefangen. 3. Auf dem Fest wurde getrunken, gegessen, Musik gehört und getanzt. 4. In der Diskussion wird über Arbeitslosigkeit gesprochen. 5. Hier wird meistens so gründlich gearbeitet. 6. Nein, jetzt wird nicht Fußball gespielt, sondern zuerst gegessen. 7. Früher wurde einmal in der Woche gewaschen. 8. Ja, bei uns wird viel gelacht. 9. Nein, bei uns ist nur eingebrochen worden. 10. Weil dort viel gesegelt wird.

7 **The *werden*-passive** 1. Hier wird jetzt nicht geraucht, sondern gearbeitet! 2. Heute wird dein Zimmer saubergemacht! 3. Zuerst werden deine/die Hausaufgaben gemacht, und dann kann gespielt werden. 4. Mit dem Blödsinn wird jetzt aufgehört! 5. Die Tür wird jetzt zugemacht! 6. Heute wird bitte endlich der Brief geschrieben. 7. Zuerst wird deine Milch ausgetrunken. 8. Was auf den Teller kommt, wird gegessen.

8 **The *werden*-passive and the *sein*-passive** 1. ist 2. wird 3. wurde 4. waren 5. wurde 6. wurde 7. wurde 8. wurde 9. ist 10. wurde; wurde 11. ist 12. sind 13. ist 14. werden

9 **The *werden*-passive and the *sein*-passive** The passive forms may be found in the full text given in Chapter 4: p. pp. 35–37.

10 **The *werden*-passive and the *sein*-passive** You may well have found rather different proportions of the two passives, as their use is dependent on the type of text. Fictional narrative often has very few *sein*-passives.

11   *Von* or *durch* with the passive   1. von der Polizei   2. mit Staub   3. von Terroristen, durch einen Bombenanschlag   4. mit einer Zuckerglasur   5. von König Ludwig II   6. von Doktor Bracke   7. durch den (*OR* vom) sauren Regen   8. Durch welchen Film   9. von Professor Barnard   10. durch einen Streifschuß   11. von einer Kugel   12. durch Telefonanrufe, von Unbekannten   13. von uns   14. durch den Lärm (*OR* von dem Lärm)

12   Reflexive verbs as an alternative to the passive   1. Ich hoffe, daß meine Vermutungen nicht bestätigt werden (*OR* Ich hoffe, meine Vermutungen werden nicht bestätigt). Ich hoffe, daß sich meine Vermutungen nicht bestätigen (*OR* Ich hoffe, meine Vermutungen bestätigen sich nicht).   2. Die Preise werden jedes Jahr erhöht. Die Preise erhöhen sich jedes Jahr.   3. Leider wurde mein Portemonnaie nicht gefunden. Leider hat sich mein Portemonnaie nicht gefunden.   4. Die Erfahrung zeigt, daß Französisch am wirksamsten in Frankreich gelernt wird. ..., daß sich Französisch am wirksamsten in Frankreich lernt.   5. Das wird nicht (so) leicht vergessen. Das vergißt sich nicht (so) leicht.   6. Das wird durch seine unglückliche Kindheit erklärt. Das erklärt sich durch seine unglückliche Kindheit.   7. Dieser Wunsch wird erfüllt (werden). Dieser Wunsch erfüllt sich (*OR* wird sich erfüllen).   8. Es wird empfohlen, Tee ohne Zucker zu trinken. Es empfiehlt sich, Tee ohne Zucker zu trinken.

13   Alternative passive constructions   1. Es gibt noch viel zu tun.   2. Es bleibt abzuwarten, ...   3. Die Folgen lassen sich jetzt noch gar nicht abschätzen.   4. Das ist leider nicht zu ändern.   5. Ihm gehört mal deutlich die Meinung gesagt.

14   *sich lassen*   1. Die Uhr läßt sich nicht mehr reparieren.   2. Mit diesem Auto lassen sich Höchstgeschwindigkeiten bis zu 280 km/h erreichen.   3. Diese Frage läßt sich sehr einfach beantworten.   4. Der Schrank läßt sich leicht zusammen- und auseinanderbauen.   5. Bei umsichtigerem Handeln hätten sich höhere Gewinne erzielen lassen.   6. Es hätte sich ein Kompromiß finden lassen müssen.   7. Der Termin läßt sich nicht einfach verschieben.   8. Es läßt sich nicht leugnen, ...

15   *sich lassen* as an alternative to the passive   Here are the modified parts of the text: ... Bei dem Vermittlungsplatz **varix mvt 600 B** lassen sich die Hinweise ... darstellen. Die entsprechenden Informationen lassen sich dabei ... umwandeln und ... wiedergeben. Mit Hilfe einer speziellen Software lassen sich alle Bedienungshinweise ... darstellen und/oder auf die ... Braille-Zeile übertragen. Für Sehbehinderte läßt sich die Schrift ... abbilden. Eine optische Anpassung ... läßt sich dabei zusätzlich ... erreichen. Änderungen, ..., lassen sich über die Tastatur in das ... Telefonnummernverzeichnis eingeben.

16   Adjectives in *-bar*, *-lich* and *-fähig* to express possibility   1. Dein Plan ist in dieser kurzen Zeit nicht durchführbar (*OR* undurchführbar).   2. ..., daß er kaum hörbar war.   3. Einsilbige Wörter sind im Deutschen nicht trennbar (*OR* untrennbar).   4. ..., weil er so anpassungsfähig ist.   5. ..., daß das Haus kaum sichtbar war.   6. Die Folgen der Umweltkatastrophe sind in ihrem vollen Ausmaß heute noch gar nicht absehbar.   7. Sein Verhalten ist nur verständlich, ...   8. Diese Tapeten sind abwaschbar.   9. ..., weil es entwicklungsfähig ist.   10. Manche Pilze sind eßbar, andere nicht.   11. Ohne einen Kredit wäre dieses Haus nicht finanzierbar gewesen.   12. Politiker sind meiner Meinung nach austauschbar.   13. Sie glaubt, daß sie unersetzlich ist.   14. Dieses Material ist unbrauchbar/nicht brauchbar.

17   The passive   1. Sie werden höflich(st) gebeten, dieses Gelände zu verlassen.   2. Dir kann nicht geholfen werden.   3. Das läßt sich nicht ändern.   4. Obwohl der Palast dem Grafen von Libowitz gehörte, war nicht bekannt, wie lange er dort würde bleiben können. 5. Wieviel Essig, glaubst du, ist in diesem Geafäß enthalten? 6. Er wurde von einem Passanten gesehen, wie er in das Haus einbrach. 7. Als ich um 5 Uhr dorthin kam, war die Tür schon zugeschlossen, aber ich weiß nicht, um wieviel Uhr sie zugeschlossen wurde. 8. Es wäre mir lieber gewesen, von ihm bedient zu werden. 9. Diese Operation hätte von niemand anderem (*OR* von niemandem sonst) ausgeführt werden können. 10. Die Häuser waren durch einen Zaun getrennt. 11. Ich durfte nicht mit ihm ausgehen. 12. Neuschwanstein wurde von dem bayerischen König Ludwig II erbaut. 13. Mir ist empfohlen worden, einen Tag freizunehmen. 14. Die Entdeckung Amerikas durch Kolumbus geschah 1492.

18 **The use of the passive in instructions** Here are the passives used in the instructions. In each case, one or two examples of simpler and/or more colloquial constructions have been given (if one particular part of the sentence is equivalent to the passive construction, it is in italics). You may of course be able to think of other alternatives. **ist . . . versehen** – Dieses Objektiv *hat* separate Einstellringe. **wird . . . durchgeführt** – Die Entfernung *stellt man* mit dem Entfernungsring *ein* (*OR* Mit dem Entfernungsring *kannst du* die Entfernung *einstellen*). **vorgenommen wird** – Die Brennweite *stellt man* mit dem Brennweitenring ein (*OR* Mit dem Brennweitenring *kannst du* die Brennweite einstellen. **ist . . . ausgelegt** – Das heißt/bedeutet, daß . . . **genutzt werden können** – Das heißt/bedeutet, daß du alle Belichtungsprogramme der Kamera voll *nutzen kannst.* **muß justiert werden** – Wenn du einen Handbelichtungsmesser oder einen Elektronikblitz benutzt und eine gute Belichtung willst, *mußt du* den Blendenring mit der Hand *justieren/einstellen.* **ist . . . versehen** – Dieses Objektiv *hat* über dem Blendenring zwei farbkodierte Bezugslinien für die Blendeneinstellung. **muß . . . eingestellt werden** – Wenn . . ., *mußt du* den Wert 8 . . . auf die weiße Linie *einstellen.* **eingestellt ist** – Wenn *du* das Objektiv auf 70mm *eingestellt hast,* . . . **sind . . . konstruiert** – (no equivalent alternative construction). **hervorgerufen werden können** – . . ., die von . . . Licht *kommen.* **wird abgeraten** – In der Bedienungsanleitung steht, daß *man keine* Gegenlichtblenden von anderen Herstellern *verwenden soll,* . . .

16 The subjunctive mood

1 **Present subjunctive** 1. Man nehme . . . und zerschlage sie . . ., rufe man . . . und lasse ihn . . ., verwende man . . . setze man . . ., ziehe sie aber . . . 2. Man fülle . . ., rühre gut um und genieße . . .

2 **Indirect speech** 1. . . ., es bestehe kaum Anlaß zur Besorgnis mehr. Der Zustand des Kindes habe sich soweit gebessert, daß . . . zu bewerten seien. 2. . . ., sie hätten gesehen, wie . . . ineinander gerast seien. 3. . . ., ob er in Plochingen gleich Anschluß habe oder ob er warten müsse, und von welchem Gleis der Zug fahre. 4. . . ., daß mit Wartezeiten bis zu 10 Stunden zu rechnen sei. Die Staus würden sich nur sehr langsam auflösen. Ausweichempfehlungen gebe es nicht. 5. . . ., noch vor zwei Jahren sei es schwierig gewesen, den Schuldenberg, der jetzt auf sie zugekommen sei, vorauszusehen, weil man . . . noch nicht habe abschätzen können. 6. . . ., für eine derzeit nicht exakt zu bestimmende Übergangszeit müsse Kernkraft weiter genutzt werden, weil . . . nicht zur Verfügung stünden. Es gebe in Baden-Württemberg . . .

3 **Indirect speech** Common colloquial (*c*) and formal written (*w*) alternatives are given. 1. Er sagte zu mir, er könne . . . (*OR* könnte (*c*, *w*) *OR* kann (*c*)). 2. Sie

sagten zu mir, Fritz überlasse ihnen . . . (OR überließe (w) OR überläßt (c) OR würde ihnen die Entscheidung überlassen (c)). 3. Sie sagte zu mir, die Sekretärin nehme ihr viel Arbeit ab (OR nähme . . . ab (w) OR nimmt . . . ab (c) OR würde ihr . . . abnehmen (c)). 4. Er sagte zu dir, sie wollten morgen nach Ulm fahren (OR wollen (c, w)). 5. Sie sagte zu ihnen, ihre Cousinen kämen um zwei Uhr an (OR kommen (c, w) OR würden um zwei Uhr ankommen (c)). 6. Er sagte zu mir, sie spielten bei . . . immer Tennis (OR spielen (c, w) OR würden bei . . . immer Tennis spielen (c)) 7. Er behauptete, sie würden in Sterzing immer gewinnen (OR sie gewinnen (c, w); gewännen *is now obsolete even in formal written German*). 8. Rolf sagte zu mir, er heirate . . . (OR würde am Sonnabend heiraten (c, w) OR werde . . . heiraten (w)). 9. Dieter erzählte mir, sie seien im Sommer nach Teneriffa geflogen (OR wären . . . geflogen (c, w) OR sind . . . geflogen). 10. Ute fragte mich, ob Peter am Sonntag mitkomme (OR mitkäme (c, w) OR mitkommt (c)).

4   Indirect speech   . . . sagte Sabine: „Ich habe mir überhaupt nicht vorstellen können, daß eine Segelpartie . . . hat. Vom Ufer aus sieht das Segeln oft so aus, als ob da überhaupt nichts passiert. Ich bin jetzt wie betrunken . . . So leicht und so schwer bin ich. Und wie ich meine Haut spüre. So habe ich meine Haut überhaupt noch nie gespürt. Ich habe das Gefühl, ich war im Olymp . . . und kehre jetzt . . . zurück." „Masseur Apoll läßt grüßen", sagte Helmut, „aber ich stimme meiner Frau zu, die Wirkungen . . . sind . . . unvorstellbare. Auch ich fühle mich durchgearbeitet. Ich weiß nur noch nicht . . . Apoll wurde bei mir sicher nicht tätig. Aber ein Gott kann es schon gewesen sein. Ich möchte mich . . . bei euch beiden bedanken, daß ihr mich und Sabine . . . auf eurem Boot ertragen habt, und ich wünsche euch beiden . . . Urlaubstage". Das ließ Klaus Buch nicht gelten: „Abschied! . . . .. Soll es das sein?".„Er ist ein Sadist, das wissen wir ja", sagte Hel.

5   Indirect speech   North German writers like Heinrich Böll or Thomas Mann tend to use the alternatives more frequently than South German or Swiss writers, like Walser or Max Frisch. If you have chosen a North German writer, you will most likely have found quite a few of the alternative forms.

6   Indirect speech   Der Spiegel meinte, Anja Fichtel werde oft als Steffi Graf des Fechtens bezeichnet, und fragte, ob sie der Vergleich ehre. Fichtel antwortete, sicher mache sie das stolz. Aber wenn sie in der Öffentlichkeit behandelt worden wäre wie Steffi Graf, dann hätte sie längst aufgehört. Einen solchen Rummel halte kein Mensch aus. Die Öffentlichkeit sehe darin eine Verpflichtung derjenigen, die ja ganz gut von ihrer Popularität lebten, meinte der Spiegel. Sie fechte erfolgreich und gewinne Medaillen, so Fichtel. Damit leiste sie genug. In Deutschland schienen alle zu glauben, erfolgreiche Sportler seien öffentliches Eigentum. Der Spiegel wollte wissen, wie sie es sich erkläre, daß auch andere Spitzensportler sich kaum in Deutschland aufhielten. Das hänge mit der deutschen Mentalität zusammen, meinte Fichtel. Sie sei geflohen, weil sie eine regelrechte Angst vor der Öffentlichkeit entwickelt habe. Und in Tauberbischofsheim, einer Kleinstadt mit 12 000 Einwohnern, sei es noch schlimmer gewesen. Jeder wisse alles über einen, man habe nicht einkaufen, nicht ausgehen können, ohne sich rechtfertigen zu müssen. Es habe keine Fluchtmöglichkeiten gegeben. Hier in Wien kenne sie keiner. Außerdem hätten die Österreicher nicht dieses gnadenlose Konkurrenzdenken.

7   Past subjunctive   1. wäre, arbeiten würde, könnte 2. beginge (OR begehen würde), käme, würde hingerichtet werden 3. aufpassen würdest, müßte 4. mitfliegen würde, hätte 5. täte (OR tun würde) 6. säße 7. stünde, bräuchte 8. könnte, wollte 9. wäre; müßte, könnte, wollte 10. ließe, würde ich es tun 11. dürfte

8   *Wenn*-clauses   1. Wenn der Patient nicht eingewilligt hätte, 2. Wenn die Öffentlichkeit ausgeschlossen worden wäre, 3. Wenn die Regierung gewechselt hätte,   4. Wenn Sie eine Brille getragen hätten,   5. Wenn mehr investiert worden wäre,   6. Wenn andere nicht geholfen hätten,   7. Wenn du genauer hingesehen hättest,   8. Wenn mein Bruder mich nicht begleitet hätte,   9. Wenn das Geld gerechter verteilt worden wäre,   10. Wenn du dich entschuldigt hättest,

9   **Wenn-clauses** 1. Wenn die Ärzte sich nicht so viel Mühe gegeben hätten, wäre er an der Krankheit gestorben. 2. Wenn du dich bei dem Banküberfall nicht so dumm angestellt hättest, säßen wir jetzt nicht im Gefängnis. 3. Wenn du nicht vergessen hättest, meinen Lottoschein abzugeben, wären wir jetzt Millionäre. 4. Wenn ich es wüßte, würde ich es sagen. 5. Wenn er nicht geschäftlich weggemußt hätte, hätte er an der Besprechung teilnehmen können. 6. Wenn ich mehr Zeit hätte, würde ich länger bleiben. 7. Wenn das so einfach wäre, wie du sagst, würden wir es tun. 8. Wenn du nicht gesagt hättest, du bist um zehn Uhr wieder hier, hätte ich mir nicht so große Sorgen gemacht. 9. Wenn wir ihm die Wahrheit gesagt hätten, hätte er es nicht geglaubt. 10. Wenn du am Abend nicht immer so viel trinken würdest, hättest du morgens nicht so fürchterliche Kopfschmerzen.

10   **Wenn-clauses** 1. Wenn ich es wüßte, würde ich es dir sagen. Wenn ich es gewußt hätte, hätte ich es dir gesagt. 2. Wenn du ihn anrufen würdest, würdest du es erfahren. Wenn du ihn angerufen hättest, hättest du es erfahren. 3. Wenn ich Geld hätte, könnte ich ins Kino gehen. Wenn ich Geld gehabt hätte, hätte ich ins Kino gehen können. 4. Wenn das Wetter schön wäre, würde ich schwimmen gehen (*OR* . . ., ginge ich schwimmen). Wenn das Wetter schön gewesen wäre, wäre ich schwimmen gegangen. 5. Wenn du mich lieben würdest, dann würdest du mir einen Mercedes schenken. Wenn du mich geliebt hättest, dann hättest du mir einen Mercedes geschenkt. 6. Wenn wir das teure Auto kaufen würden, hätten wir kein Geld mehr für einen Urlaub. Wenn wir das teure Auto gekauft hätten, hätten wir kein Geld mehr für einen Urlaub gehabt. 7. Wenn du ihr öfter schreiben würdest, würde sie sich sicher freuen. Wenn du ihr öfter geschrieben hättest, hätte sie sich sicher gefreut.

11   **Conditional sentences without *wenn*** 1a. Wüßte ich es, so würde ich es dir sagen. 1b. Hätte ich es gewußt, dann hätte ich es dir gesagt. 2a. Würdest du ihn anrufen, dann würdest du es erfahren. 2b. Hättest du ihn angerufen, so hättest du es erfahren. 3a. Hätte ich Geld, dann könnte ich ins Kino gehen. 3b. Hätte ich Geld gehabt, dann hätte ich ins Kino gehen können. 4a. Wäre das Wetter schön, so würde ich schwimmen gehen. 4b. Wäre das Wetter schön gewesen, so wäre ich schwimmen gegangen. 5a. Liebtest du mich, so würdest du mir einen Mercedes schenken. 5b. Hättest du mich geliebt, dann hättest du mir einen Mercedes geschenkt. 6a. Würden wir das teure Auto kaufen, dann hätten wir kein Geld mehr für einen Urlaub. 6b. Hätten wir das teure Auto gekauft, dann hätten wir kein Geld mehr für einen Urlaub gehabt. 7a. Würdest du ihr öfter schreiben, so würde sie sich sicher freuen. 7b. Hättest du ihr öfter geschrieben, dann hätte sie sich sicher gefreut.

12   ***es sei denn (daß)*** 1. Du verpaßt den Zug, es sei denn, du gehst bald (*OR* es sei denn, daß du bald gehst). 2. Ich werde ihn nicht grüßen, es sei denn, er grüßt mich zuerst (*OR* es sei denn, daß er mich zuerst grüßt). 3. Eine weltweite Umweltkatastrophe wird nicht mehr aufzuhalten sein, es sei denn, wir fangen bald an umzudenken (*OR* es sei denn, daß wir bald anfangen umzudenken). 4. Wir müssen zum Arzt gehen, es sei denn, es geht dir morgen besser (*OR* es sei denn, daß es dir morgen besser geht). 5. Ich kann leider nicht mit ins Kino gehen, es sei denn, du leihst mir Geld (*OR* es sei denn, daß du mir Geld leihst). 6. Wir erheben eine Strafgebühr, es sei denn, Sie geben die Bücher bis Montag zurück

(*OR* es sei denn, daß Sie die Bücher bis Montag zurückgeben). 7. Ich gehe allein in das Konzert, es sei denn, du hast Lust mitzukommen (*OR* es sei denn, daß du Lust hast mitzukommen).

13   **The subjunctive in 'as if' clauses**   1. als sei/wäre er ein Fremder; als ob er ein Fremder sei/wäre; als ob er ein Fremder ist   2. als hättest du das gewußt; als ob du das gewußt hättest; als ob du das gewußt hast   3. als hätte ich dich nicht gewarnt; als ob ich dich nicht gewarnt hätte; als ob ich dich nicht gewarnt habe   4. als könnten Frauen nicht Auto fahren; als ob Frauen nicht Auto fahren könnten; als ob Frauen nicht Auto fahren können   5. als hätte er Berge davon; als ob er Berge davon hätte; als ob er Berge davon hat   6. als würdest du nicht sehr viel arbeiten; als ob du nicht sehr viel arbeiten würdest; als ob du nicht sehr viel arbeitest   7. als würde sie so etwas tun; als ob sie so etwas tun würde; als ob sie so etwas tut   8. als würdest du das zum ersten Mal machen; als ob du das zum ersten Mal machen würdest; als ob du das zum ersten Mal machst   9. als sei/wäre ich nie im Urlaub gewesen; als ob ich nie im Urlaub gewesen sei/wäre; als ob ich nie im Urlaub gewesen bin

14   **The use of *Konjunktiv II* in wishes**   1. Hätte ich mich doch bloß nicht auf dich verlassen!   2. Wenn er doch nur mehr Zeit für mich hätte!   3. Wenn sie sich doch nur nicht die Haare so kurz hätte schneiden lassen!   4. Hätte ich doch bloß nicht auf dich gehört!   5. Wenn wir doch nur nicht immer so lange warten müßten!   6. Wenn ich das doch bloß früher gewußt hätte!   7. Hätte man sich doch nur seine Eltern aussuchen können!   8. Wenn er doch nur nicht so egoistisch wäre und immer nur an sich denken würde!   9. Wenn er doch bloß schon hier wäre!

15   **The use of *Konjunktiv II* to moderate the tone**   1. Ich wüßte schon, was . . . 2. Könnten Sie mir vielleicht sagen . . .   3. Du müßtest doch eigentlich jetzt . . . 4. Dürfte ich vielleicht das . . .   5. Wir bräuchten einfach mehr Geld.   6. Es wäre uns ja eigentlich lieber . . .   7. Hätten Sie denn sonst . . .   8. Sollten wir nicht vielleicht lieber . . .

16   **Other uses of the subjunctive**   1. Wie wäre es, wenn wir ihm helfen würden?   2. Es sieht aus, als könnte es jeden Augenblick anfangen zu regnen.   3. Ich muß das Bild haben, koste es, was es wolle.   4. Wenn du ihn sehen solltest, sag ihm Bescheid.   5. Es lebe die Demokratie!   6. Sollte ich mich jemals in solch einer Situation befinden, würde ich sicherlich kündigen.   7. Wer er auch sein mag, ich kann nichts für ihn tun.   8. Er mag noch so intelligent sein, aber er ist für diese Stelle nicht geeignet.   9. Jede Bemerkung, wie trivial sie auch sein mag, (*OR* Jede noch so triviale Bemerkung) sollte ernst genommen werden.   10. Mögen Sie es nie bereuen!   11. Das wäre geschafft (erledigt)!   12. Wenn ich doch bloß dieses Haus nie gekauft hätte!   13. In Notfällen wende man sich an den Hausmeister.   14. Prost! Auf daß du glücklich leben und noch viele Jahre lang bei guter Gesundheit bleiben mögest!

17   **The subjunctive mood**   You will certainly have found that the subjunctive in indirect speech is more frequent, and you may well have come across several uses which are now obsolete, e.g.in clauses of purpose (cf. *Hammer* 16.4.2)

18   **The subjunctive mood**   You will certainly have found that the use of Konjunktiv II in conditional sentences is the most common, but in all probability one or more of the other uses will occur. If you have taken a text from a 'serious' newspaper or a literary novel, you may well have come across a few of the more unusual one-word Konjunktiv II forms.

17 The modal auxiliaries

1   **Tenses and mood forms of modal verbs** 1. Ich werde leider nicht kommen können. 2. Er hat nicht zu seiner Großmutter gewollt. 3. Meine Freundin mochte keine Pilze. 4. Du könntest es schaffen. 5. Nur ein Arzt hatte die Operation ausführen dürfen. 6. Das hättest du nicht tun sollen. 7. Du wirst darauf verzichten müssen. 8. Dürfte ich dich bitten, etwas leiser zu sprechen? 9. Ich habe ihr versprechen müssen, so etwas nie wieder zu tun. 10. Das Ausbildungssystem wird verbessert werden müssen. 11. Ich habe das nicht gewollt. 12. Er mußte damit rechnen, erwischt zu werden. 13. Ich hätte dir besser behilflich sein können, wenn ich nicht hätte zu Hause (OR zu Hause hätte) bleiben müssen. 14. Du solltest dich doch nicht auf die kalten Steine setzen. 15. Der Hund hat doch nur gestreichelt werden wollen. 16. Das müßte man ihm mal ganz deutlich sagen. 17. Er hatte Lokomotivführer werden wollen.

2   **Modal verbs in subordinate clauses** 1. daß er sich erst einmal wird ausruhen wollen 2. daß ich es ihm schon viel früher hätte sagen müssen 3. weil ich meinen Wagen habe reparieren lassen müssen 4. daß ich das nicht gewollt habe 5. daß ich dich nicht vom Bahnhof habe abholen können 6. daß die Autobahn schon viel früher hätte fertiggestellt werden sollen 7. weil er fünf Fremdsprachen hätte können müssen 8. daß du nicht mit mir hast essen gehen wollen 9. daß man einen Gast nicht warten lassen sollte

3   **Compound tenses of modal verbs in subordinate clauses** 1. Er hat zuerst gerufen werden müssen; daß er zuerst hat gerufen werden müssen 2. Der Plan hat nicht eingehalten werden können; daß der Plan nicht hat eingehalten werden können 3. Er hat geschäftlich nach Rom fliegen müssen; weil er geschäftlich nach Rom hat fliegen müssen 4. Ich habe es einfach nicht tun können; daß ich es einfach nicht habe tun können 5. Man hat den Unfall nicht verhindern können; daß man den Unfall nicht hat verhindern können 6. Die Straße hat schon letztes Jahr gebaut werden sollen; obwohl die Straße schon letztes Jahr hat gebaut werden sollen 7. Nicht alle Leute haben mitfahren dürfen; daß nicht alle Leute haben mitfahren dürfen 8. Ich habe mit dir ins Kino gehen wollen; weil ich mit dir habe ins Kino gehen wollen

4   **The omission of the infinitive after the modal verbs** The verbs that can be left out are: 1. fahren; kommen (*NB* mit *has to remain for the sentence to make sense*) 2. gehen 3. gehen. 4. gehen, gehen 5. – 6. sprechen 7. gehen (*NB vorbei has to remain for the sentence to make sense*) 8. tun 9. tun (*but only the second time, because it is repeating* tun *in the main clause*) 10. – (*If you leave out* anrufen *here you change the meaning.* Du kannst mich mal *is short for* Du kannst mich mal am Arsch lecken – *quoting Goethe's ,,Götz von Berlichingen".*)

5   *Dürfen* *Dürfen* could be replaced by the following forms of *können, sollen* or *werden* in these sentences: 1. sollen 2. wird 3. Kann 4. sollen 5. wird 6. wird 7. kann 8. sollst 9. kann 10. wird

6   *Können, kennen* **or** *wissen*? 1. Kennst 2. Könnt 3. Weiß 4. kann 5. weiß 6. kennen 7. weiß 8. kennen 9. wissen 10. kann

7   *Sollen* 1. b 2. c 3. a 4. e 5. a 6. c 7. b 8. d 9. d 10. b 11. e 12. d 13. e

8   **The use of the modal auxiliaries** 1. darfst 2. sollst 3. müssen 4. kann 5. mußte 6. will 7. kann 8. Möchtest (OR Willst); möchte (OR will), darf 9. kann

9   **The use of the modal auxiliaries** 1. Ich konnte leider noch nicht mit ihm sprechen. 2. Du mußt mir nicht helfen (OR du brauchst mir nicht zu helfen). 3. Er sieht aus, als ob er nicht bis drei zählen kann. 4. Ich glaube, man sollte ihn jetzt in Ruhe lassen. 5. Er will der Königin die Hand geschüttelt haben. 6. Er soll ein kluger Kopf sein. 7. Für die Zukunft soll der Umweltschutz besser subventioniert werden. 8. Ich wollte nicht den ganzen Abend mit ihm verbringen. 9. Niemand darf mit dem Präsidenten sprechen. 10. Für einen Außenstehenden mochte (OR mag) es eine Kleinigkeit gewesen sein, aber nicht für mich.

10   **The meanings of the modal auxiliaries** Different translations may be possible, but the modal auxiliaries should be in the form given. 1. Darf ich bei der Angela spielen? 2. Sie durfte bei der Angela spielen. 3. Du mußt ihr helfen. 4. Du darfst ihr nicht helfen. 5. Sie hätte den Direktor sprechen müssen. 6. Er hätte dieses Fenster nicht zerbrechen sollen. 7. Das dürfte ihre Schwester sein. 8. Sie kann ganz gut schwimmen. 9. Vielleicht kommt sie noch. 10. Ich werde vielleicht nicht kommen können. 11. Gestern konnte sie das nicht machen. 12. Sie könnte sterben. 13. Sie hätte sterben können. 14. Wir werden deiner Mutter helfen müssen. 15. Wir brauchen ihr nicht zu helfen. 16. Sie muß angerufen haben, als ich weg war. 17. Sie kann nicht angerufen haben, als ich weg war. 18. Der Schlüssel müßte in der untersten Schublade sein. 19. Sie sollte es nicht deiner Mutter erzählen. 20. Er soll sie um sechs von der Bahn abholen. 21. Du sollst das Fenster aufmachen. 22. Es soll nicht wieder vorkommen. 23. Wir sollten es deiner Schwester sagen. 24. Wir hätten es nicht deiner Schwester erzählen sollen/dürfen. 25. Das dürfte/sollte sie (eigentlich) gar nicht wissen. 26. Ich will nicht bei der Bahn arbeiten. 27. Ich wollte, ich wäre zu Hause geblieben. 28. Das will sorgfältig überlegt werden. 29. Sie soll gestern angekommen sein. 30. Sie will gestern angekommen sein. 31. Ich wollte ihm eine Stelle anbieten. 32. Wollen/Sollen wir uns heute den Dom ansehen?

11   **The meanings of the modal auxiliaries** Alternative, simpler equivalents may be possible in many of the sentences below. Those given are designed to bring out the distinction in meaning clearly. 1. She was able to take a picture. – She would be able to take a picture. 2. He mustn't work in the garden. – He doesn't have to work in the garden. 3. She can't have seen the car. – She may not have seen the car. 4. I shall help her. – I want to help her. 5. She has got to go home now. – She is supposed to go home now. 6. He was supposed to be in Stuttgart today. – I assume that he is in Stuttgart today. (*'should' would be the usual English equivalent for both*) 7. It is possible that she wrote to him. – She might have written to him (but she didn't). 8. He claims to have seen me. – He is said to have seen me. 9. I can do it straight away. – I would be able to do it straightaway. 10. Actually, I had to leave at seven. – I ought to leave at seven. 11. She may have done it. – She was able to do it. 12. I don't like this/that coffee. – I don't want this/that coffee. 13. That will have been my sister. – That may have been my sister.

12   **The modal auxiliaries** „Ich hätte den Scheck der Versicherung für unfallfreies Fahren doch besser zu Fuß einlösen sollen."

13   **The modal auxiliaries** In practice, you will probably have found that these equivalents are of fairly limited use, as the range of meaning of the modal auxiliaries is so wide.

18 Verbs: valency

1 Valency, complements and sentence patterns 1. Sie + haben + Glühbirnen 2. Sie + können + Englisch 3. Mountainbike-Piloten + bedanken + sich 4. sie + reiten + ein *Checker-Pig* oder ein *Mountain Goat* 5. Schwein und Geiß + haben + 18 Gänge, eine Upside-down-Teleskopgabel und die Aerospace Rahmendämpfung 6. ein Funktionär + meinen + „Wir . . . Leute." 7. wir + erweitern + den Lebensraum 8. die ersten Beiker + erreichen + den Nordpol 9. der Alpenverein + abfahren + auf die plumpen Dinger 10. Sie + sein + ein Beiker 11. Sie + sein + kein Dschogger und kein Sörfer und kein Paragleider 12. ihr Fahrzeug + heißen + *Habsburg* oder *Bauer* 13. der Radhelm „Airtech" + sein + unerläßlich

2 Impersonal *es* mir graut immer; mich wundert, daß so wenigen Leuten kalt zu sein scheint; mich friert immer

3 Impersonal verbs Other tenses may be possible in most of these sentences. 1. Auf dem Deck war es meinem Vater kalt. 2. Es roch dort nach angebranntem Fleisch. 3. Es handelt sich um einen zwei Jahre alten Porsche. 4. Wie steht es mit deinem Onkel? 5. Es gefällt ihm in Amsterdam. 6. Es bedarf nur eines einzigen Wortes. 7. Es kommt auf deinen Gesundheitszustand an. 8. An mir soll es nicht liegen. 9. In dem Betrieb kam es zu weiteren Entlassungen. 10. Oben auf dem Turm wurde es meiner Mutter schwindlig. 11. Bei dem Anblick überlief es ihn kalt. 12. Hier läßt es sich gut leben. 13. Neben der Tür zieht es. 14. Es blitzte hinter dem Berg. 15. Ist es dir nicht zu warm in dem dicken Pullover? 16. Es fehlte mir an der notwendigen Geduld.

4 Equivalents for English 'there is/are' 1. gibt es 2. gab es; Es waren 3. gibt es 4. Es ist 5. gibt es 6. Es sind 7. war 8. Es gibt 9. gibt es 10. war 11. Ist 12. ist

5 Transitive and intransitive verbs 1a. Der Wasserspiegel hat sich um etwa fünf Zoll gesenkt. 1b. Paß auf, daß du dir das Messer nicht auf den Fuß fallen läßt. 2a. Du wärst ertrunken, wenn ich dich nicht gerettet hätte. 2b. Im Mittelalter wurden Hexen ertränkt oder auf dem Scheiterhaufen verbrannt. 3. Nichts wird sich ändern, wenn wir es nicht selbst ändern. 4a. Ihre Blumen wachsen gut. Sie sollten sich überlegen, ob Sie nicht auch Gemüse anbauen (*OR* züchten) wollen. 4b. Versuchst du, dir einen Bart wachsen (*OR* stehen) zu lassen? 5a. Kannst du diese Frage beantworten? 5b. Ich möchte, daß du antwortest (*OR* du sollst antworten), wenn ich dir eine Frage stelle. 6. Sie fühlte das Messer in ihrer Hand, wodurch sie sich sicherer fühlte. 7a. Holz brennt ziemlich leicht. 7b. Anstatt unseren Abfall zu verbrennen, sollten wir anfangen, ihn zu recyceln. 7c. Ich habe mir den Finger verbrannt. 7d. Sie hat das Essen wieder anbrennen lassen. 7e. Das Haus brennt. 8a. Mein Sohn ist beim Examen durchgefallen. 8b. Sein Lehrer sagt, sie mußten ihn durchfallen lassen. 9a. Ich mache nie die Haustür auf, wenn ich alleine zu Hause bin. 9b. Das Fenster geht nicht auf. 9c. Sesam, öffne dich! 10a. Wir mußten den Wohnwagen verkaufen. 10b. Das neue Produkt verkauft sich nicht sehr gut.

6 Verbs governing a dative and an accusative object These sentences are examples. Your sentences may be in a different tense. 1. Frau Möller hat Ihnen die Wahrheit gesagt. 2. Der Kellner gab den Gästen die Speisekarte. 3. Der Arzt erlaubte dem Patienten einen kleinen Spaziergang. 4. Patrizia leiht dir sicher das Buch über Gorillas. 5. Der Lehrer teilte dem Schüler seine Noten in Chemie mit. 6. Er verschwieg mir die Wahrheit. 7. Wir haben ihnen unseren alten Schrank verkauft. 8. Marlene zeigt ihm ihre Kupferstiche ganz bestimmt nicht. 9. Unsere Großeltern schenken uns vielleicht ein Fernglas. 10. Die Hoechst AG hat ihr endlich eine

Stelle angeboten. 11. Die meisten Leute glauben Politikern kein Wort. 12. Er hat mir meinen Ärger nicht angemerkt. 13. Der Willi hat uns gestern abend diesen Sekt empfohlen. 14. Mein Chef hat meinem Kollegen, Herrn Saar, den Erfolg kaum zugetraut. 15. Am besten schicken Sie der Firma den fehlerhaften Artikel zurück.

7　**Reflexive verbs**　1. . . ., setze ich mich immer . . . und ruhe mich aus.　2. Ich mache mir Vorwürfe, daß ich mich nicht früher . . . gekümmert habe.　3. . . ., du stellst dir die Sache zu einfach vor.　4. . . ., ich habe mich noch nicht vorgestellt . . .　5. Ich traue mich nicht, . . .　6. Du mußt dich unbedingt bei ihm für das Geschenk bedanken.　7. . . ., du hast dich erkältet. . . ., daß du dir nicht . . . Lungenentzündung zuziehst.　8. Ich verletze mich ziemlich oft. Ich habe mir erst gestern . . . den Finger verletzt.　9. Ich kann mir nicht erklären, warum du dich immer so schlecht benimmst.　10. Wann läßt du dich scheiden?　11. Und ich habe mir eingebildet, daß du dich in mich verliebt hast. Ich habe mich in dir getäuscht.　12. Ich verbitte mir, daß du dich über meine Eltern lustig machst.　13. Kannst du dich an ihn erinnern?　14. . . ., dich selber zu waschen und dir die Zähne zu putzen.　15. Ich rege mich immer fürchterlich auf, wenn ich mich mit dem Auto verfahre.

8　**Verbs with dative objects**　Other tenses may be possible in most of these sentences. 1. Die Firma hat mir eine Stelle angeboten.　2. Ich antwortete dem Jungen auf seine Frage.　3. Sie ist einem älteren Herrn begegnet.　4. Ich kann dir diesen Film sehr empfehlen.　5. Er gab seinem Freund das Buch.　6. Ich danke Ihnen für Ihre Mühe. 7. Er drohte dem kleinen Jungen mit einem Stock.　8. Ich habe Ihnen meine neue Adresse mitgeteilt.　9. Dieser Wagen gehört dir doch nicht.　10. Sie wollte Ihrer Freundin zum Geburtstag gratulieren.　11. Sie möchte ihrer Mutter Blumen kaufen. 12. Mein Bruder hat ihr sein Fahrrad geliehen.　13. Das nutzt ihr doch gar nichts. 14. Ich kann dir diese Bitte nicht verweigern.　15. Die Angestellten gehorchen ihren Vorgesetzten immer.

9　**Objects and cases**　1. mir; mich; einen Lügner　2. ihn; ihm; ihm　3. der Toten; die Regierung; der Hinterbliebenen　4. allen möglichen Leuten; einen Haufen Geld; einen höheren Betrag; das Geld; ihn; seinen Job　5. mich; meines gesamten Vermögens; ihm; diesen Schritt; ihn; keines Blickes; ihn　6. Ihnen; der Lunge; dem Herzen; bester Gesundheit; der Versuchung; meiner Worte; mir　7. diesen Blödsinn; dir　8. Ihren Gänsekiel; der Unverständlichkeit

10　**Prepositional objects**　1. von　2. um　3. nach　4. über; von, an　5. vor; vor　6. zu 7. an　8. auf, auf　9. aus, zu; zu, für, um　10. auf, auf　11. auf　12. auf; an; mit, zu 13. zu, zu

11　**Prepositional objects**　1. i　2. b　3. o　4. g　5. d　6. k　7. h　8. e　9. n　10. l　11. j　12. f 13. a　14. m　15. c

12　**Prepositional objects**　1. auf Ihren　2. an　3. auf Ihren　4. über diese　5. auf die 6. um　7. mit der　8. nach Tabaksqualm und abgestandenem Bier　9. Auf einen so billigen　10. um Ihre　11. vor der　12. zu einer gemeinsamen　13. vor den giftigen 14. auf ein　15. an einer　16. für dieses　17. auf einen Kollegen　18. an die

13　**Prepositional objects**　1a. von　1b. unter　1c. auf　1d. mit　2a. wovon　2b. mit 3a. über　3b. auf　3c. für　3d. mit　3e. an　4a. woran; über　4b. von　5a. dafür　5b. für 5c. um　6a. zum　6b. über　6c. zur　6d. dazu　6e. mit　6f. um　7a. auf　7b. darin 7c. aus　8a. unter　8b. an　8c. unter　9a. damit　9b. zu　10a. von　10b. für　11a. An 11b. für

14   **Accusative and prepositional objects**   1. Nein, ich warte noch darauf. - Nein, ich erwarte es noch.   2. Hauptsächlich handelt es von privaten Skandalen. – Hauptsächlich behandelt es private Skandale.   3. Ja, er wollte darüber sprechen. – Ja, er wollte ihn besprechen.   4. Er klagt über sein Schicksal. – Er beklagt sein Schicksal.   5. Tja, ich kann schlecht darüber urteilen. – Tja, ich kann ihn schlecht beurteilen.   6. Wir hoffen auf eine schnelle Besserung seines Zustandes. – Wir erhoffen eine schnelle Besserung seines Zustandes.   7. Hm, ich muß erst mal darüber nachdenken. – Hm, ich muß sie erst mal überdenken.   8. Ja, aber er mußte hart um den Sieg kämpfen (*OR* er hat hart . . . kämpfen müssen). – Ja, aber er mußte sich den Sieg hart erkämpfen (*OR* er hat sich . . . hart erkämpfen müssen).   9. Maria sehnt sich nach dem Augenblick, wo sie endlich wieder abreist! – Maria ersehnt den Augenblick, wo . . .   10. Nein, er arbeitet noch daran. – Nein, er bearbeitet es noch.

15   **Prepositional objects**   1. Ich habe mich sehr über den Reisegutschein gefreut, und jetzt freue ich mich auf den Urlaub im Ausland.   2. Das hängt völlig von deinem Benehmen ab.   3. Bevor Penizillin entdeckt wurde, litten Soldaten oft an Wundbrand.   4. Hast du schon einmal daran gedacht, in einen Karateclub einzutreten?   5. Ich muß zuerst darüber nachdenken.   6. Was hältst du von meinem Plan?   7. Ich halte ihn für einen Gauner. Was meinst du?   8. Ich habe mich um die Stelle beworben, aber das Auswahlgremium war nicht an mir interessiert.   9. Sie verliebte sich auf den ersten Blick in ihn.   10. Man kann sich immer darauf verlassen, daß er das Richtige tut.

16   **The prepositional adverb used to anticipate a *daß*-clause**   1. . . . müssen wir damit rechnen, daß die Steuern bedeutend erhöht werden.   2. . . . protestierten dagegen, daß zwanzig Zechen stillgelegt wurden/werden/werden sollten.   3. . . . vor allem darin, daß ein langer Frieden gesichert wurde (*OR* daß er einen langen Frieden sicherte).   4. . . . sehr darüber, daß der Minister fest zugesagt hat.   5. . . . nicht länger darauf warten, daß diplomatische Beziehungen wieder aufgenommen werden.   6. . . . der Richter darauf, daß das Urteil vollstreckt werde.   7. . . . ihm dafür gedankt, daß er ihr geholfen hat (*OR* hatte).   8. . . . sich darüber aufgeregt, daß dieser Kandidat gewählt wurde.

17   **The valency of verbs**   1. verlorengehen   2. arbeiten   3. betrachten   4. sagen   5. haben   6. mühen   7. wegstutzen   8. gelingen   9. verleihen   10. aushändigen   11. beginnen   12. stehen   13. werden   14. sein   15. Subject + verb + accusative object   16. Subject + verb + dative object + predicate complement. You may additionally have noticed the verb *heißen* in an unusual and archaic transitive use with a following infinitive without *zu* (see *Hammer* 13.3.1g).

18   The valency of verbs

Subject	Verb	Accusative object	Prepos. object/ Place/Dir. comp.	Predicate complement
seine Fans	sind			die g. Schau
die Stimmung	ist			super
das Publikum	ist			buntgemischt
die Leute	bringen	sich	in Fahrt	
Marius	stürmt	die Bühne		
ein g.				
JaJaaaaa	hallt		durch die Arena	
Marius	sprintet		über die Bühne	
(Marius)	tänzelt		zum Bühnenrand	
(Marius)	hält	das Mikro	in die b. Menge	
Marius	bewegt	die Massen		
51.000	recken	ihre Arme	in die Luft	
(51.000)	klatschen			
(51.000)	singen			
Marius	hält inne			
Marius	schüttelt	den Kopf		
er	(könne)			
	fassen	das alles		
ihr	seid			der Wahnsinn
er	brüllt			
die Band	setzt ein			
Marius	rockt weiter			

19   **The valency of verbs** According to *DUDEN: Die Grammatik* (1984, p. 634), these four patterns account for about half the clauses in both newspapers and novels. The other common ones are those with prepositional objects (g) and with predicate complements (o).

19   Conjunctions

1   **Coordinating conjunctions** 1. und; aber (*OR* jedoch) 2. oder 3. doch (*OR* aber); denn 4. sondern; aber (*OR* doch) 5. aber (*OR* doch) 6. (*In the original:*) allein (*interchangeable with* aber) 7. aber 8. denn 9. aber (*OR* doch) 10. sondern 11. aber (*OR* jedoch)

2   **Conjunctions of time** 1. wenn 2. Als 3. als 4. wenn 5. wann 6. Wann 7. Wenn; als 8. wann; Wenn 9. wenn 10. als 11. Wenn 12. Als

3   **Causal conjunctions** 1. nämlich 2. Da (weil *is possible, but it is considered best to avoid starting a sentence with* weil, *as with the English 'because'*) 3. weil (*OR* da) 4. weil (*OR* da) 5. denn 6. nämlich 7. denn 8. zumal 9. nämlich 10. weil 11. denn

4   **The use of *indem*** 1. Sie fuhr in die Stadt und ließ ihn zurück. 2. Ich kann diesen Punkt nur erklären, indem ich ein Beispiel benutze (*OR* . . . nur anhand eines Beispiels erklären). 3. Diese Männer besuchen die Hotels und prüfen ihre Sauberkeit (*OR* . . . prüfen sie auf ihre Sauberkeit hin). 4. Die Firma exportierte die meisten ihrer Produkte, indem sie sie direkt an Einzelhändler verkaufte. 5. Er ergriff seinen Füller und begann, an sie zu schreiben. (*But in older German you may find* indem, *as at the beginning of Thomas Mann's novel „Bekenntnisse des Hochstaplers Felix Krull": „Indem ich*

die Feder ergreife . . . ")   6. Indem sie eine Stunde lang mit ihm redete (*OR* . . . lang auf ihn einredete), gelang es ihr, ihn zu überzeugen.   7. Ihr Käsebrot kauend sagte sie, „ich liebe dich".

5   **Conjunctions with so-**   1. Soviel   2. Solange   3. sooft   4. Sobald 5. so daß 6. insofern als 7. So wie 8. Soweit 9. sofern 10. sowie

6   **Conjunctions**   1. Da du gesagt hast, daß du zum Essen nicht hier sein würdest, haben wir ohne dich angefangen.   2. Jetzt, wo Sie ihn gesehen haben, würden Sie immer noch sagen, daß er für die Stelle geeignet ist?   3. Ich schufte mich nicht zu Tode (*OR* ich arbeite nicht bis zum Umfallen *OR* ich rackere mich nicht ab), damit du einfach mein ganzes Geld ausgeben kannst.   4. So sehr/gern ich ihn auch mag, diesmal ist er zu weit gegangen.   5. Wie schnell er auch versuchte zu rennen, er konnte nicht mit den anderen mithalten.   6. Vorausgesetzt, daß alles plangemäß (*OR* nach Plan) läuft, wird das Buch in zwei Monaten fertig sein.   7. Sie können der Polizei dadurch helfen, daß Sie die Wahrheit sagen (*OR* Sie können der Polizei helfen, indem Sie die Wahrheit sagen).   8. Vielleicht werden wir dieses Jahr in Urlaub fahren können, je nachdem, wieviel es kostet.   9. Ich muß sowohl zu meinem Büro als auch zum Konferenzzimmer Zugang haben.

7   **Conjunctions**   1. Bevor er nach Italien abreiste, . . .   2. . . . haben, bis der Film zu Ende war.   3. Obwohl er sich sehr bemühte (*OR* bemüht hatte), . . .   4. Wenn man näher hinsieht, . . .   5. . . . dabei, als mein Sohn geboren wurde.   6. Nachdem die Verhandlungen erfolgreich abgeschlossen (worden) waren, . . .   7. Seit(dem) mein Buch erschienen ist, . . .   8. Da das Lehrerkollegium krank ist, . . . 9. . . . festnehmen, ohne Widerstand zu leisten (*OR* ohne daß er Widerstand leistete). 10. . . . zu klein, als daß man darin Fußball spielen könnte.   11. . . . werden, indem (*OR* dadurch, daß) man einen Katalysator einbaut (*OR* indem ein Katalysator eingebaut wird).   12. . . . gekauft, damit ihr sie eßt.   13. Außer daß ein Kind gerettet wurde (*OR* worden war), . . .   14. Wenn man belagert wird, . . .   15. . . . an, wenn/sobald die Konferenz beendet ist.   16. Während die Mutter untersucht wurde, . . .   17. . . . werden, indem man viel auswendig lernt.   18. . . . verbrannt, als/während ich gebügelt habe.   19. Anstatt daß die Industrie höhere Gewinne erzielt, muß sie . . .   20. Wenn der Apparat versagt, . . .   21. . . . gehört, seit(dem) er umgezogen ist.   22. Nachdem die Truppen kapituliert hatten und bevor der Friedensvertrag unterzeichnet worden war, . . .   23. Falls (*OR* Wenn) die deutsche Mannschaft siegt (*OR* siegen sollte), . . .   24. . . . kalt, als daß man baden gehen könnte.

20   Prepositions

1   **Uses of *bis***   1. bis an die deutsche (*OR* bis zur deutschen) Grenze   2. bis auf zwei Kinder   3. bis an den Tisch   4. bis vor zehn Tagen   5. bis (nach) Neapel 6. bis an/über die Schenkel   7. bis auf weiteres   8. bis in den Frühling   9. bis (zum/am) kommenden Freitag   10. bis (zum) Abend (*OR* bis gegen Abend '*until nearly evening*')

2   **Time phrases with prepositions**   1. Um diese Zeit   2. in dieser kurzen Zeit   3. zu der Zeit   4. zu dieser nachtschlafenden Zeit   5. in kürzester Zeit   6. in letzter Zeit 7. Um diese Zeit

3   **Prepositions taking the accusative or the dative**   1. die Toilette; dem Tisch   2. dich; dem Weg; die Stadt; die Post   3. diesen Umständen   4. den Kopf; keinen Fall; den

Haufen 5. mich 6. ihrem Mann 7. am Bahnhof 8. dem Schrank 9. dem Bild; die Wand 10. der Tür

4 Prepositions and cases Vor unserem letzten Urlaub; auf das Reisebüro, bei den Angestellten; nach verschiedenen Reisemöglichkeiten; nach langem Überlegen; für einen Urlaub; auf den Malediven; fernab von jeglicher modernen Zivilisation; inmitten einer wunderbar tropischen Umgebung; neben mir und meinem Mann; über alle Maßen; entgegen allen Erwartungen; ohne langes Zögern; auf den Seychellen; um einige hundert Mark; mit allem; auf diese Weise

5 Prepositions and cases 1. durch seine eigene Schuld; gegen einen Baum 2. vom Herzen; um dich 3. bei; in der Lederwarenabteilung 4. um die Uhr 5. mit 6. Nach meiner Uhr 7. per Post (*OR* mit der Post) 8. mit anderen Worten 9. nach einem Roman 10. zu meinem Entsetzen 11. zu ihm 12. Bei dem bloßen Gedanken 13. für sein Alter 14. im Alter; um 15. aus; zu ihr 16. meiner Meinung nach; um das schöne Geld 17. Zur Abwechslung; der Reihe nach

6 Prepositions and cases Auf einer . . . im bundesdeutschen . . . vor Zuhörern aus aller Welt zu mehreren . . . In seinen . . . in erster . . . um die . . . innerhalb und außerhalb der . . . Zum Zwecke . . . in zwei . . . zu Gesprächen mit Vertretern . . . Außer dem . . . zu Wort . . . über die . . . auf dem . . . Aussagen zufolge . . . gegenüber dem . . . von einer . . . Im kommenden . . . ohne jeglichen . . . unter anderem . . .

7 Prepositions and cases AUF DEUTSCHLANDS . . . AM STEUER . . . AUF IHR . . . aus Wismar . . . in Bonn . . . auf breiter . . . nach ihm . . . bei deren . . . mit Bußgeld . . . mit Strafe . . . auf 0,5 Promille . . . zur falschen . . . mit der . . . ab 1993 . . . im Straßenverkehr . . . für ganz . . . um die . . . auf den . . . um die . . . vor allen . . . in Ostdeutschland . . . bis zur . . . bei 0,0 Promille . . . zum Westen . . . bis zum . . . aus Ost . . . auf vielen . . . in diesem . . . in der . . . für das . . . im Suff.

8 Prepositions with similar usage 1.a. vom b. aus dem c. aus d. aus dem e. aus dem f. von g. vom h. vom 2.a. Beim b. An der c. Bei der d. Am e. Bei f. Beim g. Am h. An dieser 3.a. Zu b. Zur c. Nach d. Nach e. Zur f. Zur g. Zum h. Nach

9 *vor* or *aus*? 1. vor 2. Aus; vor 3. vor 4. vor; Aus 5. vor 6. vor; Aus 7. aus 8. vor; Aus 9. vor 10. Aus

10 Prepositions with similar usage 1. Ich unterrichte an einem Gymnasium. 2. Nächstes Jahr gehe ich auf ein Wirtschaftsgymnasium. 3. Kinder sind vormittags in der Schule. 4. Mein Sohn kommt bald in die Schule 5. Es gibt zu viele Studenten an deutschen Universitäten. 6. Sie schloß sich in ihrem Zimmer ein. 7. Wir lassen uns das Frühstück aufs Zimmer bringen. 8. Es wird sehr heiß in meinem Zimmer. 9. Es gibt eine Toilette im Bus. 10. Ich schlafe immer im Flugzeug.

11 Prepositions with similar usage 1. über die Straße 2. durch die Straßen von Berlin 3. über den Marktplatz 4. durch 5. durch einen Wald; über eine Wiese 6. durch die Wüste 7. über den Ärmelkanal 8. über das Wasser 9. durch das Wasser 10. über den Weg

12 German equivalents for English 'to'
1.a. in die b. zum c. in den sonnigen d. auf die e. zum f. nach g. an die h. in den i. zu seinen
2.a. zum b. zum c. ins d. zum e. zum f. zur g. zur h. zum
3.a. auf die / zur b. zu meiner c. ins d. zur / auf die / an die e. zum f. zum

g. zum h. ans i. auf die j. zur / auf die k. in den l. aufs/zum m. auf eine / zu einer n. aufs/zum o. zur

4.a. ins Konzert b. in die Kirche c. zu Schmidts d. in ein Lokal e. in ein f. in die

5.a. in die b. nach c. ans d. an den e. zum / auf den f. in die g. aufs h. zur / auf die i. zum

6.a. nach b. in die c. in die d. nach e. ins f. an die g. in den h. in die i. an den j. an die

7.a. zum b. in die / an die / zur c. in die / zur d. nach

8.a. in den b. in den c. in die d. in die e. zum

9.a. an den b. ans c. ans

10. in ihre; zu ihren

13   Prepositions The prepositions and adverbs appear in the following order: in; darin; mit; für; In; hin; her; vom; herunter; In; damit; in die; Unter; Mit; zu; in; aus; an; aus; Im; an den; Hin; her; herum; mit; in; Mit; zu

21   Word order

1   Word order in main clauses 1 i. konnten . . . verzeichnen ii. wurden . . . registriert iii. sind . . . registriert iv. entfallen – *the bracket ends at the end of the sentence, though the second part of a verb might alternatively be positioned after* 50 ccm *and before the comma.*
2.i. Die Hersteller und Importeure von Motorrädern (*i.e. in the* Vorfeld) ii. 63 253 Neuzulassungen (*i.e. after the first part of the verbal bracket*) iii. 5,6 Millionen motorisierte Zweiräder (*i.e. after the first part of the verbal bracket and an adverbial*) iv. fast 2 Millionen Bikes mit höchstens 50 ccm, aber nur 1,3 Millionen hubraumstärkere Maschinen (*i.e. after the first part of the verbal bracket and an adverbial*)
3.i. the subject ii. two adverbials (allein, in den ersten vier Monaten dieses Jahres) iii. one adverbial (insgesamt) iv. one adverbial (*the prepositional adverb* davon)
4.i. One – an accusative object (ein kräftiges Umsatzplus) ii. one – the subject iii. two – one adverbial and the subject iv. two – one adverbial and the subject
5.i. none ii. noun phrase in the nominative, in apposition to the subject iii. none iv. none, if we assume the verbal bracket to end at the end of the sentence.
Overall, this caption illustrates the flexible placing of German adverbials!

2   Verb position in subordinate clauses 1. . . ., weil ich sie . . . gesehen habe. 2. . . ., wenn Sie . . . erreichen wollen. 3. . . ., daß der Zug aus Berlin erst . . . ankommt. 4. . . ., wie sie . . . fallen ließ. 5. . . ., weil er doch längst an sie hätte schreiben sollen. 6. . . ., wie die beiden jungen Mädchen . . . herunterkamen. 7. . . ., obwohl er . . . angekommen sein muß. 8. . . . seitdem er . . . verkauft hat. 9. . . ., damit alle Anwesenden . . . verstehen konnten. 10. . . ., bevor sie . . . geschickt worden waren.

3   Verb position in subordinate clauses
. . . du zum 999. Mal den Satz „Räum dein Zimmer auf!" gehört hast!
. . . du im Winter stets wollene Unterwäsche tragen mußt!
. . . du schon zum dritten Mal in diesem Jahr dein Zimmer räumen mußt, weil Tante Uschi wieder zu Besuch kommt!
. . . deine Feten zur Bettzeit deiner Eltern enden müssen – um 21 Uhr!

4   Clause structure and the position of the verb The verbs that make up the verbal bracket are in bold.
1. Die einen [**sagen** + *indirect speech clause* . . . Slawischen,]; sie [**suchen** auf Grund

dessen + *infinitive clause with 'zu'* . . . nachzuweisen]; Andere wieder [**meinen** +
2 *indirect speech clauses* . . . **beeinflußt**]; Die Unsicherheit beider Deutungen aber
[**läßt** wohl mit Recht darauf **schließen**]; Natürlich [**würde** sich niemand mit
solchen Studien **beschäftigen**]; Es [**sieht** zunächst aus wie eine flache sternartige
Zwirnspule]; tatsächlich [**scheint** es auch mit Zwirn **bezogen**]; allerdings [**dürften**
es nur abgerissene, alte, aneinander geknotete, aber auch ineinander verfitzte
Zwirnstücke von verschiedenster Art und Farbe **sein**]; Es [**ist** aber nicht nur eine
Spule]; aus der Mitte des Sternes [**kommt** ein kleines Querstäbchen **hervor**];
an dieses Stäbchen [**fügt** sich dann im rechten Winkel noch eines]; Mit Hilfe dieses
letzteren Stäbchens auf der einen Seite und einer der Ausstrahlungen des Sternes auf
der anderen Seite [**kann** das Ganze wie auf zwei Beinen aufrecht **stehen**]; Näheres
[**läßt** sich übrigens nicht darüber **sagen**]
2. das Wort Odradek **stamme** aus dem Slawischen; es **stamme** aus dem Deutschen;
vom Slawischen **sei** es nur **beeinflußt**
3. *daß* keine **zutrifft**; *zumal* man auch mit keiner von ihnen einen Sinn des Wortes
finden **kann**; *wenn* es nicht wirklich ein Wesen **gäbe**; *da* Odradek außerordentlich
beweglich und nicht zu fangen **ist**
4. *das* Odradek **heißt**
5. die Bildung des Wortes **nachzuweisen**

5 **Clause structure and the position of the verb** You will probably have found a few
exceptions. Most of these will involve a word or phrase shifted from its 'normal'
position for reasons of emphasis, as explained in *Hammer* 21.3.1a, 21.6.1 and 21.6.2b.

6 **Various types of element in initial position** The row of dots in each case indicates
that the word order is the same as in the previous sentence. 1a. Offensichtlich ist
es verboten, den Rasen zu betreten. 1b. Es ist offensichtlich verboten, . . .
1c. Den Rasen zu betreten ist offensichtlich verboten. 2a. Meines Wissens ist es sehr
gefährlich, sich in Afrika eine Bluttransfusion geben zu lassen. 2b. Es ist meines
Wissens sehr gefährlich, . . . 2c. Sich in Afrika eine Bluttransfusion geben zu lassen
ist meines Wissens sehr gefährlich. 3a. Auf alle Fälle ist es unhöflich, einen
Gast zu ignorieren. 3b. Es ist auf alle Fälle unhöflich, . . .
3c. Einen Gast zu ignorieren ist auf alle Fälle unhöflich. 4a. Selbstverständlich
war es eine Unverschämtheit, ihn zu übergehen. 4b. Es war selbstverständlich
eine Unverschämtheit, . . . 4c. Ihn zu übergehen war selbstverständlich eine
Unverschämtheit. 5a. Genau genommen ist es rücksichtslos, die Umwelt zu
verschmutzen. 5b. Es ist genau genommen rücksichtslos, . . . 5c. Die Umwelt
zu verschmutzen ist genau genommen rücksichtslos. 6a. Bei schönem Wetter ist
es herrlich, im Garten zu liegen. 6b. Es ist bei schönem Wetter herrlich, . . . 6c. Im
Garten zu liegen ist bei schönem Wetter herrlich. 7a. Zugegebenermaßen war es
unzulässig von der Geschäftsleitung, so etwas von den Mitarbeitern zu verlangen.
7b. Es war zugegebenermaßen unzulässig von der Geschäftsleitung, . . . 7c. So etwas
von den Mitarbeitern zu verlangen war zugegebenermaßen unzulässig von
der Geschäftsleitung. 8a. Wahrscheinlich ist es zwecklos, noch länger auf ihn zu
warten. 8b. Es ist wahrscheinlich zwecklos, . . . 8c. Noch länger auf ihn zu warten
ist wahrscheinlich zwecklos.

7 **Initial position in main clauses: the *Vorfeld*** It is usually estimated that between a
third and a half of main clauses in written German begin with a word or phrase
other than the subject. Suggestions for English renderings may be found in 21.2.5
and in the following exercise.

8 **German equivalents for English cleft sentence constructions** 1. Genau das meine
ich. 2. Woran liegt es, daß (die) Männer immer verschwinden, wenn das Mittagessen
aufgetragen wird? 3. Hier soll die historische Schlacht bei Hastings stattgefunden

stattgefunden haben. 4. Das nenne ich zivilisiert. 5. Nur wegen seinem Geld (*OR* seines Geldes) hat sie ihn geheiratet. 6. Der Gedanke zählt. 7. Eben dieses Mädchen wollte ich kennenlernen. 8. Da/Dort fahren wir dieses Jahr im Urlaub hin (*OR* Dahin/Dorthin ... im Urlaub). 9. So ein Buch ist das. 10. Morgen reise ich nach Wien ab (*OR* Morgen fahre ich nach Wien). 11. Das hat sie gesagt. 12. So wechselt man ein Rad. 13. Dann ist es passiert. 14. An den alten Mann hat sie sich am besten erinnert.

9   **The order of elements in the *Mittelfeld*** 1. Die Studentin ist gestern trotz ihrer Erkältung gekommen. 2. Roland ist trotz der nassen Fahrbahn mit großer Geschwindigkeit in die Kurve gefahren. 3. Die Familie Müller wohnt wohl seit 1985 in dieser schönen alten Villa. 4. Der Professor hat seinen Kollegen an dem Abend zunächst ein Glas Wein angeboten. 5. Der Zug hält wahrscheinlich auch kurz in Erbach. 6. Der Unfall ist doch gestern abend vor unserem Haus passiert. 7. Es geht deinem Vater jetzt (*OR* jetzt deinem Vater) finanziell besser. 8. Der Brief ist vielleicht wegen des Poststreiks noch nicht angekommen. 9. Georg hat sich jedoch kaum an den Vorfall erinnern können. 10. Jürgen hat dem Nachbarn trotzdem (*OR* trotzdem dem Nachbarn) die Wahrheit verschwiegen. 11. Sie haben die Bücher dann (*OR* dann die Bücher) ins Regal zurückgestellt. 12. Peter hat seinem Chef schon gestern (*OR* schon gestern seinem Chef) diese Information (*OR* diese Information schon gestern) mitteilen wollen. 13. Der Schaffner hat jedoch dem Reisenden die Fahrkarte nicht abgenommen.

10   **The place of the pronouns** 1. Schon vor einer Woche hat er es mir erzählt. 2. Ja, ich habe es mir selber ausgedacht. 3. Ja, wir können es ihm erlauben. 4. Ein Freund in der Schule hat es mir gegeben. 5. Ja, ich habe es mir auch anders vorgestellt. 6. Ich habe es ihr in Italien gekauft.

11   **The position of noun objects and pronoun objects** 1. Ja, er hat es ihm zurückgegeben. 2. Ja, sie hat sie ihr schneiden lassen. 3. Ja, ich werde es ihnen gegenüber erwähnen. 4. Ja, er hat ihn mir zum Geburtstag geschenkt. 5. Ja, er hat sie ihr gestohlen. 6. Ja, ich würde es ihm leihen. 7. Ja, er kann sie dir zumuten. 8. Ja, ich kann sie Ihnen zurückschicken.

12   **The order of objects** A different order to those given here will sometimes be possible for special emphasis of an element. 1. Warum hast du deine Freunde nicht vor dieser Gefahr gewarnt? 2. Sie hat ihren beiden Brüdern schon am Wochenende diese Nachricht (*OR* diese Nachricht schon am Wochenende) telefonisch mitgeteilt. 3. Manfred wollte seiner Freundin eigentlich (*OR* eigentlich seiner Freundin) heute abend (*OR* heute abend eigentlich *OR* heute abend eigentlich seiner Freundin) die Blumen bringen. 4. Die Eltern haben ihrem Sohn noch nicht auf seinen Brief geantwortet. 5. Der Großvater hat seinem Enkelkind dieses Fahrrad zum Geburtstag (*OR* zum Geburtstag dieses Fahrrad) geschenkt. 6. Er wollte seine Schwester schließlich nicht zu lange von der Arbeit abhalten. 7. Kannst du den Kindern diesen Film wirklich (*OR* diesen Film wirklich den Kindern) empfehlen? 8. Du wirst meine Nichte leicht an ihrem roten Haar erkennen können. 9. Hast du diese Geschichte in der Tat schon all(en) deinen Freunden (*OR* in der Tat schon allen deinen Freunden diese Geschichte) erzählt? 10. Er hat letzten Endes sein Glück (*OR* sein Glück letzten Endes) seiner Karriere geopfert. 11. Der Händler hat mir doch versichert, er könne meinem Sohn noch vor dem Wochenende diese Möbel (*OR* diese Möbel noch vor dem Wochenende) liefern.

13   **The order of elements inside and outside the verbal bracket** The following sentences represent only one way of arranging the elements. There are other possibilities, depending on emphasis. 1. Der Angeklagte wurde gestern um 16 Uhr

in seiner Abwesenheit einstimmig von den Geschworenen zu einer Freiheitsstrafe von zwei Jahren auf Bewährung verurteilt. 2. Schon damals als Kind hat er anderen Kindern am Lagerfeuer gern bis in die frühen Morgenstunden Gruselgeschichten erzählt. 3. Vorige Woche wurde mir schon zum zweiten Mal in diesem Jahr von jugendlichen Rowdies mein Führerschein aus dem Handschuhfach in meinem Auto gestohlen. 4. Das habe ich mir schon heute morgen bei dem Telefongespräch gedacht. 5. Ich fahre morgen auf Wunsch meiner Kinder mit meinem Mann für eine Woche nach Venedig in Urlaub. 6. Sie mußte danach öfter mit ihrer Tochter zu dem Arzt in der Gartenstraße gehen. 7. Ich habe dir sicher auf dem Empfang letzte Woche meinen Mann vorgestellt. 8. Schon auf der Treppe gratulierte er seiner Oma überschwenglich mit einem Kuß zum 80. Geburtstag. 9. Du hast in der Schule den Lehrern gegenüber diese Krankheit noch nie erwähnt. 10. Abends vor dem Einschlafen lese ich meiner Tochter meistens eine Geschichte vor.

14   The order of adverbials   1. daß wir unseren Kindern leider (*OR* leider unseren Kindern) nicht helfen konnten   2. daß es im amerikanischen Außenministerium einen Personalwechsel gegeben hat   3. daß ich zwei Stunden lang vor dem Bahnhof auf sie gewartet habe   4. daß er seinem Großvater damals nicht die ganze Geschichte erzählt hat   5. daß diese Angestellten im Durchschnitt über vierzig Stunden in der Woche im Geschäft arbeiten   6. daß gegen Kriegsende viele Städte dieser Stadt im Osten des Landes dem Erdboden gleich gemacht wurden   7. daß sie wegen des schlechten Wetters etwas früher aus ihrem Urlaub zurückkommen mußten   8. daß er gestern mit seiner Freundin dorthin gegangen ist   9. daß es am folgenden Tag ganz unerwartet großen Ärger in der Familie gab   10. daß sie von dem Tag an finanziell keine Schwierigkeiten mehr hatte   11. daß die einheimische Bevölkerung von den einmarschierenden Truppen auf gräßlichste Weise mißhandelt wurde   12. daß man meiner Großmutter schließlich doch noch Briketts geliefert hat

15   The order of adverbials   This is the order of adverbials in the original: . . . pflegte jeden freien Sonntag nach Berlin . . . und gelegentlich auch selbst in den Sattel stieg . . . der Kommandeur fuhr gern am Sonntag zum Rennen . . . brach stets nach dem Hauptrennen auf . . . es verwunderte ihn sehr . . . Carol stets seelenruhig auf dem Rennplatz . . . dennoch am nächsten Morgen pünktlich um 6 Uhr zur Stelle war . . . der nachts in die gewünschte Richtung fuhr . . . nahm nur Leute mit . . . ließ er sich jedesmal durch seinen Burschen . . . reiste dann als dessen Begleiter . . . Ansammlung von Schafen im Pferdestall . . . der Güterzug traf immer um 5.30 Uhr ein . . . der Dienst begann um 6 Uhr . . . setzte er von nun an den Dienst . . . der Kommandeur auf dem Weg zum Bahnhof aufgehalten . . . fährt immer ein Leutnant mit einem Schaf in dem Güterzug mit . . . hätten Sie sich natürlich anschließen können . . . kommt erst um 5.30 Uhr in Ihrem Standort an . . . der Leutnant fährt heute mit einem Extrazug gegen Mitternacht . . . nimmt er Sie sicher gern mit

16   The order of adverbials   If you have found instances where the *time – manner – place* rule has not been observed, it will be for the reasons detailed in *Hammer* 21.6.2c. Place elements only come after manner adverbials *if* they are complements of the verb.

17   The position of *nicht*   1. . . . nicht gut sehen   2. . . . von ihm nicht (*OR* nicht von ihm) erwartet   3. . . . nicht erwähnt.   4. . . . Brief nicht!   5. . . . nicht versprechen sollen   6. . . . nicht zur Arbeit . . .   7. . . . nicht der Sinn . . .   8. . . . nicht gut gespielt   9. . . . nicht gewußt   10. . . . nicht an sie erinnern   11. . . . nicht sehr gut an sie erinnern   12. . . . nicht gern mit meinem Onkel . . .   13. . . . nicht zerstört   14. . . . nicht durch Bombenangriffe zerstört   15. . . . nicht ins Regal . . .   16. . . . Rat nicht.   17. . . . gestern nicht.   18. . . . Rat nicht.   19. . . . nicht interessiert.   20. . . . nicht auf die Uhr.   21. . . . nicht aus dem Kontext erkennen.   22. . . . nicht ans Meer fahren.

18   **The position of *nicht*** It will be very surprising if you find any instances where this rule is not observed. In any other position *nicht* will usually apply to a particular word or phrase.

19   **The position of prepositional objects** Other tenses are possible in most of these sentences. 1. Mein Vater freute sich sehr über meinen Erfolg. 2. Ich habe meiner Schwester von dieser Reise dringend abgeraten. 3. Wir können den Chef leicht an seinen Bart erkennen. 4. Dieser Apparat besteht sicher aus mehreren Einzelteilen. 5. Helmut dankte der alten Frau sehr für ihre Hilfe. 6. Unser Sohn ist plötzlich an einer Lungenentzündung erkrankt. 7. Wir freuen uns sehr auf den Urlaub auf Mallorca. 8. Der Verkäufer hat den Touristen auf die gemeinste Weise um zweitausend Mark betrogen. 9. Mein Onkel fürchtet sich außerordentlich vor diesem Besuch beim Zahnarzt. 10. Wir wollten uns natürlich nach dem Weg zum Bahnhof erkundigen. 11. Ich mußte mich leider mit einem sehr geringen Lohn abfinden. 12. Monika hat ihren Vater wohl kürzlich um Geld gebeten.

20   **The placing of elements after the final portions of the verb** The use of *Ausklammerung* in writing can still be quite individual, and you may well have found several cases in one article and none in another by a different writer. It will still be unusual if you find more than ten per cent of possible instances with it.

21   **Word order** 1 **A** Sie fangen an, mit dem Hund zu spielen. **B** Sie lächeln beide an. **C** Sie fragen, von welchem Züchter der Hund stammt.
2 **A** Sie sagen, daß man die nettesten Leute im Aufzug (*OR* im Aufzug die nettesten Leute) kennenlernt. **B** Sie lächeln zurück, schauen dann aber schnell weg. **C** Sie erkundigen sich, ob er auch im vierten Stock aussteigen will.
3 **A** Sie machen ihm ein Kompliment wegen seiner Krawatte. (*OR* wegen seiner Krawatte ein Kompliment). **B** Sie schlagen vor, mittags mit Ihnen den „Italiener" um die Ecke auszuprobieren. **C** Sie bringen ihm eine Tasse Kaffee.
4 **A** Sie holen ihm die Tortellini und fragen, ob er es schon Basilikumsoße dazu ausprobiert hat. **B** Sie lächeln ihn an und zeigen ihm auch gleich die beste Sorte. **C** Sie deuten auf das Fach.
5 **A** Sie denken, daß Sie nicht sein Typ sind. **B** Wenn er wieder rüberschaut, prosten Sie ihm zu. **C** Sie gehen an seinen Tisch und fragen: „Darf ich mich zu Ihnen setzen?"

22 Word formation

1   **The formation of nouns** 1.a. Erzeuger, Erzeugnis, Erzeugung   b. Ernennung c. Bedürfnis   d. Helfer, Hilfe   e. Spritze, Spritzer, Spritzerei, Spritzung   f. Erfinder, Erfindung   2.a. Heiterkeit   b. (der/die) Schwache, Schwäche, Schwachheit, Schwächling   c. (der/die) Freche, Frechheit   d. (der/die) Reiche, Reichtum 3.a. Büchlein, Bücherei, Buchung   b. Liebchen, Liebelei, Liebling, Liebschaft c. Tischchen, Tischlein, Tischler, Tischlerei

2   **The formation of adjectives** 1.a. arbeitslos, arbeitsam, arbeitsmäßig (*colloquial*) b. kindhaft, kindisch, kindlich, kinderlos   c. -tägig, täglich   d. gewissenhaft, gewissenlos   e. schuldhaft, schuldig, schuldlos   f. gewaltig, gewaltlos, gewaltsam g. fehlerhaft, fehlerlos   h. lebhaft, lebendig, leblos   2.a. kürzlich   b. länglich, langsam 3.a. gestrig   4.a. machbar   b. verzeihlich   c. erhältlich   d. verstellbar   e. biegbar, biegsam

3   **The formation of adjectives**   1. ein furchtsames Kind; eine fürchterliche Drohung 2. eine schmerzhafte Verletzung; ein schmerzlicher Abschied   3. ein glaubhafter Bericht; ein gläubiger Katholik   4. ein kindischer Greis; ein kindliches Mädchen 5. ein goldenes Armband; ein goldiges Baby   6. genießbare Früchte; ein genüßliches Gefühl   7. ein brauchbarer Vorschlag; ein gebräuchliches Sprichwort   8. ein herrliches Schloß; eine herrische Person   9. eine dreistündige Verspätung; ein dreistündlicher Abstand   10. ein wählerischer Kunde; ein wählbarer Abgeordneter

4   **The formation of verbs**   1.a. entgiften, vergiften   b. verhungern   c. vergolden d. entwurzeln, verwurzeln *(mainly used in the past participle)* e. besiegeln, entsiegeln, versiegeln   2.a. entsichern, versichern   b. erstarren   c. verkürzen   d. betäuben e. enthärten, erhärten, verhärten   3.a. besuchen, ersuchen, versuchen   b. befallen, entfallen, verfallen, zerfallen   c. beladen, entladen, verladen   d. bearbeiten, erarbeiten, verarbeiten   e. besprechen, entsprechen, versprechen   f. beachten, erachten, verachten   g. besagen, entsagen, versagen

5   **Prefixes**   1. übertreten; verhaftet; übergeben   2. durchgesetzt; durchgearbeitet 3. durchdacht; fallenlassen   4. übereingekommen; uraufgeführt   5. untersucht; herausgestellt;   unterschlagen;   niederzulegen   6. angekommen;   durchsucht; untergebracht   7. zu überdenken; überzugehen   8. übertrieben; umzustellen 9. überzulaufen; durchsetzt   10. überfahren; eingeliefert; angefahren; mißachtet

6   **The formation of verbs: inseparable prefixes**   Overall, the use given under (a) in *Hammer* 22.4.1, 22.4.3 and 22.4.4 for each of these verbs is the most common, but your sample may show slightly different proportions. There are occasional exceptions to the patterns with all these prefixes, and *ver-* is particularly irregular.

7   KREUZ+WORT+RÄTSEL

¹H	²A	³U	⁴P	⁵T	⁶M	⁷D	⁸A	⁹W	A	E	¹⁰R	¹¹M	¹²E	¹³G ¹⁴
¹⁵A	L	M	¹⁶O	R	¹⁷I	G	¹⁸L	O	¹⁹S	²⁰R	A	U	S	E
²¹N	U	²²L	L	²³S	T	E	L	R	²⁴I	E	S	E	²⁵N	²⁶E
²⁷D	A	I	²⁸S	C	²⁹H	³⁰A	³¹F	T	³²W	I	E	D	E	R
³³D	³⁴A	N	A	³⁵H	I	N	U	³⁶B	E	³⁷G	³⁸N	E	U	N
³⁹U	N	G	⁴⁰M	A	E	S	S	I	G	⁴¹E	⁴²L	⁴³N	⁴⁴E	⁴⁵H
⁴⁶M	⁴⁷I	⁴⁸T	⁴⁹S	D	S	⁵⁰E	S	⁵¹L	⁵²I	N	⁵³I	A	⁵⁴N	A
⁵⁵M	G	U	T	⁵⁶E	I	⁵⁷R	A	D	⁵⁸N	A	C	H	T	F
⁵⁹Z	⁶⁰U	⁶¹L	A	N	G	E	⁶²E	⁶³E	U	N	⁶⁶U	H	E	I	T
⁶⁷E	M	P	⁶⁸U	⁶⁹N	⁷⁰T	E	R	⁷¹N	I	⁷²C	⁷³H	⁷⁴T	⁷⁵I	⁷⁶M
⁷⁷R	⁷⁸U	E	C	K	⁷⁹R	I	N	⁸⁰G	S	H	⁸¹E	U	N	I
⁸²U	N	⁸³B	E	I	⁸⁴E	N	⁸⁵O	⁸⁶S	⁸⁷T	⁸⁸E	R	⁸⁹M	U	S
R	⁹⁰G	E	⁹¹G	R	U	N	D	O	⁹²A	⁹³N	A	C	H	T

23   Spelling and punctuation

1   **The use of capitals**   1. kurzem, Großen, Eins 2. beste, Paar 3. Lesen, allgemeinen, Wesentliches, bezug 4. deutsch, Englische 5. Weitere, folgenden 6. Brechtschen, wesentlichen 7. Hause, englisch (*OR* Englisch), französisch (*OR* Französisch) 8. Auswärtigen, beste 9. acht, kraft, recht 10. Acht, Bann 11. radfahre, Rad 12. zu, Deinem, Dir, alles, Liebe, Gute, weiteren 13. recht, Ruhe

2   **The use of the comma**   1. sein, denn . . . Zeit, diese . . . fällen, mit 2. Eindruck, daß . . . Kohl, der . . . denkt, Verständnis 3. gelegen, konnte . . . werden, wofür . . . Komforts, den . . . bietet, eine 4. allem ging . . . bescheiden, und . . . froh, daß 5. Lust, mit . . . gehen, jedoch nicht, wenn . . . 6. mag, seine Erfahrungen, die . . . hat, mit . . . einzubringen, so . . . anerkennen, daß . . . hat, ernstgenommen zu werden, und . . . dort, wo . . . geht, die sie direkt, unmittelbar . . . betreffen, als 7. Wichtigste, den . . . großen, breiten Dame, die . . . ging, und . . . vorbei, ob . . . angelangt, blieb stehen, blickte . . . Leute, die . . . drängten, als . . . müssen, und

3   **The use of capitals, ß and commas**
Der tote See Der ganze Boden, über den sich ein niedriger, verfinsterter Himmel dehnt, ist mit spärlichem, versengtem Gestrüpp bedeckt, und weite Strecken wächst auch dieses nicht einmal. Nackte[,] ungestalte Steine, kreuz und quer liegend, deuten auf einen Weg, der kein Ende zu nehmen scheint. Da taucht in der Einöde auf einmal ein dunstumhüllter flacher Hügel auf, an dessen Saum ein verwitterter Pfahl mit einem Zeiger steht. Da droben muß der tote See liegen. Er ist gewiß schwarz und zäh, und von ihm steigt der brenzliche Geruch, der ringsum wahrnehmbar ist. Meinen einen Fuß zieht es hinauf, den andern aber hält ein schmerzliches Grausen ab, am Pfahl vorüberzuschreiten.
Ein Quentin Massys In einer Säulenhalle, die den Blick in eine grünblaue Landschaft mit geschlängelten Wegen und Flüssen gestattet, sitzt im Vordergrunde rechts die Maria in goldbraunem[,] herabwallendem Haar in einem weißen Kleid mit ganz zartblauer Randfärbung und goldnen Saumnähten. Auf ihrem Schoß trägt sie das göttliche Kind, das einen kleinen Vogel halb zärtlich, halb ängstlich an die

Wange zum Kusse hält, wobei es mit dem einen Auge blinzelt. Die alte Frau links in braun-rotem Gewand und schwarzer Haube bietet dem Enkel eine Traube an, nach der er ohne hinzuschauen den Finger streckt. Weiter unten sitzen zwei junge Mütter: Die eine schlingt ihre Hand um den Knaben, der neben ihr betet, und hält einem anderen eine Frucht verweisend weg, ohne zu bemerken, daß er inzwischen, Gewährung erbittend, eine neue hervorgeholt hat. Die beiden Knaben über den Knien der zweiten Mutter blicken fragend und andächtig in ein Buch, und ein dritter eilt herbei und hebt glücklich über den Fund eine Nelke empor. Zu ihren Füßen lehnt auf der Erde ein ganz kleines Mädchen mit einer großen[,] bunten Bibel, aus der einige Blätter fallen, und liest mit seitwärts geneigtem Kopf und abgelauschter Frömmigkeitsmiene vom verkehrten Blatt. Die Männer im Hintergrund sehen vertrauend und still glücklich auf die Ihrigen, und aus dem Boden sprießen Windröschen und dreifarbige Veieln/Veilchen.

(NB In addition to the non-standard use of punctuation, capitals and ss, you may have noticed the non-standard spelling of several words in *Ein Quentin Massys*: sizt for sitzt, schooss for schoß, knieen for knien).

Acknowledgements

The authors and publisher would like to thank the following for permission to use copyright material in this book.

Apple Computer GmbH for the advertisement 'Hans im Pech – Hans im Glück', printed in *Capital Das Wirtschaftsmagazin*, January 1989; Atrium Verlag AG for the extract from Erich Kästner, *Emil und die Detektive* (1930), © Atrium Verlag, Zurich; BLV Verlagsgesellschaft mbH for the extract from Günther Roth, *Wetterkunde für alle* (1977); BMW AG for the extract from their manual *Betriebsanleitung 2500*; Burda Syndication for the extract from *Freundin*, 3 June 1992, p. 170 and p. 172, © FREUNDIN/BURDA; Condor Pressedienst for permission to reproduce the extract 'Motorrad-Boom'; Data Becker GmbH for the extract from *PC Praxis*, July 1992; DeTeWe AG & Co. for the extract from *Pressemitteilung, Systems '91 München*; Deutsche BP Aktiengesellschaft, Hamburg for the extract from *Kraftstoff – die treibende Kraft*; Deutscher Taschenbuch Verlag GmbH & Co. KG for the illustrations taken from *Max und Moritz – polyglott*, Deutscher Taschenbuch Verlag, München (1982); Falken-Verlag GmbH for the extract from Willi Priesterath, *Elektronik für Anfänger* (1983); Alex Gernandt for permission to use extracts from *Bravo*, 17 June 1992, pp. 4 – 5 and p. 67; Gesamtverband der Deutschen Versicherungswirtschaft e.V. for the cartoon from *Unverhofft kommt oft* (1986); Globus-Kartendienst GmbH for the charts *Steinkohle – wohin?* and *Deutschland ändert sein Energie-Profil*; Gruner & Jahr AG & Co., Cologne, for the extract from *Capital Das Wirtschaftsmagazin*, January 1989, © *Capital Das Wirtschaftsmagazin*; Gruner & Jahr AG & Co., Hamburg, for the extract from *GEO*, © *GEO* No. 6/1992; Jahreszeiten-Verlag GmbH for the extract from *petra*, June 1992, p. 82; Verlag Kiepenheuer & Witsch for the extracts from Heinrich Böll, *Aufsätze, Kritiken, Reden*, and Heinrich Böll, *Erzählungen, Hörspiele, Aufsätze*, © 1967 and © 1961 respectively by Verlag Kiepenheuer & Witsch, Cologne; Gerd E. Kolbe for the extract from his article 'Schweres Erdbeben in Nordwesteuropa' in *Neue Zürcher Zeitung*, 13 April 1992; Luchterhand Literaturverlag for the extract from Irmtraud Morgner, *Leben und Abenteuer der Trobadora Beatriz nach Zeugnissen ihrer Spielfrau Laura* © 1977 by Luchterhand Literaturverlag, Hamburg; MAD-Verlag Heidi Recht GmbH for the extracts from the German *MAD*, No. 278, July 1992, pp. 10 –11; Olympia-Verlag GmbH for Wolfgang Tobien, 'Die unendlichen Leiden des Rudi V.' from *kicker-sportmagazin* No. 40, 22 June 1992, pp. 6 –7; R. Piper GmbH & Co. KG for the extract from H. G. Adler, *Panorama*, © R. Piper GmbH & Co. KG, Munich, 1988; Spiegel-Verlag Rudolf Augstein GmbH & Co. KG, for extracts from *Der Spiegel* © *Der Spiegel*/Distributed by New York Times Syndication Sales; Stiftung Warentest for the extract from *test*, June 1992, p. 39; Süddeutscher Verlag GmbH for permission to reproduce extracts from *Süddeutsche Zeitung*; Suhrkamp Verlag for the extract from Martin Walser, *Ein fliehendes Pferd*, © Suhrkamp Verlag, Frankfurt am Main (1978); Verlag Klaus Wagenbach GmbH for the poem 'Gedankenfreiheit', from Erich Fried, *Liebesgedichte* (1979); Weiss Verlag GmbH for the extract from Bertolt Brecht, *Kalendergeschichten*; Wella AG for the advertisement 'Halt . . .!' which appeared in *Freundin*, June 1992; Klaus G. Wertel for extracts from his article 'Die Große Koalition . . .', which appeared in *Südwest Presse*, May 1992.